本书是广东省哲学社会科学“十三五”规划后期资助项目的成果

本书受华南师范大学外国语言文化学院高水平大学建设项目资助

华南师范大学外国语言文化学院学术文库

文化媒介与国家使命

现代法国对外文化传播研究

雷霏 著

暨南大学出版社
JINAN UNIVERSITY PRESS

中国·广州

图书在版编目（CIP）数据

文化媒介与国家使命：现代法国对外文化传播研究 / 雷霏著．—广州：暨南大学出版社，2017.8
ISBN 978－7－5668－1915－4

Ⅰ．①文…　Ⅱ．①雷…　Ⅲ．①文化传播—研究—法国　Ⅳ．①G156.5

中国版本图书馆 CIP 数据核字（2016）第 197020 号

文化媒介与国家使命：现代法国对外文化传播研究
WENHUA MEIJIE YU GUOJIA SHIMING：XIANDAI FAGUO DUIWAI WENHUA CHUANBO YANJIU
著　者：雷　霏

……………………………………………………………………………………

出 版 人：徐义雄
策　　划：杜小陆　刘　晶
责任编辑：刘　晶　宋雨薇
责任校对：刘雨婷
责任印制：汤慧君　周一丹

出版发行：暨南大学出版社（510630）
电　　话：总编室（8620）85221601
营销部（8620）85225284　85228291　85228292（邮购）
传　　真：（8620）85221583（办公室）　85223774（营销部）
网　　址：http：//www.jnupress.com
排　　版：广州良弓广告有限公司
印　　刷：佛山市浩文彩色印刷有限公司
开　　本：787mm×960mm　1/16
印　　张：13.25
字　　数：232 千
版　　次：2017 年 8 月第 1 版
印　　次：2017 年 8 月第 1 次
定　　价：38.00 元

导　论

1. 研究的动机

在中国把树立国家形象，向世界讲好中国故事作为中华民族复兴的重要一环时，笔者认为研究的选题符合时代发展需求，具有较强的现实意义及实践指导性。

本书对法国对外文化传播在各个领域的不同做法做了详细、具体的介绍，如语言教育推广、文化设施建设、文化活动举办、图书出版和对外音视频媒体传播等，使读者对该领域能有深刻及全面的了解。同时，本书还对以上举措背后的动因、政府的战略决策及组织方式、文化价值的发掘、展现、传播、扩充、被认识及吸引力提升等方面作了深入的讨论和分析，使读者能了解法国对本国文化的保护和发展思路。

法国对外文化传播行动全局设计的合理性及实践组织的协调性对中国具有借鉴作用。通过分析借鉴法国对外文化传播行动在合作互动、形象提升、品牌建设、多边机制、差异推广、本土适应、数字传播及整体融合等方面的成功经验，可以为中国的对外文化传播改革带来新的启示：①推广系统的整体化和协作化改革；②汉语文化在“华语圈”和“非华语圈”的差异化推广；③中外文化教育合作在6个层面的推进；④增强文化活动组织形式的双向性和互动性；⑤提升中国文化传播模式对他国的文化选择机制的适应性；⑥对外文化传播的机构品牌及内容品牌的打造；⑦汉语在经贸、科技和外交领域的形象创新；⑧中国文化海外互动交流平台的建设。

2. 研究的创新

以国家利益论、跨文化传播学理论及传播政治经济学理论为指导，综合运用语言传播学、外交学、跨文化认同、形象建构、文化身份认同、第三方文化建构及全球倾听等理论知识，从不同的角度，对法国国际文化传播行动进行系统的解析，全面深入地分析为应对文化竞争，法国对外文化传播的理念、方式及内容间的互动关系，以找出其中的影响因素及内在发展规律，并剖析传播策略背后的真正动机，是一个全新的研究视角。

法国模式是当今非英语国家进行文化推广的较成功模式之一。目前国内的研究以英美模式为主，对法国模式的研究缺乏系统性和深入性。本书以国家利益为切入点，通过对现代法国语言文化推广战略的全面分析，以借鉴西方非英语文化强国在文化多元化及全球化背景下的语言文化传播经验，突破了国际文化传播领域一直以来研究英美经验的主流。

目前，国内学者对法国传媒、文化传播及文化政策领域的研究材料主要以英语文献为主，有一定的局限性。作者熟悉法语，可以收集到大量的一手法语资料，以掌握法国学界及政界对该领域的研究现状，并对其进行深入的研读。

3. 本书的内容

第一章，对选题的缘由及其意义、国内外研究的现状、核心概念、研究范围的界定及研究思路与方法进行介绍，以呈现研究的社会背景及逻辑思路。

第二章，介绍法国对外文化传播的发展特征。

法国对外文化传播行动的媒介发展，经历了从组织传播（教会）到大众传播（大众传媒）的发展阶段。视听媒体及数字媒体是现代法国对外文化传播的主要媒介，两者的协同发展形成了传统媒体与新媒体融合发展的新形态。

在全球化背景下，文化地域边界的弱化，是法国文化传播行动的机遇；美国文化霸权的竞争及第三世界国家重构世界文化传播体系的渴求，则成为新形势下对法国文化传播行动的挑战。

“一部三网”是法国在世界的文化传播的新架构。“一部”指外交部及其下属的文化行动合作处；“三网”分别指法国文化中心、法国对外视听传播控股公司及法语联盟的传播网络。外交部是法国对外文化传播行动的主导者，法国文化中心是法国文化外交的“新行动者”，媒体整合是法国对外视听传播系统的改革特征，法语联盟在走过一个多世纪的发展历程后，已经成为世界第一大文化网络。

协作化、合作化及整体化，是法国对外文化传播的现代模式特征。“协作化”指法国对外传播系统内部的协调、合作与整合；“合作化”指法国善于借助传播目的地的文化机构、法语国家及国际组织的力量，与之开展文化的互动与合作；“整体化”指法国对外文化传播行动开展的整体性、一致性及实效性。

第三章到第五章是本书的重点，分别剖析法国对外语言及文化传播行动与其政治利益、文化利益及经济利益间的互动的关系。

法国对外文化传播行动的首要任务，是对国家政治利益的维护。具体表现为对国家主权、外交及声望的维护。在对国家主权的保障过程中，政府的控制和主导成为实施前提，主权危机是行动改革的驱动，对文化主权的保护是以传播价值观进行实现的。在对外交策略的促进过程中，法国把文化外交作为主要方式，把“文化先行”作为核心理念，并把对“多元文化”的维护作为行动的重心。在提升国际声望的过程中，法国把协调法国文化与法语文化的关系作为重要内容，通过传播法语文化，以提升民族的文化身份认同，并实施“去民族化”的传播策略和打造“友好伙伴”形象，以增加文化亲和力，从而巩固法国的国际地位。

作为行动的重要媒介，法语在维护国家的文化利益方面发挥了不可替代的作用。法国注重强化法语语言在文化传播中的基石地位，以“文化例外”为法律手段，以“双边”及“多边”为传播理念，以稳守“法语世界”为地域基础，以多元媒介传播及活动推广为主要形式，在世界范围内实施了卓有成效的法语推广行动。

维护国家的经济利益，促进本国经济在海外的发展，是法国对外文化传播在新时期的发展趋势。法国文化传播对本国海外文化经济的保护和促进，主要以图书推广、教育推广、文化品牌形象建构及制定差异化及本土化的区域性策略为行动方式，以促进文化产品出口的提升、服务贸易的发展、国家品牌形象的创新及在不同地域的经济利益的获得。

第六章，总结法国对外文化传播行动的有效经验，并进行借鉴。

法国对外文化传播的核心理念是：重视文化对国家利益的促进作用，坚持文化民主下的对话与互动，不断为文化传播赋予新的推力。法国对外文化传播对中国的借鉴是：注重战略设计的系统性及层次性，注重形象构建的创新性及现代性，注重传播媒介的协作性及一致性。

法国对外文化传播对国家利益的维护是成功的。首先，在文化工具的辅助和促进下，法国文化大国地位得以逐渐恢复，文化外交策略在全球得以迅速开展，国际地位及国际声望得以明显提升，法国在世界政治格局中的作用及影响力得以有效增强。其次，法国重视法语作为文化传播媒介的优势，不遗余力地强化法语在提升国家文化软实力中的基础地位。如今，法语教育、法语媒体及法语节庆活动在五大洲稳步发展，世界性的法语文化圈得以逐步形成，法国文化及法语文化的融合性增强，并在全球多元文化格局中占据一席之地。最后，法国文化的海外推广有效促进了本国文化经济的发展。通过对图书等文化产品的推广及教育推广，法国的商品出口及服务贸易得到有效推动；通过对现代国家形象的建构，法国国家文化品牌的吸引力得以增强，品牌效应逐步显现；通过在传统市场及新兴市场的有针对性的文化传播，法国企业在非洲及欧美的经济竞争力得以增强，在第三世界新兴市场的经济拓展行动得以快速推进，法国周边良好的经贸环境得以形成。

进入 21 世纪，面对英语文化媒介的强势国际化扩张，为了巩固在法语社会的地位，扩大在世界舞台影响力，法国以维护国家的政治、文化和经济利益为核心，在不断完善“一部三网”机制及建构现代新形象的同时，以法语传播为先导，以数字化、协作化、合作化及整体化为变革方向，以第三世界国家为重点开拓区域，积极参与国际文化竞争的应对之策将被延续。中国与法国同为文化大国。目前，发展文化产业已成为中国的基本国策之一。法国对本国文化的国际推广策略值得中国借鉴。

4. 主要观点

（1）法国强调文化传播的“和谐性”，具体表现为使用他国人民所接受的方式进行文化传播，是文化民主的体现。

（2）法国文化行动的改革时点，均在窘境中产生，可谓是“失败后的一种效应”。

（3）法国把促进法语价值的被认知及接受，作为提升法语媒介形象的核心策略。

（4）在新形势下，促进人文科学研究及创作机制的国际化，注重从“思想占有”到“思想分享”，成为法国对外节目编制的改革方向之一。

（5）商业化、自由化和私有化是西方国家传播业发展的特点。但法国对外传播媒体并没有追随大众传媒的改革步伐，表现出了非常强的“独立性”。

（6）国家权力的介入，可以持久地为人民大众提供丰富、多样及可获得的文化供给。这与商业模式下以盈利为导向的文化经营活动有着本质的区别。

（7）为取得法语国家的认同，法国对外文化传播行动把协调法国文化与法语文化的关系作为重要内容。现代法国对外文化传播的特征，是在促进法国文化传播的基础上的对法语文化的传播。

（8）法国注重通过互动方式弘扬本国优秀传统文化，并倡导与时俱进的普世价值观，较好地适应了他国的文化选择机制。

（9）世界多极化格局正在改变美国一家独大的局面，为文化的多元化发展提供了契机。法国善于抓住这一历史机遇，把成为“捍卫文化多样性的先驱”及“与美国文化霸权斗争的典范”作为对外文化行动的中心任务，以突出在世界文化领域的责任和担当，维护一直以来树立的世界文化大使形象。

（10）为建构现代国家文化形象，法国着重三方面的变革：从“经典人文”到“现代人文”的过渡，从“文学成就”到“科技实力”的展示及从“文化包容”到“友好伙伴”的延伸。

（11）在对法语的海外推广过程中，法国在非洲、北美、亚洲、拉美、加勒比及欧洲实行的差异化传播策略，如非洲的“ELAN - Afrique 计划”、拉美的“特定人群策略”、加拿大的“美洲法语领导者计划”、美国的“让法语成为新美国人财富”的推广理念、亚洲的“法语魅力增强计划”、欧洲的“多元语言背景下的长期推广计划”等。

（12）法国前总统希拉克曾用“紧密、多样和堪称典范的对话”，来形容法国在中国的文化节庆活动。法国在华文化节的成功举办有三个要素：组织形式的双向性和互动性、节目内容的新颖性及融合性、目标受众的广泛性及群众性。

（13）在文化产业高度发达的法国，对外文化传播一直是法国政府外交行动和维护本国利益策略的重要组成部分。对本国国家利益的维护，是法国进行文化传播的基本出发点。对国家政治利益的维护，是法国文化行动的根本任务；对国家文化利益的保护，是法国文化行动的重心；对国家经济利益的保障，则成为法国文化行动在新形势下发展的驱动力。

5. 关于译名

在文中，对于初次出现的外文机构名及外国人名，一般采用“中文译名（外文名）”的方式进行标注，如“法国电视 5 台（TV5）”和“吕诺（Luneau）”等。对于外国人名，为避免句子过于繁琐，在文中一般只标注其姓，隐去其名，如：“Xavier Darcos”，在文中用“Darcos”表示。若同一外文专有名词在文中再次出现，为了保持行文的简洁性，则一般直接使用外文名，如“TV5”。对于法文译名，笔者主要参考《法语姓名译名手册》[①]。对于在国内比较知名的外文专有名词，则直接使用其中文译名，如“戴高乐”。

① 新华通讯社译名室．法语姓名译名手册［M］．北京：商务印书馆，2007.

目　录

1 引　言

1.1 选题的缘由及其意义

1.1.1 选题的缘由

法国总统戴高乐在谈到法国对外文化传播时曾经说过："文化媒介负有国家的使命。"[①]戴高乐的观点是法国对外文化政策的核心理念，反映了法国对文化媒介在承担国家使命中所扮演角色的重视。"文化媒介"指传播文化的载体、途径及组织，包括大众传媒、语言文字及文化推广机构等。"国家使命"是国家层面的任务，是战后重振法国世界强国地位的重任，是维护法国国家利益的使命。可见，法国对发展对外文化传媒及机构高度重视，并把对外文化传播上升为国家层面的战略，以更好地维护法国的国家利益。

法国历届领导人均把文化的国际推广作为外交战略的主要内容，以恢复和提升法国在世界的地位。对外文化传播成为战后法国外交政策和对外交流的重心。经过近一个世纪的发展，如今的法国已把文化与经济提升到同等重要的地位，并成为世人所公认的文化大国。法国人普遍认为法国是文化的代名词。谈起法国，人们无不联想起其悠久的历史和灿烂辉煌的文化。可以说，法国的对外文化传播活动是成功的。法国是世界文化传播领域中的领先国家，对其文化传播模式及特点的研究具有一定的价值。

在一定程度上，可以认为西方国家的文化传播有两种主流模式：美国模式与法国模式。前者是以文化产业为驱动力、民间机构为主导，以英语为载体的文化传播模式；后者是以文化传统为核心理念、政府为主导，以非英语（法语）为载体的文化传播模式。法国和中国有许多相似之处：首先，都是

---

① 夏尔·戴高乐．希望回忆录（第一卷）·复兴［M］．上海：上海人民出版社，1973：174.

文化大国，国际地位和外交活动都受到英美的文化威胁。其次，在世界上都分布着庞大的使用本国语言的人口。最后，政府是对外文化传播的主体。因此，借鉴法国的传播经验，更符合中国国情，并易于为我所用。

目前，文化产业已经上升为我国的支柱性产业。国家特别把文化的对外传播作为实现中华民族伟大复兴的重要一环。对外文化传播有利于展示我国悠久的历史与灿烂的文化成就，向世界推广我国的道德理念与价值观，从而为我国外交与经贸活动的开展营造良好的国际环境。

然而，我国的对外文化传播还处于初级发展阶段，虽然近几年我国的文化产品出口飞速增长，但其产值与与法国等文化大国相比，仍有较大差距。因此，借鉴法国对外文化传播的成功经验，将有助于我国“文化兴国”战略的实施，把我国优秀的民族文化推向世界。对外文化传播效果的优化，不仅能为中国带来经济利益，同时也能增强中国的软实力和提升中国的国际形象。

1.1.2　选题的意义

1. 理论意义

首先，研究对外文化传播，必涉及以下问题：国家文化传播行动的组织机构和宏观策略、不同对外文化传播媒介扮演的角色和它们之间的互动关系、国家文化传播的理念和模式、影响文化传播的国内和国际因素、政府在传播中的地位和功能、对国家文化形象建构的内容及模式、文化传播的动机和实质、行动的发展及演变。

这要求我们在研究的过程中，除了运用跨文化传播学及政治学（外交学）的理论，还需要结合文化学、语言学、历史学、经济学、管理学和社会学等理论进行分析。这对完善相关学科的理论建构，厘清人文社科领域不同学科的内在关系，促进跨文化传播学和文学、政治学及管理学等学科的结合，具有积极的理论意义。

其次，法国在对外文化传播领域有着悠久的历史和丰富的经验，是世界上进行文化推广比较成功的国家之一。通过对法国的个案分析，可以揭示当今发达国家对外文化传播的特点，进一步剖析国际文化传播发展的性质和规律，并揭示行动背后的真正动机，为验证和丰富国际文化传播的理论内涵作贡献。

2. 实践意义

如今，全球化趋势不可阻挡。在经济一体化的带动下，文化的交流及融合成为不可逆转的历史趋势。如何在全球化进程中维护国家的文化利益，增强民族文化的吸引力，建构良好的国家形象，在世界范围内更好地实施有利于本国的文化外交策略，正日益受到各国的重视。而对外文化传播行动则是这一战略的关键。在对外文化传播在世界各国的外交活动中充当越来越重要角色的背景下，对这一领域的研究是非常必要的。

在传媒产业高度发达的法国，对外文化传播行动一直是法国政府外交行动和维护本国战略利益的重要组成部分。法国的对外文化传播行动是卓有成效的：在稳定法语世界受众，提升在法语区文化传播力的同时，法国积极开拓非法语国家市场，取得了令人瞩目的成绩。其对外文化传播行动在巩固法国在法语世界的地位，扩大法国在世界政治、经济和文化的影响力方面，均发挥了积极作用。通过研究法国政府层面及媒体层面的文化行动方略，可以洞悉西方发达国家在新时期关于对外传播的地缘策略、媒介策略及政企间的协作策略，有助于理解并把握当代国际传播的发展脉络，对指导我国文化国际传播行动的开展，有很强的实践意义。

1.2 国内外研究的现状

1.2.1 对国际文化传播的研究

1. 国内对国际文化传播的研究

进入21世纪，随着在全球化时代的到来，国际文化传播成为传播学研究领域的一大热点。国内对国际文化传播的研究颇丰。这些研究主要分为三类：

（1）外交学视角下的国际文化传播研究。

从研究切入点看，“传播与外交”及“媒介与外交”的互动研究是该类文献的2个主要解析维度。许多学者运用外交学理论，对文化的国际传播进行了解读。王涛和王海林在《国际文化传播与“和谐”外交》一文中，从外交学的视角，概括并分析了国际文化传播在外交领域的功能，并认为“国际文化传播有利于扩大文化的共性，减少国家之间的摩擦，集体应对全球性问题”。[①] 此外，孙建平、谢奇锋的《“传媒外交”初探》，也详细剖析了传媒对外交的影响。[②] 从内容看，该类文献侧重从和谐外交实践的角度考察国际文化传播的效用。

（2）介绍他国的对外文化传播经验。

传媒业起步较早和较发达的美国和韩国等国家成为了国内学者的主要研究对象。研究的角度主要有两个：首先，从经济及媒介发展方面进行分析评论；其次，结合中国的对外文化传播的现状进行借鉴。例如：张斌的《美国文化传播的优势及其影响》，总结了美国在互联网、卫星传播、在国际广告业务和在视听传播上的优势，并对目的地国家的影响进行阐述。[③] 但该文没有对美国文化传播内容和方式进行深入剖析。王梓伊的《我国对外国际文化传播如何借鉴韩国经验——从韩剧的跨文化传播现象说起》[④]，肖文娟的《我国国际文化传播如何借鉴韩国经验》[⑤]，杨蕾的《试论网络媒介环境下的中韩文化交流》[⑥]，均从中韩互动的视角，介绍了韩国在对外跨文化传播领域的经验，并提出借鉴。

（3）考察分析中国的国际文化传播现状。

近年来，许多国内学者注重引入外国的先进理论，对中国的国际文化传播现状进行更客观和有效的分析。蒋晓丽和张放在《新闻与传播研究》上发表的《中国文化国际传播影响力提升的 AOM 分析——以大众传播渠道为例》一文，借用了麦克英尼斯（MacInnis）和贾沃斯基（Jaworski）的 AOM 理论，从受传者的信息加工能力（A），受传者的信息加工动机（M）和受传者的信息加工机会（O）三方面对国际文化传播进行分析，并为推动中国的文化对外传播提出了本土化、娱乐化和日常化的建设性策略。[⑦]

---

① 王涛，王海林．国际文化传播与“和谐”外交［J］．中北大学学报（社会科学版），2006（6）．

② 孙建平，谢奇锋．“传媒外交”初探［J］．现代传播，2002（6）．

③ 张斌．美国文化传播的优势及其影响［J］．创新，2011（4）．

④ 王梓伊．我国对外国际文化传播如何借鉴韩国经验——从韩剧的跨文化传播现象说起［J］．辽宁经济职业技术学院学报，2007（1）．

⑤ 肖文娟．我国国际文化传播如何借鉴韩国经验［J］．青年记者，2006（8）．

⑥ 杨蕾．试论网络媒介环境下的中韩文化交流［J］．吉林省教育学院学报，2008（1）．

⑦ 蒋晓丽，张放．中国文化国际传播影响力提升的 AOM 分析——以大众传播渠道为例［J］．新闻与传播研究，2009（5）．

该研究以受众为讨论中心，聚焦传播效果的提升，有很强的指导意义。

此外，许多学者也纷纷从实践出发，为中国的对外文化推广献言献策。例如，刘少华和高祖吉在《基于文化传播视角的中国国际形象析论》一文中，分析了中国文化产品的出口状况，指出了中国文化对外传播的不足，并提出对策。① 乔西的论文《中国在墨西哥〈劳动报〉上的形象呈现》，分析了中国在国外的媒介形象。②

综上所述，国内对国际文化传播的研究十分丰富，但研究侧重从传播学及外交学2方面考察国际文化传播的效用问题，缺乏结合历史学、语言学及管理学等的针对某个问题的多学科、多维度的研究。此外，研究的对象多集中在本国、英语国家和我国的亚洲邻国，对欧洲法语国家的研究较少。本文将综合运用传播学、文化学、外交学、教育学、管理学及法语语言学等知识，通过对一手法语资料的收集及研读，突破传统研究地域的限制，对法国国际文化推广行动进行全方位多角度解析。

2. 国外对国际文化传播的研究

外国学者对国际文化及跨文化传播的研究已经比较深入。卡米列里（Camilleri）在《文化的冲击》一书中，对不同文化的冲突进行了深入的解读，并剖析了跨文化传播的本质特征。③莫维埃尔（Mauviel）在《什么叫人文教育领域的跨文化研究?》一书中认为，是文化本身的性质造就了跨文化传播中的问题。他还提出，是文化的相互作用模式和人们对文化的不同认知造就了这些问题。④

为了更好地研究纷繁复杂的文化传播现象，近几年来，法国的跨文化传播学者开始注重从不同视角对这些现象进行分析。如从语用学和政治学角度的分析；从宏观和微观层面，对传播活动的模式形态和相互作用进行

---

① 刘少华，高祖吉．基于文化传播视角的中国国际形象析论［J］．中国出版，2011（5）．

② 乔西．中国在墨西哥《劳动报》上的形象呈现［J］．新闻传播，2011（4）．

③ CAMILLERI C，COHEN-EMERIQUE M. （dir）. Chocs de cultures（文化的冲击）：concepts et enjeux pratiques de l'interculturel［M］. Paris：L'Harmattan，1989.

④ MAUVIEL M. Qu'appelle – t – on études interculturelles en sciences humaines et en sciences de l'éducation ?（什么叫人文教育领域的跨文化研究?）［J］. CLANET C.（ed），L'interculturel en éducation，en sciences humaines，tome 1，Toulouse：Université Le Mirail，1985.

分析；以及从认识论的角度，针对传播的环境和影响因素的分析。

法国学者在研究跨文化领域的某个问题时，注重对研究的范围设置界限，目的是为了使研究具有可操作性。他们认为，这种界限可以是内部的或者外部的，目的是把影响跨文化的因素确定在一个范围内，使研究更容易进行。把跨文化传播和媒介环境相结合进行对比分析，成为近期法国学界的研究新趋势，如多莱（Dollet）的论文《少数民族群体的跨文化传播和媒介》。①

卢瓦克（Loicq）在其博士论文《媒体及跨文化》中，指出了在现实模态中研究跨文化传播的必要性。她认为：跨文化是当今一个流行的词语。对跨文化的思考，除了要对“文化”、“身份”和“传播”的内涵进行思考外，还应该对不同文化在现实中的模态进行定义。这些现实语境，可以使跨文化的微观层面更加清晰，如个体对某个地区的适应和不同区域管理模式的差异性。此外，她还提出应该注重跨文化的宏观层性面，如考察不同身份相遇时，对其差异的共性进行对比和归纳。②

综上所述，外国学者注意到文化相互作用中产生的问题与矛盾，且侧重从微观层面对传播媒介在特定环境下进行深入分析，这与国内学者注重实证研究有共同之处。但国外研究多聚焦文化的冲突与差异，对文化的融合共促与良性互动研究相对较少。本文将以全新的视角，重点研究法国文化传播过程的“和谐”传播理念，例如法国的文化外宣机构如何维护文化的民主化和多元化，如何协调法国文化与法语文化的关系，如何通过传播法语文化，以提升民族的文化身份认同，如何实施“去民族化”的传播策略和打造“友好伙伴”形象，以增加文化亲和力，从而巩固法国的文化大国地位等方面。

1.2.2 从国家利益层面对对外文化传播的研究

1. 国内从国家利益层面对对外文化传播的研究状况

（1）语言传播战略对国家利益的维护。

---

① SYLVIE THIEBLEMONT – DOLLET. Minorités interculturelles et médias（少数民族群体的跨文化传播和媒介）[J]. Presse Universitaire de Nancy, 2009.

② MARLÈNE LOICQ. Médias et interculturalité（媒体及跨文化）: l'Education aux médias dans une perspective comparative internationale（Australie, Québec, France）[D]. Québec: Université laval, 2011.

语言作为文化传承的载体及文化传播的媒介，在维护国家利益方面发挥着重要作用，受到了国内学者的重视。从研究的视角看，国内学者能够兼顾宏观及微观，对该领域进行全面的探讨。

李琳、沈骑、夏天和李宇波以宏观的视野，较全面地分析了语言的国际推广与国家利益的互动关系。李琳在《语言的国际推广与国家的文化安全研究》一文中，系统阐述了语言国际推广的机制，对维护国家安全利益的作用，并提出对语言文化霸权主义的反对，对母语地位的维护及融通发展等策略。[①]沈骑、夏天的《论语言战略与国家利益的维护与拓展》一文，提出了语言战略的价值取向、语言规划观及语言生态战略等重要概念，并深入分析了语言教育、关键语言战略、语言多元战略及语言传播战略分别对国家的经济利益、安全利益、政治利益及文化利益的维护作用。[②]李宇波的《关于国家利益的文化思考》一文，较全面地探讨了文化传播与发展经济、社会文化价值观及国际影响力的互动关系，并提出“对于文化的国际传播对社会主流价值观的影响非其价值观内容，而在其实现观念的方式、能力和水平”等观点。[③]

此外，部分学者以国家为单位，从微观出发，对具体国家的语言传播策略对本国利益的实现机制进行分析。研究的重心涉及该国语言战略与其政治、经济及文化利益的关系，以及国家利益对语言政策制定的反作用。曹迪聚焦中国，在其博士论文《国家文化利益视角下的中国语言教育政策研究》中，重点研究语言推广与文化利益的互动关系，并为在中国发展语言教育，以实现文化利益提出建议。[④]徐波的博士论文《当代英国海外英语推广的政策研究》，则从历史、主体、法律、途径及战略层面，分析英国的英语推广策略对国家利益的维护作用。[⑤]

（2）国家形象传播与国家利益的互动关系。

国内学者注重分析国家形象战略对国家的政治利益、经济利益、文化

---

① 李琳. 语言的国际推广与国家的文化安全研究［J］. 湖南科技大学学报（社会科学版），2013（3）.

② 沈骑、夏天. 论语言战略与国家利益的维护与拓展［J］. 新疆师范大学学报（哲学社会科学版），2014（4）.

③ 李宇波. 关于国家利益的文化思考［J］. 通化师范学院学报，2011（9）.

④ 曹迪. 国家文化利益视角下的中国语言教育政策研究［D］. 北京：首都师范大学，2011.

⑤ 徐波. 当代英国海外英语推广的政策研究［D］. 重庆：西南大学，2009.

利益及安全利益的维护作用。例如张骥、刘艳房的《论全球化时代国家形象战略与国家利益的实现》一文，就细化到 8 个方面对上述问题进行阐述：维护政治合法性、赢得国际威望、树立国家品牌、改善投资环境、提升文化的吸引力、增强国家文化的“免疫力”、构筑安全互信机制及对非传统安全的维护。①

此外，部分学者从国家形象的不同侧面切入，研究其对国家利益的维护作用。分析的侧面涉及军队形象和海外媒介形象等。例如逯维娜的《我军形象跨文化传播的困境与选择》一文，从国家的军事形象出发，提出“军队形象跨文化传播是维护国家利益的要求”的观点。②孙晓萌的《挑战与策略：非洲本土报刊视阈下的中国国家形象传播》，则从海外媒体视角，分析中国在非洲文化形象建构的现状及挑战，并为维护中国在非洲的利益，增强在该地区的传播力提出针对性策略。③

（3）国际文化传播与国家利益的关系。

对外文化传播属于外交行为，与一国的对外文化、政治及经济利益有着紧密联系。许多学者注重国际文化传播对政治利益的维护研究。王欢在《浅析冷战后美国对华文化渗透行为》一文中，指出了当代美国对中国的文化传播策略实质：“利用大众文化传播、学术交流活动、经贸往来等手段对华进行文化渗透和施加文化影响”。④王涛、王海林的《国际文化传播与“和谐”外交》一文，较深入地分析了对外文化传播对外交利益的维护功能，并着重从 7 个方面进行分析：外交政策的重要手段、扩大文化的共性、提高综合国力、塑造国家形象，提高外交影响力、营造良好国际环境、提升国家软实力。⑤此外，该文还从和谐外交的角度考察中国的国际文化传播。胡伟在《论冷战后国际冲突：对“文明范式”的批评》一文中，指出了经济利益对当今世界格局的深层次影响：文明冲突不再是世界冲突

---

① 张骥，刘艳房．论全球化时代国家形象战略与国家利益的实现［J］．国际观察，2009（1）．

② 逯维娜．我军形象跨文化传播的困境与选择［J］．西安政治学院学报，2011（1）．

③ 孙晓萌．现代传播．挑战与策略：非洲本土报刊视阈下的中国国家形象传播，2014（2）．

④ 王欢．浅析冷战后美国对华文化渗透行为［J］．湘潭师范学院学报（社会科学版），2008（5）．

⑤ 王涛，王海林．国际文化传播与“和谐”外交［J］．中北大学学报（社会科学版），2006（6）．

的普遍范式，其实质是国家经济利益的冲突。[①]

综上所述，国内学者注重文化传播对国家利益实现机制的研究，并从语言战略、形象建构及文化传播等方面进行了深入探讨。随着冷战的结束，世界经济一体化格局正在形成，文化同质化现象日趋严重，我国学者的研究重心，也从过去的对国家政治利益的研究，转向为对文化及经济利益的研究。美中不足的是，研究多只聚焦某个层面，针对一国对外文化传播的整体性、系统性及多维度的深入分析欠缺，具体体现在对文化政策的演变、传播机构的改革、不同地域的差异化策略及教育推广对服务贸易的提升作用等方面的研究不足。本文以欧洲传统文化大国——法国为研究对象，通过系统分析其对外传播主体的历史变革、在亚非拉及欧美实施的区域化策略、文化及教育产品的输出与竞争力提升策略，以点带面，探讨当今西方对外文化传播与国家利益间的互动特征。

2. 国外从国家利益层面对对外文化传播的研究状况

以美国学者为代表的外国学者，注重从以下 3 个方面分析文化与国家利益各个层面的互动关系：

（1）关注文化“软力量”对国家利益的整体维护问题。

“软力量”理论是由美国学者约瑟夫·奈在上世纪末提出的。他出版的多本相关专著，成为了该领域的奠基之作。他在《美国的信息优势》一书中，对“软力量”的定义是：“通过自身的吸引力、而非强制力，在国际事务中实现预想目标的能力”。[②]此外，他还特别指出：“软力量”是“影响他国的精神力量”。这种力量包括“政治制度的吸引力、价值观的感召力及文化的感染力”。[③]为了阐明文化对国家利益的维护作用，他在《软力量：世界政坛成功之道》中列举大量实例，以证明文化是“软力量”的重要资源之一，与以军事和武力为代表的“硬力量”相比，文化“软力量”在影响外交策略的实施方面，发挥着越来越大的促进作用。[④] 此外，他还表示出对美国当代外交策略的忧虑。在他所著的《美国霸权的困惑》

---

① 胡伟. 论冷战后国际冲突：对“文明范式”的批评［J］. 复旦学报（社会科学版），1995（3）.

② NYE，J. and OWENS，W. America's information edge（美国的信息优势）［M］. New York：Foreign affairs，1996，March/April，p. 21.

③ *Ibid.*

④ 约瑟夫·奈. 软力量：世界政坛成功之道［M］. 吴晓辉，钱程，译. 北京：东方出版社，2005.

一书中，分析了美国文化霸权主义与国家利益间的互动关系，强调美国的价值观对别国的感召力正在下降，必须采取有效的文化策略，以维护美国在世界的声望及地位。①

此外，多位学者也就文化与国家利益的互动问题展开论述。桑德尔曼分析了文化价值观对国家利益的维护作用。他在《国际关系的理论与实践》一书中指出："当我们谈论国家利益时，我们是在谈论价值观念，即特定社会中的一部分、许多、甚至也许是所有成员的价值观念。"② 塞缪尔·亨廷顿从文化身份理论出发，分析了其与国家利益内在联系。他在《美国国家利益的侵蚀》一文中认为："国家利益来源于国家身份认同。我们必须先知道我们是谁，然后才能知道我们的利益是什么。"③

（2）注重文化传播对政治利益影响的研究。

政治利益，特别是外交利益与文化传播间的互动关系，成为许多外国学者聚焦的研究方向。洛弗尔（Lovell）在《美国在东亚的盟友和对手：文化与外交政策的思考》一文中，强调了文化对外交行动的决定性作用。他认为："每个民族国家，统治本身和外交政策的制定都是在一种文化背景中发生的。"④

此外，多位学者注重研究文化价值观对政治活动的影响。弗赖伊（Fry）、泰勒（Taylor）及伍德（Wood）三位学者在《美国：我们可征服外国的二十世纪的政策》一书中指出：而要使外交政策得到民众的充分支持，就要借助文化的力量使这些政策的价值内容与大众的价值标准一致。他们特别谈到："政治领袖必须在符合国家价值观的前提下才能形成政策，国家价值观只是个人价值观的集合"。⑤ 莫里斯·迪韦尔热在其所著的《政

① 约瑟夫·奈．美国霸权的困惑［M］．郑志国，等译．北京：世界知识出版社，2002.

② 威廉·奥尔森，戴维·麦克莱伦，弗雷德·桑德曼．国际关系的理论与实践［M］．王延，等译．北京：中国社会科学出版社，1987：87.

③ HUNTINGTON S. The erosion of American national interest（美国国家利益的侵蚀）［C］. Eugene R. Wittkopf and James M. McCormic, eds. The Domestic Sources of American Foreign Policy. Lanham：Rowman and Littlefield Publishers Inc.，1999：11.

④ LOVELL J. The United States as ally and adversary in East Asia：Reflections on culture and foreign policy（美国在东亚的盟友和对手：文化与外交政策的思考）［C］. Jongsuk Chay, ed. Culture and International Relations. Westport：Praeger/ Greenwood，1990：89.

⑤ EARL H FRY，STAN A TAYLOR，ROBERT S WOOD. America the vincible：US foreign policy for the twenty – first century（美国：我们可征服外国的二十世纪的政策）［M］. Upper Saddle River：Prentice Hall College Div，1993：113.

治社会学——政治学要素》一书中，强调文化价值观对政治权力的主导作用。他认为："权力合法性的唯一基础和来源是它符合本集团的价值和标准体系所规定的合法性设想。"① 洛温塔尔（Lowenthal）在《文化的合法性及其在东西方的变化》一文中，也强调了广泛价值共识对维护政治秩序的重要性。②

（3）研究国家文化形象建构对国家利益的影响。

近20年来，越来越多外国学者开始关注国家文化形象对国家利益的维护作用。马力克（Malek）在《新闻媒体和外交关系》一书中，指出了国家形象塑造在外交战略中的重要性。他认为：一个国家在国际舞台上的权力很大一部分源于国家自身形象设计的能力，因为它能够卓有成效地表达自身的军事、经济、政治和文化水平。③ 汉斯·摩根索在《国家间政治——寻求权利与和平的斗争》一书中，探讨了形象对权力的4个效用："维系权力""展示权力""提升权力""增加权力"。④ 这里的权力，指国家权力，其实质就是国家的政治利益。亚历山大·温特在《国际政治的社会理论》一书中提出了"身份决定利益，利益决定行为"⑤ 的观点。这里的"身份"指文化身份的认同，该观点反映了文化传播对文化身份形象的塑造功能，并构成了国家利益的内涵及外交行动方略的基础。

综上所述，国外学者普遍意识到提升文化软实力对维护国家利益的重要性，文化的对外传播与一国政治及外交战略的紧密相联性，并从价值观的接受、广泛价值共识的形成、国家形象的塑造及文化身份的建构等方面切入，进行了大量深入的分析。但国外研究较少触及国家对外文化传播改革的内因、文化推广战略的整体布局、经济利益与文化援助的相互作用及国家现代形象建设对文化品牌创新的促进等方面。本文通过深入分析法国

---

① 莫里斯·迪韦尔热．政治社会学——政治学要素［M］．杨祖功，等译．北京：华夏出版社，1987：117.

② LOWENTHAL，R. Political legitimacy and cultural change in west and east（《文化的合法性及其在东西方的变化》）［J］. Social Research，1979，V. 46，NO. 3.

③ MALEK A. News media and foreign relations（新闻媒体和外交关系）：A multifaceted perspective［M］. Westport：Greenwood Publishing Group，Inc.，1996，p. 44.

④ 汉斯·摩根索（著），国家间政治——寻求权利与和平的斗争［M］．徐昕等，译．北京：中国人民公安大学出版社，1990：98.

⑤ 亚历山大·温特．国际政治的社会理论［M］．秦亚青，译．上海：上海人民出版社，2000：282－288.

对外文化传播系统改革的驱动机制、其对外文化推广主体的新架构、文化传播的“双边－多边”策略及“稳守－扩张”策略、对目标国文化产业的资助与本国文化产品出口的互动关系、教育质量保障与教育推广的协调发展、现代法国形象的塑造与文化品牌的提升策略等方面，揭示新形势下法国对外文化传播对国家利益的维护与提升作用。

1.2.3 对法国对外文化传播的研究

1. 国内对法国对外文化传播的研究

国内对法国对外文化传播领域的研究大体上可以分为以下两类：对法国政府层面的对外文化传播策略研究以及对法国对外传播媒介的传播策略研究。

（1）法国政府层面的对外文化传播策略。

首先，一些国内学者从宏观的角度，对法国文化的推广行动进行概括性解析。其立足点放在中国，重点阐述中国应该如何借鉴法国经验来推广本土文化。例如，张国斌从其外交实践经验出发，撰写了《借鉴法国文化推广经验改革中国文化走出去方式》一文。该文简单介绍了法国的文化推广和文化保护行动，并着重从培养文化推广人才，对传统文化的二次开发，丰富文化品种和推广手段以及推进文化的产业化四个方面对发展中国的国际文化传播提出建议。在介绍法国文化推广时，突出介绍了法国文化部和法语联盟的重要作用。在介绍法国的文化保护时，突出了法国对法语语言、法语电影和世界多元文化的保护，并分析了法国推进现代文化发展的策略。

其次，越来越多的中国学者注重从外交学角度，对法国的文化外交展开研究。彭姝祎在这方面研究颇丰。他在《试论法国的文化外交》一文中，比较全面地分析了法国国家层面文化推广的历史、特点及政策。在分析特点时，他总结了 5 个方面：①以推广法语为基石。②不断拓展“文化”的内涵。③从文化单边主义转向文化双边主义。④借助国际组织的力量。⑤奉行精英路线。在分析政策工具时，他把法国的对外文化传播系统分为 5 部分：①语言与文化宣传网络。②对外视听网络（RFI、TV5 和 CFI）。③翻译、出版资助。④文化季/年活动。⑤高等教育推广。同时，他还指出了法国在对外文化传播活动与其外交政策的紧密相关性，深入剖析法国文化推广背后的外交动机。① 此外，他在《法国对外文化活动及其启示》一文中，提出法国在对外文化推广过程中“不断扩大文化的内涵，树立鲜活的而不是僵死的文化形象”。他同时指出，法国未将“文化”局限于“文学、艺术”等狭义的、传统的文化，而是根据形势的发展不断拓展“文化”的内涵”，并“制定清晰的、有前瞻性的对外文化地区战略。”② 石楠在《全球化挑战下的法国文化外交》一文中，从外交学的角度切入，分析了文化外交的定义、文化外交在法国外交政策中的地位、全球化时代法国文化外交面临的挑战等。他特别提到“依靠庞大的对外文化网络，法国文化外交形成以外交部为主导、以推广法语语言为依托的对外文化交流体系。”③

此外，从民族文化的视角研究法国对外文化传播的论文也陆续出现。田珊珊的《法国的文化政策：一个基于民族文化视角的研究》一文，对法国的文化政策进行了解读。她认为：“一个国家所采取的文化政策从根本上反映着该国的民族文化。因此，只有把一国的文化政策放在其民族文化的大背景下进行考察，才能理解文化政策的深刻意义，从而得出正确的认识。”④

最后，从历史维度展开的研究也层出不穷。陈丽娟和王吉英分别对法国 2 个时期的文化政策进行了研究：陈丽娟在博士论文《论安德烈·马尔罗时期的文化政策 1959 – 1969》中，介绍和剖析了法国前文化部长马尔罗实行的文化政策，力图发现其政策实施背后的动因。⑤ 但研究主要从艺术推广，遗产保护，鼓励艺术创作和成立文化部等领域进行阐述，涉及法国在国外的文化推广行动不多。她着重分析了法国自上世纪九十年代初至今相继推出的“文化例外”和“文化多样性”的战略。王吉英的博士论文《论法国雅克·朗时期的国家文化政策》，主要从国家层面，介绍了法国文化政策的模式，法国前文化部长雅克．朗时期（1981 – 1993）的文化政策，并对其“文化国家”（Etat culturel）政策的意义做出评论。但该文并

① 彭姝祎．试论法国的文化外交［J］．欧洲研究，2009（8）．

② 彭姝祎．法国对外文化活动及其启示［J］．对外传播，2010（8）．

③ 石楠．全球化挑战下的法国文化外交［D］．北京：外交学院，2011：PⅢ．

④ 田珊珊．法国的文化政策：一个基于民族文化视角的研究［J］．法国研究，2010（2）．

⑤ 陈丽娟．论安德烈·马尔罗时期的文化政策 1959 – 1969［D］．上海：上海外国语大学，2011．

没有专门涉及雅克. 朗的对外文化推广政策。[①] 以上二篇文章以研究法国在国内实行的文化政策为主，对法国对外文化推广策略的阐述不多。

（2）法国对外传播媒介的文化传播策略。

近年来，国内关于法国对外传播媒体的研究不断增多，如李绪元的《法国国际广播电台吸引观众的招数》[②] 和曹怡平的《法国人自己的CNN——法国24小时频道》[③]。朱振明和陈卫星在《法国全球频道对外传播策略分析》一文中，较全面地分析了法国全球频道（France 24）的定位、多元文化战略、节目特征和受众效果。该文还把France 24和中国的CCTV－News做了对比，对发展中国对外传媒提出了建设性意见。[④] 但该类研究缺乏系统性和深入性，对法国众多具有知名度的海外媒体均没有深层次的研究分析。

综上所述，国内对法国对外文化传播领域的研究侧重从宏观的角度，对法国的文化推广行动进行概括性的介绍和分析。大多数研究的立足点在中国，重点阐述中国应该如何借鉴法国经验来推广本土文化。在研究法国文化政策的文献中，以研究法国国内实行的文化政策为主，对法国对外文化推广政策的研究不多。在国内对法国对外文化传播媒介的研究中，以国有性质的电视、广播和文化推广机构为主，缺少对网络媒体和非官方的对外文化传播组织的研究。此外，对法国与他国文化交流互动的研究，多是个案研究，或某个时期、某个领域的研究，缺乏系统性。本文以法国对外文化传播行动为研究对象，考察法国传统媒体及新媒体在对外传播战略中的协作发展机制，兼顾宏观政策和微观媒介层面，对法国文化对外传播战略进行系统性及多维度的研究。

2. 国外对法国对外文化传播的研究

在国外，以法国政治家及学者为代表的研究群体，从以下5个方面对法国对外文化传播行动进行了较全面及深入的分析。

（1）从宏观上对法国对外传播改革的分析。

随着国际文化竞争的加剧及美英在全球文化扩张步伐的加快，法国的

---

① 王吉英. 论法国雅克·朗时期的国家文化政策［D］. 上海：上海外国语大学，2011.

② 李绪元. 法国国际广播电台吸引观众的招数［J］. 视听界，2003（5）.

③ 曹怡平. 法国人自己的CNN——法国24小时频道［J］. 新电视，2007（Z1）.

④ 朱振明，陈卫星. 法国全球频道对外传播策略分析［J］. 电视研究，2010（9）.

对外文化传播受到了极大挑战。法国政界及学界均把对外传播改革作为研究的热点。在法国政府对外公开政策的官方网站 http：// www. vie – publique. fr/，有专业人士撰写的关于法国对外视听传播媒体的发展分析，如巴克曼（Bachmann）的《法国视听媒体自 1974 年以来的改革》① 和《法国 2010 年对外视听传播策略》② 等。在这些由法国政府所作的调查报告中，有许多相关政策的条文、企业的策略及数据可以参考。这些研究报告，都是从政府层面对法国对外传播的思考。

在法国国民参议院网站 SENAT，也有许多参议员对该领域的调查报告。如马蒂斯（Mathus）的调查报告《2011 年对法国视听传播的财政计划（n°2824）》③，对政府对对外视听传播系统的财政投入及经济扶持政策作了介绍和解读。凯尔格里（Kergueris）撰写的《法国国民参议院 2009 年 11 月 19 日 102 号报告》，分析了法国对外视听传播系统的一系列改革措施。这些措施涉及整合重组、媒体合作和数字化等。④

此外，许多法国学者从不同的角度，对法国的对外传播进行研究：博内（Bonnet）在《法国对外视听传播策略：以文化的名义》一文中，从文化传播的视角，对法国二十世纪末对外视听传播中的文化策略作了解读⑤；布莱（Blet）在《媒体是公共外交的工具吗?》一文中，从外交学的角度，分析了对外传媒对实现公共外交的作用⑥；吕诺（Luneau）在《匿名的短波战》一文中，分析了战争中法国对外广播的特点⑦；金伦（Kienlen）在

---

① SOPHIE BACHMANN. Les réformes de l'audiovisuel depuis 1974（法国视听媒体自 1974 年以来的改革）："L'éternel retour"［J］. Qua-derni. N. 10，Printemps，1990.

② DILA. La Politique audiovisuelle extérieure en 2010（法国 2010 年对外视听传播策略）［EB/OL］. Direction de l'information légale et administrative.（2010 – 07 – 07）［le 7 juin 2012］. http：// www. vie – publique. fr.

③ DIDIER MATHUS. Sur le projet de loi de finances pour 2011（2011 年对法国视听传播的财政计划）（n° 2824）［R］. Tome VIII，Médias. Paris：SENAT，2011.

④ JOSEPH KERGUERIS. No. 102 Tome Ⅲ médias（法国国民参议院 2009 年 11 月 19 日 102 号报告）［R］. Paris：SENAT，2009.

⑤ BONNET M. Politique extérieure audiovisuelle：au nom de la culture（法国对外视听传播策略：以文化的名义）［J］. Decision Media，1990.

⑥ CYRIL BLET. Les médias，un instrument de diplomatie publique?（媒体是公共外交的工具吗?）［J］. Revue internationale et stratégique，2 – n° 78.

⑦ AURELIE LUNEAU. Des anonymes dans la guerre des ondes（匿名的短波战）［J］. Le Temps des médias，1（n° 4），2005.

其研讨会的综述《全球化挑战下的法国和法语世界的对外文化行动：从提出到适应（1980－2006）》中，从历史维度对不同学者关于法国对外文化传播的研究进行了梳理。①

（2）从微观层面对各个对外传播媒介的研究。

首先，是对对外传播媒体，特别是广播电视媒体的研究。研究的维度包括媒介语言、媒介文化、媒体的发展历史、传播的特点及发展趋势等。

法国电视5台（TV5Monde）、法国国际广播电台（RFI）和法国24小时新闻台（France 24）等，是法国主要的对外视听传播媒体。法国学者关于上述媒体的研究十分丰富，例如：洛沙尔（Lochard）的《法国电视五台：多元文化，法语世界和国际化》② 和塞尔多罗格吕（Serdoroglu）的《当北部和南部以法语的名义相遇，我们不是生活在一个国家，而是生活在一种语言当中》③，分别从文化和语言方面，对TV5的传播策略进行了分析和解读。此外，阿穆尔（Ammour）的《RFI对6种播出语言的撤销》一文，对法国国际广播电台（RFI）的语言策略作了介绍和分析。④ 布莱（Blet）的《欧洲的国际信息频道：面对来自CNNI的挑战》，分析了法国24小时新闻台的成立背景和运营策略。⑤ 朗西安（Lancien）在《法国的对外视听传播》一文中，全面分析了法国对外视听媒体的发展状况，并指出了其对外传播的特点和发展趋势。⑥

其次，是对法国对外文化及科技传播机构的研究。

---

① SOPHIE KIENLEN. L'action culturelle extérieure française et francophone et les défis de la mondialisation – De la remise en cause à l'adaptation（1980－2006）（全球化挑战下的法国和法语世界的对外文化行动：从提出到适应（1980－2006））［J］. Le Temps des médias，2 – n° 11，2008.

② GUY LOCHARD. TV5：Diversité culturelle，francophonie et mondialisation（法国电视五台：多元文化，法语世界和国际化）［J］. HERMES，2004.

③ OZAN SERDROGOLU. TV5：Quand le Nord et le Sud se rencontrent en français –《On n'habite pas un pays，on habite une langue.》（当北部和南部以法语的名义相遇，我们不是生活在一个国家，而是生活在一种语言当中）［J］. HERMES，2001.

④ DIDIER SI AMMOUR. RFI envisage l'arrêt de programmes en six langues（RFI对6种播出语言的撤销）［N］. CB News，28 octobre，2008.

⑤ CYRIL BLET. Les chaînes d'information internationale en Europe：une réponse au défi de CNNI（欧洲的国际信息频道：面对来自CNNI的挑战）［J］. Nouveau Monde éditions，Le Temps des médias，2008（2）.

⑥ THIERRY LANCIEN. L'Action audiovisuelle extérieure de la France（法国的对外视听传播）［J］. HERMES 40，2004.

法国学者对法国对外文化传播机构的研究成果颇丰。法语联盟作为历史最悠久，在法国对外文化传播体系中影响力最大、分布最广、网点最多的文化推广机构，一直是海外学者的研究热点。如：肖贝（Chaubet）在《法语联盟还是法国的语言外交（1883－1914）》一文中，阐述了上个世纪法语联盟在法语对外推广中充当的角色和作用①；巴黎法语联盟主席洛努力瓦（Launoit）在《法语联盟：法国文化的传播者》一文中，阐述了法语联盟的发展历史、运营模式和对法国海外形象的构建。②

此外，其它法国驻外文化机构也得到国外学者的重视。例如，法国文化协会（L'agence CulturesFrance）是法国对外文化推广系统的重要组成。它同时受法国外交部及法国文化部的经济支持，负责组织法国和世界各国的文化交流活动。阿诺（Arnaud）在《法国文化协会：法国对外文化合作的楷模》一文中，分析了法国文化协会的成立背景、运营模式和受到的挑战等。③

（3）法语世界的传播问题研究。

法国传播学者对法语世界的传播问题十分重视。沃尔顿（Wolton）在这个领域成果颇丰：他在《法语世界的明天》一书中，从多元文化、世界一体化以及法国、法语世界和欧洲的角度，对法国及法语世界的传播现状和未来作了解读和分析；④ 他在《法语世界和世界一体化》一文中，分析了世界一体化背景下的法语世界传播问题⑤；他在《法国和它的海外省：

---

① FRANÇOIS CHAUBET. L'Alliance française ou la diplomatie de la langue（1883－1914）（法语联盟还是法国的语言外交（1883－1914））［J］. P. U. F. ǀ Revue historique，/4 － n° 632，2004.

② JEAN－PIERRE DE LAUNOIT. L'Alliance française：un facteur de rayonnement de la culture française（法语联盟：法国文化的传播者）［J］. Revue internationale et stratégique，/3 － N°63，2006.

③ CHARLOTTE ARNAUD. L'agence Culturesfrance：vers la coordination déléguée du réseau culturel français à l'étranger（法国文化协会：法国对外文化合作的楷模）［D］. Sous la direction de Pascale Bonniel－Chalier，Master Professionnel Développement culturel et direction de projets，Lyon：Université Lyon 2 Lumière Faculté d'Anthropologie et de Sociologie，Promotion en 1 an 2006/2007，2007.

④ DOMINIQUE WOLTON. Demain，la francophonie（法语世界的明天）［M］. Paris：Flammarion，2006.

⑤ DOMINIQUE WOLTON. Francophonie et mondialisation（法语世界和世界一体化）［J］. Revue Hermès，2004，n° 32－33.

从多元文化视角的分析》一文中，分析了法国及其海外省间的跨文化传播互动。[①]

此外，法国学者非常注重法国在非洲传播策略的研究：巴隆（Ballong）在《非洲在TV5新战略中的地位》一文中，深入探讨了TV5电视台在非洲的传播行动[②]；博尼法斯（Boniface）在《对世界局势的50点看法》一文中，提出了法国媒体在对非传播过程中有刻意强化“非洲悲观论”的政治意图[③]；巴利马（Balima）在《非洲和法语世界电视》一文中，详尽分析了非洲和法语世界电视台的发展状况。[④]

（4）对法语的推广策略研究。

法语推广是法国文化推广的重要组成部分。法国学者对法语对外推广的研究十分丰富。这些研究主要从以下两个维度进行：

首先，是法语在世界范围内的传播状况。法语在全球的推广特点、发展趋势及传播环境是外国学者关注的焦点。沃尔夫（Wolff）在《法语2010年在世界的传播》一文中，对2010年法语世界的人口，法语教学在世界的发展状况，法语在世界语言中的地位及世界法语媒体的发展状况进行了解析，其中有许多统计数据值得参考。[⑤] 雅尼耶（Janier）在《法语已经具备了进行自我创新的所有条件》一文中，分析了法语在世界传播加速的原因、法语的世界形象、法语作为文化承载者的作用、法语对于民族身份的构建作用、法语受到的来自于英语的威胁以及法语未来的发展前景。[⑥]

---

① DOMINIQUE WOLTON. La France et les Outres mers – L'Enjeu multiculturel（法国和它的海外省：从多元文化视角的分析）[J]. Revue Hermès，2002，n° 32 – 33.

② STEPHANE BALLONG. Quelle place pour l'Afrique dans la nouvelle stratégie de TV5 Monde（非洲在TV5新战略中的地位）? Interview de Marie – Christine Saragosse，directrice générale de la chaîne [EB/OL]. AFRIK，（2010 – 03 – 20）[le vendredi 23 janvier 2011]，http：//www. afrik. com/article16139. html.

③ PASCAL BONIFACE. 50 idées reçues sur l'état du monde（对世界局势的50点看法）[M]. Paris：Armand Colin，2007：41 – 42.

④ SERGE THE OPHILE BALIMA. Afrique et télévisions francophones（非洲和法语世界电视）[J]. HERMES，2004，Numéro 40.

⑤ ALEXANDRE WOLFF，Josiane Gonthier. La langue française dans le monde 2010（法语2010年在世界的传播）[M]. Paris：Organisation internationale de la Francophonie，Editions Nathan，2010.

⑥ AYMERIC JANIER. Le français a toutes les ressources nécessaires pour se réinventer（法语已经具备了进行自我创新的所有条件）[J]. Le Monde，mars，2011.

其次，是法语在区域的传播状况。作为“北部”法语世界的重要组成和法语的优势传播区域，法语在欧洲及加拿大的传播状况成为外国学者的研究重点。拉加斯（Lagasse）在《欧洲组织中的法语保护行动》一文中，从政府的层面分析了欧洲的法语保护政策[①]；德弗蒙（Defromont）在《法国政府在欧洲的法语传播行动》中，阐述了法国政府在欧洲的法语推广策略。[②] 穆瓦桑（Moisan）在《加拿大的语言问题》中，分析了法语在加拿大的使用状况与其在推广过程中遇到的制约因素。[③]

（5）法国其它方面的文化传播行动。

在对外艺术推广方面，不得不提法国的“阿布拉比卢浮宫计划”。卡尔（Cars）在《阿布拉比卢浮宫计划：法国应对全球化的举措》一文中，介绍了法国卢浮宫和阿联酋首都阿布拉比合作，在阿布拉比建设卢浮宫的计划。该文章还从文化外交的角度出发，对该计划进行了解读。[④] 此外，塞里西耶（Cérisier）在《法国国民参议院第 451 号报告》中，也有对该计划的详细论述。[⑤]

在体育文化的对外传播方面，许多法国学者也进行了深入的研究：皮绍（Pichot）在《企业组织的体育传播策略》一书中，解读了法国不同体育组织的对外传播行动[⑥]；布纽（Bougnoux）在《传播学导论》一文中，

① CHARLES – ETIENNE LAGASSE. Le plan d'action pour la défence du français dans les institutions européennes, dans Langues et Union européenne（欧洲组织中的法语保护行动）[M]. Bruxelle (bxl): Bruylant, 2004.

② HELENE FARNAUD – DEFROMONT. L'action du Quai d'Orsay pour la promotion de la langue française en Europe（法国政府在欧洲的法语传播行动）[M]. Paris: La Découverte, 2004.

③ JEROME MOISAN. La question linguistique au Canada（加拿大的语言问题）[M]. Paris: La Découverte, 2004.

④ LAURENCE DES CARS. Le Louvre-Abou Dabi – Une réponse française ὰ la mondialisation（阿布拉比卢浮宫计划：法国应对全球化的举措）? [J]. Les cahiers Irice, /1 – n° 3, 2009.

⑤ MONIQUE CERISIER-BEN GUIGA. N° 451 Sénat deuxième session extraordinaire de 2006 – 2007（法国国民参议院第 451 号报告）[R]. Paris: Sénat, le 19 septembre, 2007.

⑥ LILLAN PICHOT. Les politiques de communication par le sport au service de la dynamique organisationnelle des entreprises（企业组织的体育传播策略）[J]. Communication & Organisation, 2007.

对体育国际传播的开展提出了自己的见解。[①]

综上所述，法国关于其对外传播领域的研究比较丰富和全面，可以找到大量的政策信息及数据。鉴于跨文化内涵的丰富性，法国学者的研究从多个角度开展，运用传播学、新闻学、政治学、外交学、心理学、社会学、人类学和教育学等理论知识进行。在相关研究报告中，许多是参议员从政府层面对法国对外传播的分析和思考。法国学者研究的三个侧重点是：从外交学方面对对外文化传播策略进行解读，在全球化视野下分析对法语文化的保护问题及与英美文化的竞争问题，研究法国与法语世界在对外文化传播中的互动问题。但必须指出的是，国际上对该领域的研究以法国学者为主，且多从“如何优化传播机制”及“提高传播效率”两方面进行，带有较强的法兰西民族主义色彩。本研究以他国（中国）视角，把法国现代文化传播改革方略作为研究典型，通过大量的数据、案例及调查分析，以全面客观地揭示当今西方文化强国对外文化传播的运行机制。

1.3 核心概念及研究范围的界定

1.3.1 国际文化传播

作为跨文化传播的一种，国际文化传播可以认为是以国家为单位的不同国家间文化沟通和交流的过程。国际文化传播的成功，离不开以下四个方面的因素。

第一，传播者。国际文化传播的传播主体主要由两个方面组成：国家层面的对外传播官方机构及民间层面的国际传播组织。在以经济及文化融合为主要特征的全球化时代，民间文化传播蓬勃发展。但纵观世界各国的对外文化传播格局，仍以政府主导为主旋律。作为传统世界文化强国，法国的对外文化传播行动也不例外。法国对外文化传播的组织者和决策者是法国外交部。该行动自诞生之日起，政府就是行动的绝对领导者。行动的开展反映了政府和执政党的意志。本研究将重点解析外交部领导下的法国文化传播网络的运作机制及发展特点。

---

① DANIEL BOUGNOUX. Introduction aux sciences de la communication（传播学导论）[M]. Paris：La Découverte，2001.

第二，传播内容。国际文化传播中的“文化”主要指狭义的文化，具体包括语言、文学及艺术等意识形态领域的精神产品。①由于国际文化传播以国家为单位，因此，该领域探讨的“文化”概念具有国家性，可理解为在该国占统治地位的民族文化。这种文化反映国家的文化特征，和一国的文化身份密不可分，是反映国家和民族共同的历史经验和共有的文化符码。这种经验和符码具有稳定性和延续性，能够代表并反映该国民众在其历史长河中沉淀下来的文化特质。②本研究所探讨的传播内容，主要涉及法国在其对外文化传播行动中重点传播的、反映法兰西民族文化特质的内容，如博大精深的法国人文思想、浪漫优美的法语语言文学、精致优雅的法式生活观念及锐意创新的法兰西艺术形态等。

第三，传播媒介。国际文化传播的媒介，从以传教活动为代表的“以人为媒”的传播阶段，发展到以因特网和数字电视为中介的数字传播阶段。在信息化社会，借助先进的传播技术，国与国之间的地理界限被打破，远距离传播成为常态。新型的文化媒介互动赋予了国际文化传播新的内涵。不同国家间全方位的文化媒介交流，构成了现代社会文化传播的新格局。如何打造统一高效的对外传播系统，成为各国国际文化传播的改革重点。本研究将聚焦法国传播媒介的现代化改造，例如，一方面将对外传媒进行整合，以提升媒介的国际传播力；另一方面注重加强与他国文化机构的合作，以促进本国媒体的海外落地，并借助他国的传播网络进行文化输出等。

第四，国家文化形象的建构。国家形象是一个综合体，它是国家的外部和内部公众对国家本身、国家行为、国家的各项活动及其成果所给予的总的评价和认定。③ 由此，可以把国家文化形象定义为：一国的文化特征在本国及他国受众心目中的总体评价及认定。从研究范围看，本书的研究对象是法国对外文化传播行动，主要讨论法国的国际文化形象，即法国为他国受众构建的国家文化形象。从研究角度看，本书主要从传播者，也就是从法国对外文化传播系统层面，对该国着力打造的国家文化形象进行研究。从传播内容看，本书所分析的法国国家文化形象，主要指法国文化机

① 关世杰. 国际传播学［M］. 北京：北京大学出版社，2004：195.

② 石义彬，吴世文. 大众传媒在文化身份再现和建构中的角色探究［J］. 武汉大学学报，2011，64（1）.

③ 管文虎. 国家形象论［M］. 成都：成都科技大学出版社，2000：23.

构从科技、教育、文学及遗产等方面对本国进行的国家文化形象构建。

1.3.2 国家利益视角下的对外文化传播

国家利益是一个复杂的概念。目前，学界对国家利益的普遍理解为："一个主权国家在开放的国际关系竞争中认定的物质与精神的生存与发展需求的总和。"[①]由此可见，国家利益既有物质层面的内容，也有精神层面的内容，并且与国家的生存与发展密切相关。政治利益、经济利益和文化利益是国家利益的核心组成部分。三者之间相辅相成，不可分割。政治利益是经济利益的集中体现，同时也是文化利益实现的前提。对经济和文化利益的维护，其实质也是对政治利益的保护。

随着人类社会的不断发展，维护国家利益的方式也在不断进步。在君主制时代，战争和刑罚是统治阶级维护国家利益的主要手段。如今，以往"显性"的暴力手段已经被世界各国抛弃，以文化传播为代表的"隐性"手段成为保护和发展国家利益的主流方式。文化对国家利益的保护，其核心体现在三个方面：维护国家的国际地位和形象，保障国家的文化安全，促进对外经济贸易的发展。对外文化传播在维护上述三个利益方面发挥了越来越重要的作用，受到了世界各国的高度重视。

对外文化传播是一种外交行为，可看作是一种文化外交。外交是"国家以和平方式，维护本国利益及实现对外政策的重要手段"。[②]由此可见，"国家""和平"与"利益"是对外文化传播活动的三个要素。一切外交活动的终极目标，无不是维护和发展本国的利益。因此，衡量对外文化传播活动的成功与否，"国家利益"原则是首要的评判标准。这个标准体现了国家间的对立和竞争关系，是文化外交活动的根本动机所在。

对外文化传播行动一直是法国外交策略的重要内容。行动的根本目标，是对国家政治利益、经济利益及文化利益的维护。本书将从国家利益的视角对法国对外文化传播进行分析，以揭示行动策略与内在动机之间的关系，从而探讨西方发达资本主义国家国际文化传播的特点与内涵。

---

① 洪兵：国家利益论［M］. 北京：军事科学出版社，1999：23.

② 钱其琛，黄金祺. 世界外交大辞典（下）［M］. 上海：世界知识出版社，2005：2045.

1.3.3 法国对外文化传播行动

法国对本国政府层面的海外文化推广活动，习惯用“法国对外文化传播行动”（Action culturelle extérieure de la France）一词进行表述。目前，该行动被普遍理解为法国政府主导的在本土以外推广法兰西民族文化的活动，并被法国视为构建国家软实力的重要组成部分。法国对外文化传播行动的核心内容，是对法国国家的外交策略、法兰西民族的价值观及古今文化成果的推广。

从传播的主体看，法国对外文化传播行动主要指政府层面的，以政府为主导的海外文化传播行动，这是一种国家行为，与法国的外交战略息息相关。这种行为既可以是政府直接领导的，如法国外交部组织的文化推广行动；也可以是政府间接领导的，如政府通过法国在海外的文化协会和国有传媒集团进行的文化传播行动。从法国对外文化传播诞生的那一刻开始，该行动就一直牢牢控制在政府手中，并成为法国外交战略的重要组成部分。

从发展历史看，“法国对外文化传播行动”这一概念的形成，有着漫长的演变过程。早在16世纪，在当时法国皇室的授意与支持下，法国传教士就开始进行海外的传教活动，成为法国对外文化传播的开端。但当时以宣扬普世性的宗教思想为口号，并没有提出“对外文化传播行动”这一概念。直到1958年，法国文化部的设立，“标志着法国现代文化政策的诞生”①。在文化部的领导下，法国涉外文化行动得以整合，并逐步形成统一的国家文化传播体系。作为整合型文化传播策略的代名词，与“对外文化传播行动”相似的提法，也开始频频出现在法国的外交场合。例如，在20世纪80年代，受当时通信技术的限制，法国外交部主要通过向驻外大使馆寄送影像资料，并促使当地广电媒体播出这些声像片段，以实现对外的文化输出。寄送的资料完全免费，且没有版权的限制，可以自由传播。法国称这种行动为“文化扩散行动”（Diffusion culturelle）。1984年，法国外交部在《对外文化传播计划》（*Projet Culturel Extérieur de la France*）中明确提到：“必须恢复法语及法国文化在过去的辉煌地位，必须促进国内教学机

① 王吉英. 法国文化政策模式研究——以法国密特朗时期的文化政策为例［J］. 苏州科技学院学报，2014，31（1）.

构对文化精英的培养，必须加强与别国的科学技术合作，以此向世界传播法国的现代形象和促进法国的对外贸易。”①该文件是当代法国对外文化传播行动的纲领性文件，是对新时期法国国际文化传播的任务和模式的精辟概括。进入21世纪，在法国政界及文化界的努力下，该国对外文化传播的理论及方略得以不断完善并形成体系，“法国对外文化传播行动”这一称谓开始大量运用在参议院及外交部的正式文件中，并被大众传媒广泛引用，成为新时期法国海外文化推广行动的代名词。

鉴于法国对外文化传播行动有较长的时间跨度，本文将研究的重心放在“现代”法国对外文化传播上，时间节点设置为法兰西第五共和国成立以来的对外文化传播行动。此外，本文尤其聚焦法国在新时期关于行动的改革发展，主要围绕21世纪以来的法国国际文化推广机制进行探讨。

根据法国外交部2007年颁布的官方文件《法国的文化政策》（*Politique Culturelle de la France*），其中提到法国的对外文化行动由两部分组成：对外视听传播（Audiovisuel extérieur）及文化和科技推广（Rayonnement culturel et scientifique）。该文件是外交部对其海外文化行动组成成分的总体概括，突出了视听媒体的基础性作用，并把科技从“大文化”概念中独立出来，将其置于与传统文化推广同等重要的地位，以彰显科学技术在现代法国对外文化传播中的必要性。

法国对外文化传播界的著名实践家艾兹（Haize），曾在9个国家担任法国使馆的文化及科技合作专员或顾问。在其所著的《法国在海外的文化及合作行动》（*L'Action Culturelle et de Coopération de la France à l'Etranger*）一书中，对法国对外文化传播行动的内容进行了更细致的描述。根据他的观点，法国的对外文化传播行动由四个部分组成②：

（1）语言及文化传播行动。该行动的具体内容为教育、图书及文化活动推广。根据2012年的数据统计，目前全球有23.5万名学生在400所法国教育部认可的海外法语学校就读；法国每年有100万册图书销往国外；法国每年在国内外组织13 000次文化活动。

（2）对视听节目国际传播的支持。以电台和电视台为代表的对外视听

① MINISTERE DES AFFAIRES ETRANGERES. Le projet culturel extérieur de la France [R]. Paris: La documentation française, 1984: 9.

② DANIEL HAIZE. L'action culturelle et de coopération de la France à l'étranger: un réseau, des hommes [M]. Paris: L'Harmattan, 2012: 14-15.

传播系统是法国对外文化传播最重要的媒介，受法国外交部的领导及资助。在法国政府的倾力打造下，法国广电媒体的传播网络不断扩张，在世界传播格局中的话语权得到提升，在全球有着庞大的受众群体。例如，法国电视五台（TV5）已成为法语世界第一大电视台，1.59 亿用户可以收看到该电视台的节目；法国国际广播电台（RFI）在全球有 4 000 万固定听众。

（3）对国际学生及研究人员交流的资助。资助的方式包括奖学金、对目的地国家法语教育机构的扶持、在海外设立专门的教育交流推广机构及促进法国与外国的科研合作等。法国政府的具体行动为：向 170 个国家提供 20 000 个奖学金名额；对 181 个大学的法语系进行支持，受惠的法语专业学生超过 16 000 人；在 45 个国家设立 75 个法国教育协作署（Edufrance），以促进法国高等教育的海外推广；在 55 个国家实施 55 个科研合作项目（Programme d'action d'intégrée de recherche），并每年在世界范围内资助10 000个科研子项目（mission）和 150 个考古项目等。

（4）对外文化援助行动。该行动主要是针对与法国友好的第三世界发展中国家的文化援助。为此，法国财政部设立专项资金，大力支持外交部及法语国际组织的海外帮扶行动，以提升发展中地区的文化、教育及科技水平。目前，法国政府资助的 700 个援助计划、法国外交部开展的 320 项援助计划及法国国际组织进行的大约三百项帮扶计划正在实施。2012 年，有超过 2 000 名法国技术人员及 400 名志愿者在海外进行国际合作及提供咨询等行动。

从上述四个方面可见，法国对外文化传播行动的覆盖面有一定的广泛性及层次性。法语推广是文化行动的基石，视听传播媒介是行动的主要传播载体，双向交流及互动是行动开展的重要模式，对他国的文化援助则是行动的延伸，充分彰显了法国“文化大国”的情怀。

本书将以 Haize 对该行动的描述为蓝本，对上述四个部分进行分析。作为法国对外文化传播行动的重心，“语言及文化传播”和“视听节目国际传播”是本书的重点讨论对象，对上述两个内容的讨论贯穿本书所有章节。对“国际学生及研究人员交流的资助”及“对外文化援助行动”是法国对外文化传播行动不可缺少的组成部分，在本书的第四章及第五章将有所表述。

此外需要指出的是，法国的涉外文化传播机构及媒体众多，如法国新闻社、法国众多的私立电视台和电台、法国风靡全球的时尚杂志及电影制作机构等，但这些媒介都是独立于政府的文化传播单位，因此并不纳入本书的研究范畴。本书重点分析的是法国政府主导下的法国对外文化传播行动。

1.4 理论基础及框架

1.4.1 理论基础

本文将运用多种理论，从多个角度对法国对外文化传播进行全方位的深入分析：

（1）国家利益理论。

运用国家利益理论，探究法国国家利益的内涵、国家利益的历史演进、对国家利益的实现机制、国家利益面临的挑战等。此外，结合国际传播理论、形象学理论、语言学理论及政治学理论，研究文化传播与国家政治、经济及文化利益的相互关系，国家利益与新闻传媒、语言教育、外交策略及国际形象的互动关系。

（2）国际传播学理论。

运用国际传播学理论，对国家层面的对外文化传播策略进行解读。影响跨国际传播的因素主要有：文化因素、政治和意识形态因素、新闻职业性因素、消费主义因素等。本文将着力揭示法国对外文化传播中隐藏的上述因素，并结合法国的文化及政治状况、新闻传播领域的发展水平和国际受众的特点进行深入的分析。此外，还将分析成功跨文化传播3要素（积极情绪、信念及行动技能）、刻板印象到文化认同过程的发展特征及文化情境（低情境文化和高情境文化）互动在法国对外文化传播行动中的体现。

（3）传播政治经济学的理论。

借鉴传播政治经济学的理论思维，对传播活动的模式形态和相互作用进行分析。政策改革体现了权力的再度分配，而这种分配又必然建立在经济资源的分配基础之上。法国对外文化传播系统的改革和发展，涉及资本状况、盈利模式、生产过程、产品形态、市场规模和产业构成情况。这些问题值得深入探索。此外，本文还从地缘政治学及地缘经济学角度分析传播目的地与法国的政治关系、贸易特征及目标受众对信息的消费特点等。

（4）外交学理论。

从外交学的角度，研究法国的对外传媒对实现公共外交的作用。“国家”“利益”与“和平”是外交活动的 3 个核心要素。媒体作为一种和平的手段，在外交领域扮演了越来越重要的角色。大众传播媒体作为最有效的舆论传播工具，已经成为一国表明政治立场和进行对外政策的重要载体。在此背景下，媒体与外交形成了一个有机整体。本文将对这一有机整体核心要素的内在及外在互动进行解读。

（5）语言传播学理论。

运用语言传播学理论，对法国国际传媒的语言推广策略进行解读。语言具有符号性、系统性及社会性等特点。英国著名的新闻评论家费尔克劳夫（Fairclough）曾指出，新闻媒体对人们的知识、信仰、价值观念、社会关系、社会身份等具有巨大的影响力，而这种力量在很大程度上在于语言的使用。[①] 此外，语言的交际功能、思维功能、文化功能及凝聚功能在对外文化传播过程中的作用无可替代。本文将深入分析法国对法语的推广策略及对外播报语言的语种及词汇选择特点，从而探寻其语言战略的内涵。

（6）文化身份认同理论。

运用文化身份认同理论，分析民族认同、种族认同及文化共性的形成机制。科利尔（Collier）和托马斯（Thomas）认为，多元文化身份实践处在广泛的日常社会当中。如果处在跨文化关系中的个体对对方文化身份的认定与传播对方自认定的文化身份接近，他们的跨文化理解程度将会更高。有效的身份管理要求处在跨文化关系中的个体采用传播双方都满意的恰当和有效的行为。传播竞争力不仅能发展跨文化关系，也能促进文化内部关系的建立。强大的跨文化传播竞争力最终将实现文化身份的整合与统一。[②] 在上述理论指导下，本文将研究法国如何通过传播法语文化，以提升法语民族的文化身份认同，并通过增强文化亲和力，以促进海外受众对法国文化的理解与接受。

（7）第三文化建构理论。

借鉴第三文化建构理论，探究文化融合对文化创新的推动作用。该理

---

① FAIRCLOUGH，NORMAN. Media discourse ［M］. London：Edward Arnold，1995：2.

② 陈国民，安然. 跨文化传播关键术语解读［M］. 北京：中国社会科学出版社，2010：200－201.

论的基础是文化协同模式。该模式认为，跨文化关系的达成需要双方共同努力以形成一个共同的目标。对来自不同文化的人们来说，他们必须摈弃我族中心主义思想，有意识地识别来自不同文化的异同点，并通过协商他们的文化差异从而发展出一个第三文化。[①]这种第三文化，是文化融合催生的创新。在第三文化建构理论框架下，本文将研究法国如何建立本国文化与他国文化的互动机制，如何在文化交融中赋予法兰西传统文化新的内涵，使其具有新的活力。

（8）跨文化认同理论。

运用跨文化认同理论，解析文化认同与跨文化认同的互动，地方意义框架的封闭性与开放性特征，以及跨文化认同建构对文化冲突的缓和作用。该理论由戴晓东提出。在全球化进程中，跨文化联系不断加强，不同文化相互渗透，渐渐融为一体，使原有的文化边界日趋淡化，有力地促进了跨文化认同的发展。文化间性是跨文化认同理论的核心概念。文化间性指文化间复杂的联系，既涵盖文化的重叠、相似性与互补性，也包括文化的差异、矛盾和张力。在文化间性场域中，交际者们相互协商、调整，共同建构互惠互补、共生共赢的跨文化关系。[②] 围绕文化间性这个核心概念，跨文化认同理论有 3 个基本命题：①文化认同构成跨文化认同的基底。文化间性的拓展与深化，有利于跨文化认同的建构。借鉴该理论，本文将研究法国“稳守——扩张”的全球文化推广战略。②地方性意义框架构成历史与社会事实，不能彻底地颠覆和清除，但能加以扩展和更新。地方意义框架是历史传承的产物，具有相对封闭性，但同时也呈现一定的开放性。其他文化元素可以通过不同方式源源不断进入地方社会系统，丰富它的文化内容，改变它的价值定位。借鉴该理论，本文将研究法国在对他国的文化推广过程中，如何以目标国“开放性”的文化领域为突破点，进行持续性及本土化的传播策略。③跨文化认同的建构不能彻底消除差异与冲突，但能缓解矛盾，使文化纷争变得更易调和与掌控，使交际者获得创造性转化的潜力。借鉴该理论，本文将研究法国的“文化先行”及“多元文化”战略实施对其政治、经济及文化利益的贡献作用。

---

① 陈国民，安然. 跨文化传播关键术语解读［M］. 北京：中国社会科学出版社，2010：234－235.

② 同上，219－221.

（9）文化形象建构理论。

运用文化形象建构理论，分析法国国家文化形象的表达方式、价值内涵、传播途径及提升策略。建构主义理论认为：国家是具有身份和利益的实体。[①] 由此推论，身份建构与利益维护是国家形象建构的核心要素和基本动机。共有观念的形成，是身份建构和利益获得的关键。有目的的行为体的身份和利益是由共有观念建构而成的，而不是天然固有。[②] 积极的国际传播能促进积极的共有观念的形成，而积极的共有观念能建构积极的身份认同和国家利益，能塑造双方良好的国家形象，从而激发友好的国家行为，形成良性的国际互动。[③] 借鉴上述理论，本文将着力探讨法国在对外传播过程中，如何增强节庆活动的互动性和融合性，如何不断推进国际教育合作及文化民主，如何在文化互动中不断优化海外受众心目中的法国形象。

此外，建构主义理论认为，文化对身份和利益产生建构作用。这体现在两个国际体系中不同的物质力量对身份产生作用的异同。在一个体系中，处于从属地位的国家承认物质力量的主导作用，承认这样的力量给予处于主导地位的国家某种权利和责任；在另一个体系中，物质力量的作用没有得到承认。在前一个国际体系中，主导国家得到其他国家的认可，行使“霸权国”权利，成为真正意义上的霸权国；而在后一个国际体系中，主导国家的意向只有内在的基础，别国会把“欺小凌弱”或“帝国主义”等身份与这个国家联系起来。[④] 在欧洲、亚洲及拉美，法国凭借辉煌的文化成就及强大的经济实力，成功打造了传统文化强国的形象，并在积极塑造现代法国文化新形象，属于前一种传播体系。在非洲的法语世界，由于法国对该地区有殖民历史，属于后一种传播体系。如何协调法国文化和法语文化的关系，提升法语民族的文化身份认同，改变法国在法语世界的文化霸权形象，成为法国文化传播行动的重要内容。本文将对法国在上述2种不同语境中的差异化形象传播策略进行解读。

---

① 亚历山大·温特．国际政治的社会理论［M］．秦亚青，译．上海：上海人民出版社，2000：281.

② 同上，1.

③ 邓超．建构主义理论视角下的国家形象塑造［D］．北京：中国传媒大学，2006：23.

④ 同上，20.

（10）全球倾听理论。

运用全球倾听理论，分析跨文化传播的媒介环境与应对策略。该理论认为，政府会限制对异文化的接触。国内媒体往往会大量关注本国事件或是与本国有直接关系的新闻，因此对他文化的资讯只进行选择性接受。本文化成员要想对他文化的新闻时事产生极大的兴趣也会相当困难。此外，全球倾听强调用共同的语言、价值观、意识形态、假定及熟悉的主题进行叙述可以增强全球倾听的效果。[①] 借鉴上述理论，本文将对法国对外文化传播的外部环境进行系统分析，以找出困难与机遇所在，并解析法国增强全球倾听效果策略的有效性。

1.4.2　理论框架

本文的理论框架是：

（1）国家利益理论，这是本文的总体理论框架，也是贯穿全文的脉络。

（2）国际传播学理论及传播政治经济学理论，是在论证过程中的重要理论依据。前者主要用在对国家文化传播战略的分析，后者主要用在对国家利益实现机制的分析。

（3）在对国家文化传播战略的分析中，运用语言传播学理论、文化身份认同理论、第三文化建构理论及全球倾听理论，分别对法国的语言推广战略、文化吸引力提升战略、文化融合创新战略及文化互动合作策略进行解析。

（4）在对国家利益实现机制的分析中，运用外交学理论、跨文化认同理论及文化形象建构理论，探讨传播媒介、文化认同及形象建构对国家政治、经济及文化利益的促进作用。本文的理论框架，可以用图 1－1 表示：

---

① 陈国明，安然．跨文化传播学关键术语解读［M］．北京：中国社会科学出版社，2010：211－212.

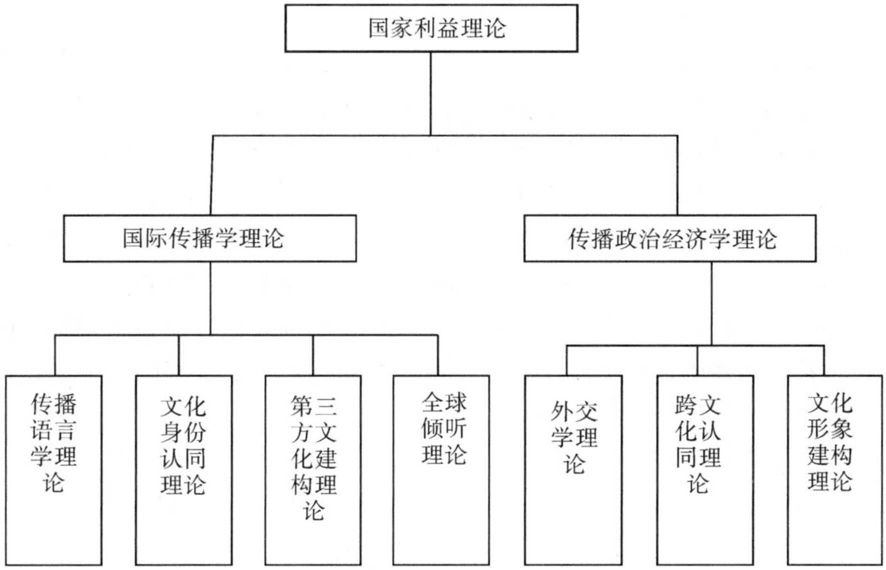
国家利益理论
国际传播学理论
传播政治经济学理论
传播语言学理论
文化身份认同理论
第三方文化建构理论
全球倾听理论
外交学理论
跨文化认同理论
文化形象建构理论

图 1-1 本文的理论框架

2 法国对外文化传播的发展特征

与16—20世纪以教会为主要文化传播媒介相异，现代法国对外文化传播是以大众传媒（图书、广播、电视及网络）为主要载体的传播行动。随着对外视听传播的蓬勃发展及数字化传播技术的革新，法国的对外文化传播形成了传统媒体与新媒体整合发展的新形态。

在全球化背景下，文化地域边界的弱化，为法国文化传播行动提供了机遇；美国文化霸权的竞争及第三世界国家重构世界文化传播体系的渴求，则成为新形势下对法国文化传播行动的挑战。

从组织架构看，法国外交部、法国驻外使领馆、法国文化中心、法国对外视听传播系统及法语联盟，是当今法国对外文化传播行动的主体。外交部是法国对外文化传播行动的主导者，法国文化中心是“法国文化外交的新行动者”，法国对外视听传播系统的改革特征是媒体整合，法语联盟经过一个多世纪的发展历程后，已经成为世界第一大文化网络。

从传播模式看，协作化、合作化及整体化，是法国对外文化推广的主要方式。“协作化”指法国对外传播系统内部的协调、合作与整合；“合作化”指法国善于借助传播目的地的文化机构、法语国家及国际组织的力量，与之开展文化的互动与合作；“整体化”指法国对外文化传播行动开展的整体性、一致性及实效性。

2.1 法国对外文化传播媒介的发展

文化媒介是许多国家用以扩大其国际影响力的工具。成功的文化媒介传播有利于优化国家形象，建立友好的国际关系和分享文明成果。法国是最早推行积极的对外文化传播政策的国家之一，其对外文化传播政策的执行甚至比对内文化政策的实施还要早①。从历史维度看，法国对外文化传

---

① DANIEL HAIZE. L’action culturelle et de coopération de la France à l’étranger：un réseau，des hommes［M］. Paris：L’ Harmattan，2012：13.

播行动的媒介发展经历了从传统媒介到现代媒介的阶段，即从组织传播（教会）到大众传播（大众传媒）的发展阶段。对外视听传播力的提升及数字化媒体的发展是现代法国文化推广行动的主要媒介特征。

2.1.1 从教会到大众传媒

法国对外文化传播的发展，经历了从组织传播（教会）到大众传播（广播、电视及网络）的传播阶段。16—20 世纪法国的对外文化传播，是以教会为主要传播媒介的传播行动。组织传播成为这一时期法国对外文化传播的类型特征。法国方济各会修士于 1553 年进入智利，并开设学校，可视为法国教会对外文化传播的雏形。路易十四统治时期，法国掀起了第一波海外传教的热潮。法国天主教遣使会、耶稣会、方济各会、多明我会、奥古斯丁会和圣于尔絮勒会的许多传教士纷纷前往加拿大、东印度、中国及远东国家传教，并一直持续到路易十五时期。

18 世纪末，法国宗教界出现了两个大的变革：首先，教会以福音传教为名义，已经不满足于追随殖民者在殖民地的传教及在非殖民地的小规模传教，而是有组织、有计划、有次序地派遣教士到中国、日本、朝鲜及奥斯曼帝国等地区传教。其次，传教活动的教育性不断增强。教会加大了在传教地办学的力度，以扫除文盲及传播福音为口号，招收当地人，特别是当地的精英阶层前来就读。在教育活动中，教会坚持使用法语及法国模式，以增强法国文化对这些地区的影响。

1815 年到 1870 年间，法国的教会及传教活动进入全盛时期。经过半个世纪的发展，法国在海外的传教点及传教士人数增加了 10 倍。耶稣会、多明我会、嘉布遣会、天主教遣使会、爱德修女会、圣母会、巴黎外方传教会、基督院神父会、克吕尼圣约瑟夫女儿会、圣保尔沙特尔女儿会、圣神神父会、保皇神父会、天主教主母会、圣心教士会、圣玛丽纯洁修士会等教会都在世界各地建立了众多传教场所。

19 世纪末，随着法国殖民活动愈演愈烈，其传教活动也呈现新一轮的迅猛发展势头。根据 1900 年法国议员盖罗（Gayraud）关于外事行动的报告，法国在海外的传教士人数在 1894 年超过了 5 万，当时法国教士总人数为 7 万。[①] Gayraud 还指出：“法国教士已到达地球的每个角落，他们在宣

---

① DANIEL HAIZE. L'action culturelle et de coopération de la France à l'étranger：un réseau，des hommes［M］. Paris：L'Harmattan，2012：38.

传天主教的同时，增强了当地受众对法国的热爱。”①

20 世纪中叶前后，法国在世界的传教规模达到了最高峰。中东、非洲、欧洲及美洲是其进行传教和教育推广的重点区域。1914 年，法国教会在古奥斯曼帝国（Ancien Empire Ottoman）开办的学校其在校生人数达到 10 万，其中埃及地区就有 25 000 人。在 1939 年，从世界范围看，法国当时在海外开办了超过 1 000 所教会学校，学生人数达 30 万。根据 1970 年不完全统计，法国教会在非洲、埃及及中东兴办的法语学校超过 15 000 所，在校学生达 300 万，教师数量也达到 15 000 人之多。1977 年，法国一半的传教士（约 7 500 人）在非洲教授法语，在欧洲教授法语的也有4 000 人之多。此外，在传统的传教区域，如巴西、埃及及土耳其等地，教法语的传教士人数超过 770 人。②

教会及传教士在法国早期的对外文化传播行动中扮演了重要角色。在封建君主制下，同属统治阶层的教会与国王有着共同的利益，传教活动带有浓厚的政治色彩。殖民地的传教活动，往往具有“思想殖民”及“意识同化”的性质。非殖民地的传教活动，与法国在这些地区的政治及经济外交行动有着密切联系。法国教会学校注重对当地社会精英阶层子女的招收就是很好的证明。法国传教活动在世界各地的迅速发展，还与法国统治阶层的财力、人力及政策支持密不可分。20 世纪初，由于法国宫廷财政入不敷出，以及 1904 年法律对教会教师雇佣的限制，使法国海外教会学校的发展很快陷于停滞。③

第二次世界大战期间，由于人员伤亡惨重及原有教士的老化，加之对新教士的招收变得异常困难，严重阻碍了法国传教活动在殖民地、保护国、近东及远东地区的开展。此外，海外法国教会学校网络的法国模式和特色受到很大程度的削减：学校不再遵循法国的教学理念；许多国家的法国学校的教学计划被本土化，甚至完全摒弃了法国的教学模式；法语只被当作外语进行讲授。在法国国内，教会的势力也逐渐衰落，法国成为了一

---

① GAYRAUD. Budget des Affaires étrangères ［R］. Paris：MAEF，1900.

② DANIEL HAIZE. L'action culturelle et de coopération de la France ὰ l'étranger：un réseau，des hommes ［M］. Paris：L'Harmattan，2012：37 – 39.

③ BERGUIN F. Le fonctionnaire expatrié – Une construction meçconnue：L'action culturelle extérieure de la France et ses personnels ［M］. Paris：L'Harmattan，1999：315.

个被传教的国家。①在传教活动停滞不前的情况下，选取新的媒介，成为当时法国对外文化传播的当务之急。

随着20世纪广播电视技术及数字传播技术的迅速发展，作为新兴传播媒介的视听媒体及数字媒体，担负起了法国对外文化传播的重任。广播电视等视听媒体及手机网络等数字媒体属于大众传播媒介范畴。大众传媒具有广泛的影响力及强大的传播力，可视为当今文化传播最有效的工具。作为文化大国与媒体强国，法国深刻意识到大众传播相较于组织传播的巨大优势，并将其作为新时期对外文化传播的主要方式。法国国际文化传播的发展趋势，是通过大众传播媒介（电视、广播及数字媒体等）进行海外文化推广行动。大众传媒成为政府对外宣传的窗口，它的目的只有一个：协助政府实现外交策略，以维护本国的国家利益。

2.1.2 对外视听媒体的发展

纵观历史，法国的对外视听传播发展与该国内部及外部的政治格局变化密不可分，并经历了以下四个阶段：

第一阶段：殖民控制的延续与国家垄断。

第二次世界大战结束时，法国国力已遭到重大打击，美苏争霸局面形成，第三世界国家要求独立的呼声持续高涨。面对内忧外患的不利局面，为了保持对海外殖民地的思想控制，法国政府从管理机制上加强了对海外传播体系的控制和完善。1945 年，戴高乐政府接管了国内所有的广播设施，并成立直属政府的法国广播金融投资公司（SOFIRAD），通过股权收购等方式，控制周边的电台，以增强法国的对外传播能力。同年，法国政府颁布法令，取消私营电台特许经营制，不再允许私人经营广播业务，并成立法国广播局（RDF）。1949 年，RDF 被法国广播电视公司（RTF）取代。RTF 直属信息部管辖，公司的负责人由内阁会议任命。RTF 的职能之一就是管理法国的对外广播业务。

1955 年，舍费尔（Schaeffer）创办了法国海外广播公司（SORAFOM）。公司创办的初衷是增强法国对非洲传播力的同时，帮助非洲的电台不受殖民主义的干扰，为当地民众制作适合他们的节目。但这一机构却被政府所

① DANIEL HAIZE. L'action culturelle et de coopération de la France à l'étranger: un réseau, des homes [M]. Paris: l'Harmattan, 2012: 38.

利用，逐渐演变成为政府管理法国在殖民地广播业务的工具。1962 年，SORAFOM 被改组成无线电合作局（OCORA），主要负责推广和促进法国媒体在殖民地的视听传播业务的发展。①

1964 年，议会通过广播电视法案，将 RTF 改为法国广播电视管理局（ORTF），OCORA 被并入了 ORTF 的海外事务部。ORTF 是个具有工商企业性质的国营机构，负责对公共视听传播服务进行监管，直属政府信息部管理，董事会成员由内阁会议任命。法律明确了 ORTF 的使命："满足信息、文化、教育传播和大众娱乐的需要。"② 虽然 1964 年法案赋予 ORTF 的使命有民本化倾向，表面上把赤裸裸的"国家机器"变为"为大众服务的工具"，但由于任免权仍掌握在政府手中，法国对外传播系统仍摆脱不了其实质——政府控制的传播工具。

这个时期法国的对外视听传播管理机构虽然屡次变更，从最初的 RDF 和 RTF，演变成 ORTF，但只是权力机构形式上的改变。"殖民主义"和"国家垄断主义"是这一时期法国对外传播系统的主要特点。

第二阶段：国家垄断下的分工与竞争。

1968 年 5 月，法国爆发了反对资本主义和帝国主义的民主运动，ORTF 的公会同盟严厉谴责政府对媒体的政治控制，文化传播的相关部门也开始了罢工。虽然运动以失败告终，很多员工或遭到解雇，或被调往外省和国外，或被强制提早退休，但却从观念上撼动了政府对大众传播媒体的绝对控制地位。在"言论自由"呼声日益高涨的形势逼迫下，1969 年 12 月，当时的总理德拉玛（Delmas）不得不在国民议会上提出"要实现真正的竞争"，并把 ORTF 下属的电视台分成两个独立的频道，强调"保持 ORTF 的独立性"。这标志着独立和竞争机制开始引入传播领域。

新成立的法国广播集团在 1975 年成立了专门负责对外广播的法国国际广播电台（RFI），并先后开设 3 个频道，分别针对非洲、美洲及东欧和亚洲进行广播。与此同时，为更好管理在海外落地的电台和电视台，新成立的电视三台设立了法国海外省和海外领地事务部（FR3 DOM - TOM），专门负责管理法国在国外的视听传播机构。在 FR3 DOM - TOM 的领导下，

---

① NICOLALS HUBE, IVAN CHUPIN, NICOLAS KACIAF. Histoire politique et économique des médias en France [M]. Paris: Editions La Découverte, 2009: 63 - 65.

② JEAN-MARIE CHARON. Les médias en France [M]. Paris: Editions La Découverte, 2003: 7 - 22.

这些海外媒体在播出法国本土节目的同时，开始注重制作和播出当地新闻，反映当地的政局特点和民俗文化。①

RFI根据地域进行的频道设置，以及法国海外媒体的“新闻本土化”，是法国重视海外受众多元化的表现，也是竞争机制下吸引海外受众的举措之一。这一时期的对外视听节目虽然有“多元化”和“去我族中心主义”的倾向，但为了保持对海外领地的思想控制，播出的节目仍以法国本土制作为主。这一阶段，包括对外视听传媒在内的法国广电系统的运营特点是“国家垄断下的分工与竞争”②。

第三阶段：商业化、自由化、私有化后的国际化推进。

1982年7月29日，法国政府颁布《菲尤法》(*Fillioud*)，从法律上废除了国家对广电节目的垄断。为保障公共服务领域中电视和广播的独立性，在菲尤法的框架下，视听传播高级委员会（HACA）成立。1984年7月，制宪会议明确HACA的性质是独立的权力机构，对视听传播领域进行监控，防止政府的过多干预。1989年，宪法委员会通过决议，国有媒体企业的负责人必须保证节目设计和制作的独立性。③ 一系列法规的颁布和HACA的成立，标志着在体制层面上，国家对大众视听传播媒体垄断地位的瓦解。

在保护广电系统独立性的同时，法国政府也揭开了该领域私有化改革的序幕。1982年7月，议会通过新的广播法——《视听传播法》，允许民办广播存在。同年，政府颁布了85-1317号法令，促进地方私营电视台的发展。1986年，国家传播自由委员会（CNCL）成立，替代了原来的HACA，并通过《传播自由法》。④该法律为双轨制广播系统建立了管理框架，使公共和私营广播电视机构得以长期并存于法国社会。CNCL有力地推动了法国广电媒体的私有化进程，促进了私营视听媒体的发展，并对公营媒体实行了一系列私有化改革。法国最受欢迎的公共电视台——法国公立电视一台（TF1）被私有化，可看作是法国视听传播私有化改革的顶峰

---

① FRANÇOIS CLAIRVAL. Dix ans de télévision [J]. Communication et langues, 1er - 2ème trimestre, 1979: 41-42.

② 张若允. 外国新闻事业史教程 [M]. 北京：高等教育出版社，2003：312.

③ SOPHIE BACHMANN. Les réformes de l'audiovisuel depuis 1974: “L'éternel retour” [J]. Quaderni. N. 10, Printemps, 1990.

④ NICOLALS HUBE, IVAN CHUPIN, NICOLAS KAICAF. Histoire politique et économique des médias en France [M]. Paris: Editions La Découverte, 2009: 76-88.

之作。1989 年，CNCL 被视听最高委员会（CSA）取代。CSA 是继 HACA 和 CNCL 之后，第三个国家层次的视听管制机构。CSA 在继续推进私有化改革的同时，注意建立完整的监督体制，以营造良好的发展环境。①

这一时期的另外一个亮点，就是政府对视听媒体的改革，由“内”向“外”的推进。商业化、自由化、私有化和国际化是西方国家传播业发展的特点。② 当前三者的改革完成后，国际化成为新的突破点。法国强大的经济实力为其传播业的跨国发展提供了前提条件。面对英国 BBC 等跨国媒体集团的威胁，法国视听媒体的“走出去”战略成为必然的选择。

在此期间，法国对外视听传播进入高速发展时期。1984 年 1 月，面向法语世界的电视台——TV5 Monde（法国电视五台，以下简称“TV5”）成立。成立之初，TV5 通过卫星传播，由法国电视一台（TF1）、法国天线电视二台（Antenne 2）、法国电视三台（FR3）、比利时法语区电视台及电台（RTBF）和瑞士法语区电视台（TSR）共同管理运营。1986 年，加拿大广播电台（Radio Canada）和魁北克电视台（Télé Québec）加入成为 TV5 的合作伙伴。③（关于 TV5 发展状况的其他内容请见 2. 3. 2）

从 TV5 的建立可见，其有别于法国国际广播电台（RFI），法国对外电视媒体走的是“合作化”道路。它们借助外国合作者的节目资源和播放渠道，实现了成本的控制和业务的快速扩张。这种模式体现了高效和经济的原则，是市场经济环境下的产物。

第四阶段：媒介系统的壮大与整合。

（1）France 24——面向全球的国际新闻频道。

这一时期法国对外视听传播领域的一件大事，就是 France 24（法国 24 小时新闻台，以下简称“F24”）的诞生。2002 年 3 月，希拉克在法语国家最高委员会（Haut Conseil de la Francophonie）上提出“应该建立一个用

---

① CSA. Rôle et mission du CSA – Que fait le CSA?［EB/OL］. Paris：Conseil Supérieur de l’Audio-visuel.（2011 – 03 – 02）［le 11 mars 2012］. http：//www. csa. fr.

② 刘晓红．西方传播政治经济学研究［M］. 上海：上海人民出版社，2007：83.

③ TV5. La présentation［EB/OL］. TV5 Monde.（2010）［le 5 juin 2011］. http：// www. tv5. org /cms/ chaine – francophone/ footer – niveau – 2 /tv5monde / La – chaine/ p – 5857 – Presentation. html.

法语不间断播放国际新闻的频道，就像英语世界的 BBC 和 CNN 一样"①。在希拉克这一思想的指导下，法国议会、法国外交部、法国文化和传播部，以及相关的公共及私人视听媒体企业从 2002 年起，开始着手筹备建立法国自己的国际新闻频道。2006 年，法国电视一台（TF1）和法国电视集团（France Télévision）合作，建立了面向全球的 F24。（关于 F24 发展状况的其他内容请见 2. 3. 2）

与 TV5 相似，F24 的成立也是"合作化"的产物。TF1 和 France Télévision 是法国影响力最大的两家电视媒体，有着丰富的新闻采编经验和先进的传播技术。依托上述两家媒体的雄厚实力，F24 从成立之初开始，就表现出"高起点"和"高效率"的特征，成为英美国际媒体的有力竞争对手。

（2）AEF——对外视听传播系统的整合体。

一直以来，各自为政、机构臃肿和低效高成本，是法国对外视听传播媒体的弊病，受到了各方面的指责。2007 年，在总统萨科奇的倡议下，法国政府对法国的对外视听传播媒介进行了改革，目标是："提高法国的国际信息制作和传播能力，整合互联网、电视和电台的传播网络，充分发挥这三种媒介的信息传播力，使法国成为世界媒体强国。"②改革从 2008 年开始，分步骤从三方面进行：①提高法国对外视听传播政策的一致性；②制定清晰的发展战略；③提高 TV5、RFI 和 F24 的运作效率。③

2008 年 4 月，法国对外视听传播控股公司（AEF）成立，标志着法国政府正式开始调整该领域的监管机制，是法国对外视听传播改革的具体化。AEF 完全由政府控股，并通过股权收购整合了法国对外传播领域的三大媒体——TV5、RFI 和 F24，在法国对外传播领域处于主导地位。同年 5 月，AEF 的各方共同签订了关于在运作中的政府职责和媒体责任的协议，详细具体地规定了各方的权利和义务。AEF 领导旗下的媒体制定一系列优

---

① DDM. La chaîne française d'information internationale France 24 [EB/OL]. La direction du développement des médias. (2006 - 12 - 27) [le 12 decembre 2012]. http: // www. ddm. gouv. fr.

② DILA. La Politique audiovisuelle extérieure en 2010 – Vie publique [EB/OL]. Direction de l'information légale et administrative. (2010 - 07 - 07) [le 3 juin 2012]. http: // www. vie – publique. fr/.

③ DGMIC. La réforme de l'audiovisuel extérieur [EB/OL]. La direction générale des médias et des industries culturelles. (2010 - 03 - 01) [le 3 janvier 2012]. http: // www. dgmic. culture. gouv. fr/.

先发展战略，尤其是针对目标受众群体、重点地区和传播渠道的发展策略。同时，AEF 还有另一个重要任务，就是增强旗下不同对外视听传播媒体间的协调性和互助性。这种协调互助体现在媒体的组织管理、支持手段、节目内容制作和传播途径等方面。AEF 的成立，有助于增强 RFI、TV5 和 F24 间的互助协调性，提高运作效率和降低运营成本。（关于 AEF 成立的作用及意义将在 2. 3. 2 继续探讨）

2009 年 3 月，法国政府颁布了关于视听传播和新时期电视媒体服务的条例，该条例是 2008 年改革方案的延伸，它明确了法国对外视听媒体的三个发展方向：协作性、战略性和高效性。该条例还细化了 AEF 的企业章程和管理制度，如理事会的组成、集团主席的任命、企业享有的优惠政策和应承担的义务等。从 2010 年 1 月起，法国政府把改革往纵深方向发展：继续加强法国对外视听媒体的现代化和协作化，深化对媒体监管体制的改革，特别是对法国文化部下属的媒体和文化产业的管理体制改革。

媒体融合是当今传媒业的发展趋势，而资产重组则是融合的重要手段。AEF 通过资产重组，实现了对外传播系统中生产要素的合理流动和重新组合，优化了企业的内部结构，提高了企业的运作效率和市场竞争力。

2. 1. 3 数字传播媒介的发展

数字传播媒体是以“数字化”为导向，用数字格式代替传统的音频及视频格式，利用手机和电脑等数字网络终端作为信息传输方式的媒介。在科学技术飞速发展的今天，媒体的数字化已经成为媒体发展的方向。以互联网代表的数字媒介使文化信息的生产及传播更为便利，加速了文化全球化的趋势，被誉为“用科技手段突破国家的界限”的工具。

早在 20 世纪末，法国就已开始重视数字媒体在文化传播中的作用。法国外长法比尤斯（Fabius）认为：“通过数字技术强大的渗透能力，可以发掘新的受众。”[①]在政府的扶持下，法国传媒集团主要从视听传媒及图书出版两方面进行数字化的革新。

---

① LAURENT FABIUS. Politique culturelle extérieure – Tribune du ministre des affaires étrangères [N]. Le Figaro, 15 juillet, 2013.

1. 不遗余力地推进视听节目制作的数字化

在传播技术飞速发展的背景下，数字化成为当今媒体发展的主旋律。早在1993年7月，法国电视传播局局长博尚（Beauchamps）就提交了发展视频传播新技术的报告，指出“地面数字电视是电视传播的有效补充手段，多种传播方式应协调发展”。2006年7月，当时的文化传播部长瓦布尔（Vabres）制定了“加快视听传播的现代化进程，用数字电视全面替代模拟电视”的计划。该计划从2008年开始，预计到2011年末实现全面数字化。

法国的视听媒体数字化改革是卓有成效的。

首先，政府在推进数字化的进程中提供了有力的财政支持。新技术的研发和推广需要大量的人力和物力，且具有风险性，若得不到政府的扶持，其推进速度是缓慢的，法国政府为此持续加大了资金投入：2010年，政府拨给AEF的经费达31 260万欧元，比2009年多1 679万欧元，增长率为5.6%。其中，作为新生力量的F24的开支就达9 170万欧元，比数字化改革前的2007年（6 950万欧元）增长24%。2011年，政府对对外视听传播领域的投入预计为33 190万欧元，比2010年增长5%。[①]

其次，AEF的领导层为数字化策略的实施制订了一系列具体方案，领导旗下媒体全面进军新媒体领域：① RFI计划向网络广播和区域数字广播发展，并和Audio Now公司合作，进军手机广播领域。② F24和苹果公司的iPhone合作，成为移植到手机的第一个免费新闻频道。③TV5的总经理萨拉戈斯（Saragosse）提出“法语是现代化的代名词”的口号，进行“以新媒体促发展”策略。除了通过3 000个有线电视网络和30个卫星进行节目的对外播出外，TV5还进军因特网，建立了tv5monde.com网站和专门针对手机浏览服务的m.tv5monde.com网站，以增加其信息进入数字终端（电脑、手机等）的便利性。2009年6月，TV5针对广大儿童推出了网络电视（web TV）——tivi5mondeplus.com；2010年，还建立专门针对非洲的web TV。此外，频道还与Facebook、YouTube、Twitter等知名视听分享和即时通讯网站合作，以扩展其在互联网中的传播渠道。在法语教学方

---

① LAURENCE FRANCESCHINI. La désignation d'un médiateur à RFI ne parait pas pouvoir être retenue［EB/OL］. Bnnnews.（2009－11－17）［le 10 octobre 2010］. http://bnnnews.it/inter204.asp.

面，TV5 也计划将教学节目内容移植到 iPhone，充分利用各种高科技媒介，使其内容传播效率最大化。

数字化的制作是广电媒体传播方式革新的手段。如何适应新形势，把新技术转化成生产力，保证对外视听传播的持续竞争力，新技术的运用是关键。正如 AEF 总裁普齐拉克（Pouzilhac）所说："集团发展的方向应该是多媒体，必须抓住每一次技术变革的机会，加速我们的发展。"①同时，新技术的运用也有助于催生新的节目形态，如 TV5 对节目进行数字化改革后推出的世界上第一个完全针对非洲的 web TV 频道，取得了很好的反响。随着互联网、手机等新兴媒体的迅速发展，广播电视与新媒体的融合成为发展的趋势。

2. 大力推动书刊出版的数字化

人类学家、法国国家科学研究院（CNRS）主任伯奇（Boëstch）认为，世界出版业正处于大变革的初期，数字化将是出版发行的趋势。尤其值得注意的是，数字出版有助于产品内容有效地进入非洲及拉美国家的图书市场，因为这些国家的图书分销渠道缺失，纸质图书在这些地区的流通价格过于昂贵。目前，法国的出版商，特别是学术性的数字出版机构，已经开始加大对非洲的推广力度，并取得初步成效。例如，马格里布地区的大学开始大量购买法国的科学数据库，如包含了几千种人文社科杂志的数据库 CAIRN。

为扩大本国数字期刊的国际影响力，法国国家图书中心与 CAIRN 数据库进行了合作。合作的主要内容为：双方发挥自身优势，推动优秀法国人文社会科学期刊的英译，并通过 cairn. info 网站向世界推广。该计划于 2012 年夏天开始，先由期刊自行申报，然后在当年 10 月，邀请由专家组成的科学委员会（Comité scientifique）对优秀期刊进行遴选，并最终选出 26 本知识性期刊和 8 本争鸣性期刊参与到该合作项目中。为此，从 2013 年 1 月开始，cairn. info 网站增设了英语数据库。每本参与到该计划的期刊可向网站推荐近 10 年来的优秀论文（英文版），并被直接收录到该数据库中。对于没有被获准参与到该项目的期刊，也可向 cairn. info 网站推荐英语论文，由专家每季度遴选一次。被选上的论文同样能够被收录，供世界各

---

① MARTINE ROBERT. Entretien avec Alain de Pouzilhac, président de l'audiovisuel extérieur [J]. L'Oeil, 03 (n° 622), 2010.

国的用户阅读和下载。该数据库可认为是法国向世界展示其优秀人文社科成果的窗口，有助于提升法国学术出版的国际影响力。

此外，为提升阅读法语书籍的便利性，法国文化中心设立“线上数字图书馆”（Culturethèque）及“对外图书推广网”（IF Verso）网站，不断完善和发展网络图书馆的规模。目前，IF Verso 平台已经收录了 70 000 种法国图书及其翻译版本，涉及四十多种外译语言。此外，法国外交部资助设立了一批专门介绍法国作家及人文社科出版物的网站，以充分发挥互联网“推荐人”的角色。

新媒体可以消灭传统媒体，也可以挽救传统媒体。在媒体技术发展日新月异的今天，法国的对外传播系统充分认识到了数字媒体的便携性、互动性等特点，其以数字化为导向，走与互联网和电信的融合之路，形成了传统媒体与新媒体整合发展的新形态。

2.2 法国对外文化传播的机遇与挑战

2.2.1 全球化背景下文化地域边界的弱化

文化全球化指“全球文化的相互依存、相互作用以及文化角色之间的相互交流，它允许分离化、同质化并存”。①文化的频繁交流，不同文化的融合及对异地文化的接受，是文化全球化的基本特征。在全球化背景下，文化不再封闭在某个地理区域之内，也不可能只停留在某个区域内。便利的传播方式，使文化的双边及多边交流成为常态。

文化全球化加速了文化的竞争，使先进文化在优胜劣汰的规则中得以迅速传播。而先进文化的衡量标准，即“是否符合社会生产力发展的客观要求”及“是否符合人类文明演进的客观规律”。②法国文化以“平等”“自由”和“博爱”为核心。随着贸易自由化在全球的发展，平等和公平的经济环境客观促进了经贸往来。在社会民主化思潮的推进下，言论自由成为人权的基本构成要素。不分种族的互助互爱，则是人类从野蛮到文明

① 星野昭吉．全球政治学［M］．刘小林，张胜军，译．北京：新华出版社，2000：191．

② 刘建军．论先进文化的衡量标准［J］．社会主义研究，2002（6）．

演变的标志。纵观历史，法国对世界传播过的思想理念有社会主义、国际主义、政教分离、人权理念、国际文化和技术合作、欧洲共同体、对发展中国家的援助及促进南北对话等。上述观点均具有一定的先进性、前瞻性并具有划时代意义，为推动人类社会向现代化发展做出了杰出贡献。

在全球化的驱动下，文化边界变得模糊，一个个“文化孤岛”被攻克，文化身份被不断弱化，文化领域的“地球村”正逐步形成。在此背景下，“文化开放”策略成为世界各国的共识，开放文化边境成为不可逆转的潮流。在保护本国传统文化的基础上，开展形式多样的文化合作，吸收和借鉴别国的先进文明成果，取长补短，已成为新时期国与国之间外交战略的重要组成部分。文化开放程度的提升，为跨文化传播创造了前所未有的有利环境。

传播环境的优化，为法国的对外文化传播行动提供了前所未有的机遇。作为文化外交的创始者，法国在文化传播领域有着悠久的历史及丰富的经验。开放的文化环境和雄厚的文化传播实力，使法国文化在世界范围内得以加速传播。此外，法国是为数不多的认为文化与经济同等重要的国家，在现今文化产业日益受到重视，并上升为国家支柱产业的背景下，法国凭借良好的文化形象，其文化发展及传播模式在世界范围内得到许多国家的认可，并被广泛借鉴。

如今，全球化趋势不可阻挡。全球化是一种新的社会框架，以培养和支持多国沟通。①如何在全球化进程中维护国家的政治、经济和文化安全，增强民族文化的吸引力和媒体的全球传播力，争夺国际话语权，建构良好的国家形象，在世界范围内更好地实施有利于本国的外交策略，正日益受到各国的重视。而“文化传播行动”则是这一战略的关键。作为文化至上的国度，法国将不会错失这千载难逢的机遇，把不遗余力地发展文化外交及提升其世界文化中心地位作为全球化语境下的长期性战略。

2.2.2 新形势下文化竞争的加剧

1. 美国文化霸权的竞争

“二战”以来，美国凭借其强大的经济及科技实力，一直主导着国际

① 陈国民，安然．跨文化传播关键术语解读［M］．北京：中国社会科学出版社，2010：84.

信息的流动。面对美国文化对本国和世界的强烈冲击，一向自恃清高的法国人，也表现出深深的忧虑和不安。法国文化中心主席达尔柯斯（Darcos）在谈到美国文化对世界的威胁时，曾说道："在北京、东京、利雅得、加拉加斯，我被当地群众所受的美国模式影响所震撼。语言仍然是印地语或者普通话，但是句法却是美国的。中国及阿拉伯国家在历史上都与美国有过战争，但现在都模仿美国的模式。如今，不论是欧洲，还是有着13亿人口的中国，都无法与美国文化抗衡。"①从Darcos的话语可见，美国文化在世界的传播力是强大的。它能够轻而易举地突破民族之间的界限和隔阂，并对当地民众的思想产生深刻的影响。随着全球化趋势的不断加速，美国文化几乎已经渗入世界的每个角落，并形成了垄断性和全球化的文化控制网络。

作为在全球反对美国文化霸权主义的先驱者和领导者，法国提出了"文化多样性"原则，并倡导世界各国签署文化多样性协定，以保护本国的文化特质。该协定得到大部分国家的支持，只有美国及其盟友以色列拒绝签署。此外，为抵御美国在本土拓展传播渠道，法国是法语世界唯一不允许美国特纳电视网（TNT）进入的国家。

虽然法国政府一直为争夺国际话语权而努力，但始终没能撼动美国的垄断地位。在美国文化的冲击下，法国媒介的吸引力下降，这主要体现在两个方面：第一，视听传播媒体的国际影响力出现不同程度的减弱。这个窘境在欧洲尤其明显：TV5在该地区的收视率逐年下降，F24在的收视率更是下降到了5%。RFI的收听率由2004年的200万固定听众减少为2008年的100万，下降幅度为50%。②第二，图书出口增速放缓。法国图书的出口以"北部"发达法语国家为主③。法国在该地区的业务占总出口额的

---

① XAVIER DARCOS. Politique culturelle extérieure de la France [EB/OL]. Sénat. (2011－02－09) [le 6 février 2012]. http://www.ambafrance－es.org/Politique－culturelle－exterieure－de.

② JOSEPH KERGUERIS. No. 102 Tome Ⅲ Médias [R]. Paris: SENAT, 2009.

③ 我们所说的"法语世界"，主要指世界上42个说法语的国家和地区，以及其它地区说法语的群体。从地理位置来看，可以把法语世界国家划分为两个阵营："北部"和"南部"。"北部"以欧洲的法语国家和加拿大魁北克地区为代表，而"南部"主要以非洲和西亚的法语国家为主。"北部"经济比较发达，代表了先进的文化和生产力；"南部"经济相对落后，普遍有被殖民的历史。

63.6%。[①]但从2011—2012年的数据看，在出口比重最大的比利时（28.9%）、瑞士（12.7%）和加拿大（11.8%）三国，其贸易额都呈现不同程度的衰减，对加拿大的增速甚至达到了-4.5%。[②]

面对国际舆论领导力及文化产品出口的下滑，法国政府意识到问题的严重性。达尔柯斯曾无奈地表示："从宏观效果上来说，法国不能够阻止文化的美国化。"[③] 他还承认："影响力的战争及软实力的竞争是残酷的，美国的文化网络统治世界。"[④]

2. 第三世界国家重构世界文化传播体系的渴求

自18世纪工业革命爆发以来，世界文化体系一直被包括法国在内的几个欧美超级大国所控制。凭借经济、政治及军事优势，发达资本主义国家取得了文化领域的话语权，处于"主动"的一方。相比之下，经济和政治地位低下的广大第三世界发展中国家则处于"被动"的一方，他们的"文化身份"（identité）被发达国家所定义。进入21世纪，随着殖民时代的结束，第三世界国家纷纷崛起。在大力提升经济实力的同时，他们弘扬本国传统文化，重构世界文化传播体系的渴求也日益强烈。

自17世纪启蒙运动（Siècle des Lumières）以来，法国文化一直在全球处于强势地位。如今，法国文化传播力虽已经被美国所超越，但法国依托一个多世纪以来对文化网络建设所做的努力，仍然在许多地区，特别是在法语世界得以维持其文化领袖地位。面对第三世界的文化诉求，巩固在法语地区的绝对领导力及提升在非法语地区的文化传播力，成为法国当前的迫切任务。

"法语世界"是法国在对外文化传播的传统区域，在其传播版图中处于地缘战略的重心。"法语世界"的成员主要分布在欧洲、北美洲、非洲

---

① JOSIANE CASTEIBOU. Exportations vers les pays francophones [EB/OL]. La Centrale de l'Edition. (2013-04) [le 6 juin 2014]. www. centrale-edition. fr.

② *Ibid*.

③ XAVIER DARCOS. Qu'est-ce que l'action culturelle française à l'étranger? [EB/OL]. L'Académie des Sciences morales et politiques. (2011-03-07) [le 12 mars 2012]. http://www. asmp. fr/travaux/ com munications/2011-03-07-darcos. html.

④ XAVIER DARCOS. Politique culturelle extérieure de la France [EB/OL]. Sénat. (2011-02-09) [le 6 février 2012]. http://www. ambafrance-es. org/Politique-culturelle-exterieure-de.

和中东。在“法语世界”里，有着众多人口及巨大经济发展潜力的非洲是法国文化传播的重中之重。以 RFI 为例，在非洲的受众数占其受众总量的一半以上，是电台最重要的目标传播区域。

法国对非洲的影响力形成于其对该地区近一个世纪的殖民历史。法国军队 19 世纪初进入非洲，其殖民统治在“一战”时达到顶峰。为了维护在非洲大部分地区建立起的殖民统治，法国对非洲的文化传播一度成为思想殖民的工具。“二战”后，随着非洲独立运动的兴起，赤裸裸的文化控制策略已经不再适用。为了守住非洲这块“根据地”，如何改变殖民者的野蛮形象，建立法兰西民族和非洲人民间的深情厚谊，在非洲人民心目中构建“先进”“宽容”和“人道”的法国社会风貌，成为法国在该地区实施文化传播改革策略的关键。

在非法语的第三世界国家中，中国是法国关注最多的国家之一。法国传媒在谈到中国的文化网络建设时，无不表达钦佩之情：中国的海外文化网络建立时间非常短，但已经非常强大，孔子学院的数量已经超越法国文化中心的数量。面对中国海外文化网络的快速拓展，法国外交部部长 Fabius在 2013 年曾表示：“竞争是残酷的，经济快速发展的国家，尤其是中国，对文化传播的投入很大，我们应该吸取教训，与之开展竞争。”①可见，继美国之后，法国已经把以中国为代表的有着巨大潜力的发展中国家，作为新的竞争对手。

由此可见，面对第三世界国家对重构世界文化体系的渴求，如何缓和“发达国家对话语权的绝对控制事实”和“第三世界的反控制愿望”之间的矛盾，维护和提升其在世界范围内的文化传播力，是法国在对外文化传播行动推进中面临的棘手问题。

2.3　法国对外文化传播的新架构

法国文化传播行动的开展，借助的是其在全球的庞大文化传播网络。经过几个世纪的打造，法国已经建成世界上规模最大的海外文化推广系统，使法国成为拥有最完善国际文化传播渠道的国家。法国的对外文化传播体系架构可以用“一部三网”进行概括。“一部”指外交部（Ministère

---

① Laurent Fabius. Politique culturelle extérieure – Tribune du ministre des affaires étrangères ［N］. Le Figaro，15 juillet，2013.

des affaires étrangères，简称“MAE”）及其下属的文化行动合作处（Service de cooperation et d'action culturelle，简称 SCAC）；“三网”分别指法国文化中心（Centre et institut culturel）、法国对外视听传播控股公司（AEF）及受法国外交部资助的法语联盟（Alliance française）的传播网络。法国政界曾用“无与伦比”来形容该网络，并将其视为维护法国“文化大国”地位的基本工具。

2.3.1 作为行动主导者的外交部

外交部是法国对外文化传播行动的领导者、组织者和策划者，在行动中起主导作用。20 世纪初，法国政府开始在外交部设立专门的文化推广机构，并进行了 7 次改革，以提升和扩充其职能。1909 年，“法国海外学校及作品管理办公室”（Bureau des écoles et des oeuvres françaies à l'étranger）成立，拉开了外交部领导下的对外文化传播行动序幕。1920 年，“办公室”的职能和地位得到提升，并被更名为“法国作品海外推广处”（Service des oeuvres françaises à l'étranger）。1945 年，在戴高乐总统的号召下，“推广处”改革成为“文化关系及法国作品海外推广事务部”（Direction générale des relations culturelles et des oeuvres françaises à l'étranger），成为法国文化外交及全球战略的重要组织机构，其使命是重振战后法国在世界的影响力。1956 年，“事务部”转制为“文化及技术事务总局”（Direction générale des affaires culurelles et techniques），并于 1969 年升级成为“文化、科学及技术关系总局”（Direction générale des relations culturelles，scientifiques et techniques）。1981 年，当时的文化部长雅克·朗在上任之初，即把发展法国的对外文化关系作为工作重点，把“总局”分割成为“国际事务处”（Service des affaires internationales），并增设“促进不同文化对话协会”（Association pour le dialogue entre les cultures），以促进法国文化与世界文化的互动。1998 年末，“事务处”改制成现在的“国际合作与发展总局”（Direction générale de la coopération internationale et du développement），并延续至今。①

“法国作品海外推广处”在成立之初，就在其行动纲领中提出：“法国

① DANIEL HAIZE. L'action culturelle et de coopération de la France à l'étranger：un réseau，des homes [M]. Paris：L'Harmattan，2012：51.

的文学、艺术、工业文明及思想，在任何一个时期都对其他民族有着强大的吸引力，是人民手中的武器。我们在海外的大学及中小学是文化的重要宣传阵地。我们必须坚定一个信念：法国文化的渗透是最有效的海外行动方式之一。法国外交部及其海外机构必须积极地领导及控制这一策略的实施。对于其他民族而言，这一举措的内容是最丰富的，因为我国有着深厚的文化底蕴，且该策略是外交行动中反对意见最少的。”①可见，在一百多年前，法国就已经认识到本国文化的强大影响力，并把文化传播上升为国家战略，强调外交部对该行动的绝对控制，同时注重对海外学校网络这一传播媒介的建设。

推广处主要围绕四个领域开展工作：大学及中小学、文学和艺术、多元化的作品、旅游及体育。任务的中心是法语语言及文化教学，并促进文化和艺术的交流。外派法国教师成为当时行动的关键。北美和中欧是最初外派教师的主要区域，随后扩大到世界其他地区。1933 年，已有超过 300 名法国教师被派往世界各地的 200 所大学任教。②可见，在推广处设立之初，语言的教育及传播是核心策略，且传播的范围呈世界性特征。为此，外交部给予了较大的财政支持。1930 年，用于文化传播的费用占外交部总支出的三分之一。

“二战”结束后，“文化关系及法国作品海外推广总局”的成立，标志着国家加强对对外文化传播行动干预的开始。戴高乐认为，文化对恢复法国在欧洲及世界的强国地位有着无可替代的作用，并强化文化传播作为外交工具的功能。推广总局继承了以往的“语言先行”策略，在恢复和加强法语教育在海外大学及中学推广的同时，注重以语言教育网络的扩张带动文化网络的扩张。

“文化及技术事务总局”的建立，首次加入“技术合作”这一内容，是外交部丰富文化传播内容的重要举措。文化传播内容的扩展，有助于发掘潜力和提升传播力。需要指出的是，技术元素的引入，是建立在语言合作的基础上，并未影响之前语言策略的延续性。事务总局在 1957 年的报告

---

① SALON A. Rapport à la Chambre des députés sur le budget de 1920 – L'action culturelle de la France dans le monde, analyse critique [D]. Paris: Université Paris 1 Panthéon – Sorbonne, 1981, 3 vol: 189.

② DANIEL HAIZE. L'action culturelle et de coopération de la France à l'étranger: un réseau, des homes [M]. Paris: l'Harmattan, 2012: 52.

中指出：“培训海外的管理者、技术专家、培训师等都是用法语进行。”①这一改革举措可解读为语言合作框架下精英策略的体现，是进取型和前瞻性的策略。这一时期法国在科技方面取得了辉煌成就，在世界上有着很好的声望。广大发展中国家处于工业发展初期，在相当长的时间内急需技术支持。通过与前殖民地国家（印度支那地区与北非）及新兴第三世界国家（印度、巴基斯坦、巴西、尼日利亚、加纳、刚果及印度尼西亚等）的科技合作，有效延续了前殖民地的依附关系，并实现了对新合作地域的开拓。为此，事务总局分别于1959—1963年及1964—1968年实施了两个“五年计划”，不断加大财政投入力度，以恢复并扩大法国在海外的技术合作及文化传播行动，经费投入比例也大幅上升至外交部总预算的52%。②

“文化关系、科学及技术总局”的成立，增加了“科学”的范畴，使文化合作机制几乎涵盖所有学科，全面提升了机构职能。技术总局整合了其他文化部门，如原子能、空间技术研究和海洋开发部等，且加强与发达国家的科技合作。此举有效应对了新时代对科学技术的迫切需要，通过扩大合作范围，提升了法国的软实力。技术总局的五个主要职能是：①传播法语；②科学技术合作；③文化交流；④视听传播；⑤教育推广。其中，②及④是新增内容。可见，从20世纪后半叶开始，随着全球工业化进程的加快，及广播电视等视听媒介的加速发展，法国外交部开始重视对这两个领域的发掘，力求把技术传播与视听传播培育成为其对外文化行动的新增长点。

“国际合作与发展总局”的诞生，是“文化关系、科学及技术总局”与外交部其他合作处的整合体，可看作是文化传播部门的进一步整合。这一整合行动从1981年开始，经过十多年的酝酿，于1995年取得实质性进展。当时的国防秘书总署署长皮克（Picq）在给总理的报告中正式提出：不要再把非洲的前殖民地与其他地区分开对待，并把合作事务与外交事务进行合并。③最终这个提案被采纳，促成了三年后发展总局的成立。

“国际合作与发展总局”可谓有史以来法国外交部下属的职能最完备

---

① ROCHE F, PIGNIAU B. Premier rapport de la Direction générale consacré à l'année 1957 [R]. Paris: Direction Générale, 1995: 77.

② DANIEL HAIZE. L'action culturelle et de coopération de la France à l'étranger: un réseau, des hommes [M]. Paris: l'Harmattan, 2012: 54.

③ JEAN PICQ. L'Etat en France, servir une nation ouverte sur le monde – Rapport du Premier ministre [R]. Paris: La Documentation française, 1995: 43.

的对外文化传播机构，其组织架构呈“2-1-4-1-1”形态。其中“2”指两个部门，即：人力资源部和管理控制部；“1”指一个处，即网络及资产处（负责行动规划、财政事务及地区合作事务等）；“4”指四个分局，即对外视听局（电台、电视和新闻、电影及信息与传播技术）、法语及文化合作局（文化及艺术合作、法语相关事务）、发展政策局（国家战略、欧洲及多边问题、千年发展目标及不同领域政策、民主治理）和科学与大学合作局（大学合作及专业培训、科学及研究合作、考古及社会学研究）；第二个“1”指一个代表处，代表中央政府协调法国地方政府的对外传播行动；第三个“1”指一个考察机构，其任务是促进非政府组织国际文化行动的开展。①优化整合后，发展总局的职能更加全面，体现了组织的专业性。这种专业性体现在：①机构名称没有用到“文化”这一宽泛的字眼，取而代之的是更加精确、具体的称谓。②对不同领域及地域的划分更为合理、明确。

无论下属文化宣传职能部门的名称及权责如何改变，外交部在法国对外文化行动中的主导地位可以说是与生俱来的，一直没有被动摇过。这体现在一直以来，在民主的法国，几乎没有任何与对外文化传播主体相关政策的讨论。法国议会的讨论，主要针对法国外交部的经费预算进行，极少涉及政府对该领域的干预。在对法国外交部改革的方案中，主要围绕“采用先进的对外文化传播手段的必要性”展开。政府在重申在该领域的主导地位的前提下，明确了外交部在文化推广行动中应承担的责任：“文化外交是且应该成为外交策略的组成部分。”②可见，外交部是负责处理法国国际文化关系的主要机构，在该领域拥有绝对的领导和组织权力。法国的其他文化部门曾经争取过对该领域的优先权力，但都遭到了政府的拒绝。例如，法兰西第五共和国首任文化部长安德烈·马尔罗在上任之初，就否决了把归属外交部管理的文化事务部转由文化部管理的议案。

如今，法国外交部负责管理对外文化推广经费的80%③，是对外文化

---

① DANIEL HAIZE. L'action culturelle et de coopération de la France à l'étranger：un réseau，des hommes [M]. Paris：L'Harmattan，2012：55-56.

② KESSLER M C. La politique étrangère de la France - Acteurs et processus [N]. Presses de Science Po，1999：380.

③ MAE. La France à la loupe，la politique culturelle de la France [EB/OL]. Ministère des affaires étrangères.（2013）[le 9 septembre 2014]. http：//www. ambafrance - at. org/IMG/pdf/culture. pdf.

传播行动经费的分配者。经费主要用于对现有驻外文化网络的支持，包括对外使领馆文化处、海外的法语学校和法语文化中心、分布世界各地的法语联盟、对外视听传播媒体，以及欧洲数字图书馆工程法国承担的费用等。

在外交部的领导下，海外使领馆的“文化行动合作处”（SCAC），成为法国外交部在目标国进行文化外交策略的执行者。该处隶属外交部管理，被认为是法国在海外文化网络的基础。在法国的驻外使领馆，几乎都设有文化处。文化处负责文化活动的设计、组织和实施。目前，在163个与法国建立双边外交关系的国家中，有161个国家设立了文化合作行动处，该处员工总数超过6 000人。①

SCAC的两个中心任务是：第一，使外界了解法国文化及法国艺术家的作品。为此，计划每年在海外举办超过50 000次文化活动。第二，为不同国家的文化创造者及文化管理者之间搭建可持续发展的沟通渠道，以促进不同文化的传播与交流。②除了贯彻执行外交部制定的文化策略，为了更好地发挥目标国与法国总部间的桥梁作用，减少由于文化差异所造成的阻碍，文化处还履行以下职能：①在了解地方文化行为主体的前提下，发现对方的需要及意愿，以发掘更多可以进行文化合作的领域；②在了解对方运作模式的前提下，为有意前来表演的法国艺术家提供有用的建议，并为演出计划的实施提供具体帮助；③促进双方的会面，创造合作的机会，并保证合作双方的质量和实力；④邀请当地文化界的知名人士、节目编导、文化传播者及文化产品管理者访问法国，为他们精确选择合适的文化项目进行对接；⑤寻找两国共同的视角，以增进文化推广的一致性；⑥组织周期性、系列性和小型化的节庆活动，且把这些活动融入当地文化活动当中，并通过法国驻外领事馆的信息系统及当地大众媒体进行宣传；⑦积极与地方政府进行沟通，以获得其必不可少的支持；⑧寻找企业及个人赞助商，以实现项目的开展。

---

① MAE. Ministère des affaires étrangères en chiffres, le réseau de coopération et d'action culturelle pour promouvoir la culture francaise［R］. Paris: Ministère des affaires étrangères, données au 1er juillet, 2013.

② MAE. Diplomatie culturelle – La politique culturelle extérieure de la France［EB/OL］. Ministère des affaires étrangères.（le 29 août 2014）［2014 – 11 – 23］. http://www.diplomatie.gouv.fr/fr/politique – etrangere – de – la – france/diplomatie – culturelle – 21822/.

可见，作为外交部的海外行动网络，SCAC 注重发展与当地文化团体及政府的互动关系，积极寻求文化合作契机，以推进与目标国文化项目的持续深入开展。此外，为促进法国文化在海外的传播，外交部还注重营造良好的国际氛围和传播环境。

首先，塑造法国“文化平等”及“文化包容”的国际形象。一直以来，“文化例外”及“多元文化”是法国外交的核心理念。在维护本国文化利益的同时，保持和促进世界文化的纯洁性及多样性是法国外交的基本策略之一。外交部作为对外文化传播的主要职能机构，在这一策略的实施过程中扮演着重要的角色。在促进法国文化产品向世界传播的同时，法国政府注重对“南部”法语世界国家文化产业的援助，以维护法语世界文化的多样性。

援助行动主要从以下四方面开展：①为保护、发展和传承南部法语世界的丰富文明成果，建设了 CulturesSud. com 网站，以推广“南部”法语世界国家的作家、出版机构及文化活动；②在每年的巴黎书展上，在法语世界文学展区设置专门展位，重点展示和推荐一家来自非洲或加勒比海地区的法语出版机构，以扩大其国际影响力；③促进法语世界“北部”及“南部”间的版权转让及出版合作，帮助非洲及加勒比海地区国家的作品在法国出版，并资助这些图书以低廉的价格在当地市场销售；④设立优先互助基金（FSP）。该基金设立于 1970 年，主要支持法国政府机构海外援助行动的实施，其中包括对第三世界国家文化产业的扶持。2011 年，为促进海地图书出版业的发展，该基金实行了“海地 100 本图书”扶持计划。目前，FSP 援助的对象已由援助撒哈拉沙漠以南的非洲国家，扩展到东南亚及地中海沿岸。

对世界文化多样性，特别是法语世界多元文化的保护，体现了法国由“文化单边主义”向“文化双边主义”的过渡。该行动有助于树立法国“文化平等”及“文化包容”的国际形象，从而增强法国文化对海外受众的亲和力。

其次，在不断优化国家文化形象的同时，注重从促进贸易、支持翻译及海外宣传三方面对本国文化产品进行海外推广。该策略在图书领域的表现尤为突出，例如：①支持国外出版机构对法语图书的版权购买、翻译及出版发行；②资助培训年轻的翻译家（英语、阿拉伯语、中文、西班牙语、葡萄牙语和俄语）；③建立推介被外译的法语图书的网站，使海外受众能及时获取这些图书的出版发行信息；④通过遍布全球的法国文化中心、法语联盟及法国驻外使领馆文化处举行关于法语图书及作家的展览、研讨及赠阅活动。这些活动常常联合国内的行业协会及目标国的文化机构共同开展，以增强法国的思想、作品、作家及出版社在国外的影响力。

由此可见，法国政府在对外推广本国文化成果的活动中，非常注重文化性与经济性的协调发展。在不断加大对外国文化产业援助力度的同时，为本国文化产品的出口战略营造良好的外部环境。

2.3.2 作为有机整体的对外视听传播系统

随着大众视听媒介的发展，人类已经由“读纸”时代进入“读屏”时代。如今，视听传播媒体凭借其强大的传播力和舆论领导力，已成为法国对外文化传播的最重要平台。法国政府毫不掩饰对外视听传播系统在法国文化外交中所担当的重要角色。法国文化中心主任达尔柯斯认为：“对外视听传播是对外文化传播的基本工具。”① 法国外交部部长法比尤斯（Fabius）则表示：“对外视听传播系统是传播法语世界文化、法国形象及法国视听内容的引擎。”②

法国的对外视听传播系统由法国对外视听传播控股公司（AEF）领导。AEF 整合了法国的三家主要对外视听传播媒体——法国国际广播电台（RFI）、法国电视五台（TV5）和法国 24 小时新闻台（F24），其性质是法国政府绝对控制下的三大官方对外视听传播媒体的融合体。

TV5 是法国对外视听传播的“旗舰”。它成立于 1984 年，是法国历史悠久的有线电视台。目前，TV5 已成为全球最大、影响最广泛的法语电视媒体。它全天 24 小时不间断地向世界两百多个国家和地区播放节目，受众超过 21 500 万户，占世界电视观众的 20%，占世界有线电视和卫星电视观众的 59%③。

---

① XAVIER DARCOS. Politique culturelle extérieure de la France [EB/OL]. Sénat. (2011 - 02 - 09) [le 6 février 2012]. http://www.ambafrance-es.org/Politique-culturelle-exterieure-de.

② LAURENT FABIUS. Politique culturelle extérieure – Tribune du ministre des affaires étrangères [N]. Le Figaro, 15 juillet, 2013.

③ TV5. La présentation [EB/OL]. TV5Monde. (2010) [le 5 juin 2011]. http://www.tv5.org/cms/chaine-francophone/footer-niveau-2/tv5monde/La-chaine/p-5857-Presentation.html. （由于外国电视媒体目前还不能进入我国的大众传播领域，“20%”和“59%”是去除中国观众所得出的数据。）

RFI 是法国的官方广播电台。2004 年，其固定受听众已达 4 400 万，是继英国广播公司（BBC）和美国之音（Voice of American）之后，和德国之声（Deutsche Welle）并列的第三大国际广播电台①。RFI 用 19 种语言 24 小时不间断对全世界进行广播，传播的媒介包括 FM 调频广播、因特网、手机、有线网络和卫星。RFI 在世界 71 个国家设立了 164 个中继发射站，其 FM 网络的密度居世界之首。

F24 电视台被法国业界称为“稚嫩的萌芽”。得此称号的原因是该媒体成立的时间较短（于2006 年成立）。该频道每周7 天每天24 小时不间断向全世界播放时事类节目，阐述法国对世界局势的观点。法国文化部部长瓦布尔（Vabres）曾形容它是“法语世界的 CNN”。F24 全天不间断全方位播出国内外新闻，每小时播出 10 分钟新闻报道，每半小时播出 3 分钟最新资讯，为受众提供及时快速的新闻讯息。截至 2009 年，F24 的受众已超过 1 亿用户，分布于全球 160 个国家。频道在全世界有 340 个合作伙伴，其中包括 224 名记者，65 名技术人员和 53 名行政管理人员，是一个年轻的国际性团队②。

2008 年，法国对外视听传播控股公司（AEF）成立。AEF 整合了上述三家媒体，其性质是法国政府绝对控制下的三大官方对外视听传播媒体的融合体。AEF 成立之后，法国的对外视听传播呈现三大特点：① 加强控制，使媒体真正成为政府喉舌，能够有力宣传贯彻政府的意图和政策；② 统一指挥，统一调度，避免媒体内部的不良竞争与内耗；③ 媒体之间合作互补，建立全方位对外传播网络，增强国家的对外传播力。AEF 的成立，标志法国的对外视听传播开始朝集团化和协作化方向发展。

2.3.3 作为“新行动者”的法国文化中心

法国文化中心（Institut français）成立于 2011 年 1 月 1 日，其前身是

① DGMIC. La réforme de l'audiovisuel extérieur [EB/OL]. La Direction générale des médias et des industries culturelles. (2010 - 03 - 01) [le 3 janvier 2012]. http://www.dgmic.culture.gouv.fr.

② JOSEPH KERGUERIS. No. 102 Tome Ⅲ Médias [R]. Paris: SENAT, 2009: 19.

2006年成立的“法国文化协会”（Cultures – France）[①]。文化中心隶属于外交部，受外交部的管理及资助，被誉为“法国文化外交的新行动者”[②]。文化部和教育部是中心的合作伙伴，参与制定文化中心的行动目标及行动方式计划，并协助一些项目的实施。根据2011年2月的统计，法国文化中心巴黎总部的员工数量为160人，99人来自法国文化协会，40人来自外交部，10人左右来自国家教育部，10人左右来自文化部。经过几年的发展，如今人数已达到200人。[③]可见，法国文化中心的成立，体现了多部委合作的特征，并有着很强的外交意图。文化中心享有独立的财政权力，其主要职能是进行法语教学，组织相关的文化活动，向海外受众提供与法国相关的资料及信息，是新时期法国推行文化外交的重要工具和平台。

作为“新行动者”，法国文化协会的创新性体现在以下五个方面：

第一，政府职能和分工的明确。以往，法国对外文化传播机构由外交部及文化部共同负责管理，两部门处于平等关系。文化中心成立后，改为“外交部为主，文化部为辅”的管理模式，使外交部具有完全的决策权力，有利于减少不同部门间的分歧，提高政府层面的运作效率。

第二，对海外文化机构的整合。建立法国文化中心的目的，是在同一个国家机构整合法国在海外的所有文化交流行动，形成统一的对外文化传播标识。文化中心在这些行动中起组织者、协调者和监督者的作用，是联系法国海外文化机构的平台。文化传播机构的统一与整合，是国际文化传播的新趋势。如英国的文化协会、德国的歌德学院及西班牙的塞万提斯学院等，都被打造成该国在海外文化推广的唯一平台。借鉴上述国家的成功经验，改革后的法国文化中心，也成为法国对外文化传播的整合平台和唯一品牌。平台的唯一性，有利于共同策略的制定、机构间的互动、统一评

---

① 法国文化协会（Cultures – France）整合了1922年成立的负责法国海外艺术推广行动的“法国艺术活动协会”（AFAA）以及负责法国思想传播的“法国思想传播委员会”（ADPF）。

② INSTITUT FRANÇAIS. L'institut français, un nouvel acteur pour mettre en oeuvre la diplomatie culturelle de la France, faites notre connaissance [EB/OL]. Institut français. (2014 – 09 – 24) [le 10 septembre 2015]. http://www.institutfrancais.com/fr/faites – notre – connaissance – 0.

③ JACQUES BERTHOU. Politique culturelle extérieure de la France: Audition de M. Xavier Darcos, président de l'Institut français [EB/OL]. Ambassade de France à Madrid. (2011 – 02 – 17) [le 2 juillet 2013]. http://www.ambafrance – es.org/Politique – culturelle – exterieure – de.

估体系的建立及策略实施状况的监督，从而增强对外传播的整体性、有效性及协调性。中心成立后，对法国国际教育署、法国对外视听传播集团、法国电影联盟、法语联盟及法国企业国际发展局等法国官方海外文化机构的工作进行组织和协调，改变了这些机构各自为战的状况，制定统一战略，明确它们的分工，以形成合力。

第三，所发挥效用的提升。作为在目标国的“落地”组织，文化中心不断扩展职能范围，优化服务功能。与法国文化协会相比，新成立的法国文化中心具有更加全面的文化策划、支持、培训及传播功能。根据2010年7月27日修订的法律（Loi du 27 juillet 2010），法国文化中心的使命被确定为：①法国文化的对外推广及跟踪；②发展与欧洲、法语国家及其他国家的文化交流活动；③对南部国家艺术的创作、发展提供支持，并资助这些艺术创作在法国本土和世界范围内推广；④对法国电影及视听遗产的推广，在推广的过程中与目标国相关领域的实力机构进行紧密合作；⑤向世界推广法国在文化及科技领域的最新成果；⑥对作家及作品的推广，尤其是法语世界的作家及作品；⑦对法语及法语教育的海外推广；⑧法国海外文化网络、海外与法国文化推广相关的外国机构及外国专家的资讯管理；⑨促进文化创造者间的国际交流；⑩促进法国地方层面（省、区）的国际文化交往；⑪在欧洲及世界促进文化的多样化；⑫对法国文化传播推广人员进行专业培训。[①]上述十二项内容，不仅涉及文化领域的各个方面，还突出了多元化的文化理念、非中央政府层面的文化交流、对法国文化的分享、人员交流的促进和对南部落后国家的援助，是新时期法国海外文化机构职能全面提升的表现。

在上述12个使命中，有5个领域被确认为当前的中心任务，它们是：①教授及传播法语。每年，海外有18万~20万学生获得法国教育部颁发的法语文凭，文化中心将努力保持和稳定这一势头。②推广文学作品及实施文化计划。这个任务以前由“艺术行动处”（AFAA）负责。该使命在非洲法语区取得了极大的成功。它支持艺术家出访海外，并形成了持续的互动交流机制。③在海外建立关于法国的资料及文献中心。图书馆被认为是很好的传播平台，为更好地发挥其作用，法国海外图书馆的多媒体改造及

---

① ASSEMBLEE NATIONALE ET LE SENAT. Loi n° 2010－873 du 27 juillet 2010 relative à l’action extérieure de l’Etat［EB/OL］. Assemblée nationale et le Sénat.（2010－07－27）［le 5 avril 2014］. http：//www.legifrance.gouv.fr/.

馆季互联工程正在展开。④推动文化及教育合作。⑤大力发展与他国互办文化季、文化年及节庆活动，以促进与不同国家及民族间的文化对话。由此可见，推广本国的语言、艺术及教育，建设数字化的传播渠道，增强与他国的大型文化互动，是新时期法国对外文化传播策略的重点。

第四，对目标受众的明确。为提升文化传播的持久性及深入性，文化中心把 18 ~30 岁的年轻受众作为重点发展对象，积极营造气氛，以激发他们对法国文化的兴趣。许多文化中心陆续开辟新的空间，如小咖啡馆、书店、多媒体功能厅、法国产品商店等，并为年轻艺术家提供短期住宿，以不断丰富聚会及交流形式，为文化创作及互动提供条件。在墨西哥，法国文化协会还设有一所时装学校和一所美食学校，以传播法国的时尚及烹饪文化。目前，法国文化中心正为远离“说教者”的形象，转型成一个“真正实现交换的平台、产品发布的平台及一个真正开放的聚会场所”而努力。

第五，海外文化网络的新布局。自 20 世纪 50 年代以来，欧洲是法国文化中心（及其前身）的布局重点。目前，43 个文化中心设在欧洲，占海外文化中心数量的 50%。其中德国的数量为 19 家，几乎占了其在欧洲总数的一半。这种明显的不平衡，源于“二战”后法国对德国法西斯思想的遏制策略。为使西方世界的民主思想深入德国，法国一直不遗余力地加大对德国的文化传播力度，使德国成为法国在欧洲文化传播的重心。与之形成鲜明对比的是，在欧洲以外的地区，法国文化中心的数量屈指可数。在非洲，文化中心的数量仅占总数的 10%；在亚洲，仅占 9%①；在美洲，文化中心的建设几乎被忽视了。在欧洲的展示及推广力量过于集中，忽视了新兴经济体的发展潜力，造成了法国的文化网络分布不合理，削弱了法国文化在文化全球化语境中的传播力。为此，调整地域战略，努力开拓和走进传播境况不佳的地区，成为新时期法国文化中心的重要任务。为达成目标，除了不断扩建自身网络，文化中心还加强了与法语联盟的合作，借助其遍布全球的庞大网络，打造整合型的文化传播中心。此举被认为是简洁有效的，且有利于降低成本。目前，法国文化中心在海外的数量已超过 150 家，且和世界上近千家法语联盟建立了紧密合作关系。

---

① XAVIER DARCOS. Qu'est－ce que l'action culturelle française à l'étranger?［EB/OL］. L'Académie des Sciences morales et politiques.（2011－03－07）［le 12 mars 2012］. http：//www. asmp. fr/travaux/ com munications/2011－03－07－darcos. html.

法国文化中心的成立，改变了法国对外文化传播机构多而乱的格局，是法国对外文化传播机构改革的重要举措。通过一系列吸收合并的改革措施，目前该中心已被打造成法国最主要的对外文化推广平台，并形成了法国海外文化行动组织的统一标识和品牌。为支持文化中心的发展，法国政府2011年投入了4 300万欧元经费，是法国文化协会2010年经费的2倍①。此外，文化中心还创新性地引入赞助机制，设立“赞助者委员会”及“资助及合作关系处”等，在加强与法国海外企业宣传合作的同时，获取更充足的财力支持。

法国文化中心可谓新时期法国对外文化传播行动的掌舵者，它将在推广法国多元文化理念及合作理念，在促进法语、法语文化及法国的艺术家走向海外方面发挥重要作用。

2.3.4 作为世界第一大文化网络的法语联盟

法语联盟（Alliance française）于1883年7月在巴黎成立，创立者是法国外交家康邦（Cambon）及地理学家丰桑（Foncin）。成立之初，其名为“法国殖民地及海外法语推广协会”（Association nationale pour la propagation de la langue française dans les colonies et à l'étranger），有着文化殖民的烙印。

成立后的10年间，法语联盟取得了飞速的发展，雷赛布（Lesseps）和巴斯德（Pasteur）等一批知名实业家及学者加入到联盟的理事会当中，有力地支持了组织在世界各地的拓展。例如，1884年，法语联盟陆续在巴塞罗那、塞内加尔、毛里求斯及墨西哥开设分校；1889年在印度及澳大利亚设立分校；1902年在加拿大的蒙特利尔及美国设立分校……截至1904年，法语联盟在法国及海外开设的分校数量分别为150所和450所。②第二次世界大战期间，在法西斯主义的压迫下，包括巴黎法语联盟在内的许多法语联盟学校被迫关闭，联盟的发展陷于停滞。战争结束前夕，作为法国文化传播的主要网络，法语联盟的作用又开始备受关注。1943年，在法语

---

① XAVIER DARCOS. Qu'est－ce que l'action culturelle française à l'étranger? [EB/OL]. L'Académie des Sciences morales et politiques. (2011－03－07) [le 12 mars 2012]. http://www.asmp.fr/travaux/ com munications/2011－03－07－darcos.html.

② FONDATION ALLIANCE FRANÇAISE. Histoire d'une institution [EB/OL]. Fondation Alliance française. [le 29 septembre 2014]. http://www.fondation－alliancefr.org/cat=538.

联盟成立60周年之际，戴高乐将军在阿尔及利亚首都阿尔及尔重申了该组织的重要使命。1944年，巴黎法语联盟得以重新开放，并继续蓬勃发展。1979年，仅巴黎法语联盟的在校学生就达32 000人之多。[①]需要指出的是，法语联盟是有独立法人资格的协会性组织，并不是政府机构，但与法国外交部及文化部有着紧密的联系，已普遍被认为是法国国家文化行动的一分子。与法国文化中心一样，其主要职能也是开展法语教学及与法国文化相关的活动。

经过一个多世纪的发展，法语联盟不断进行改革创新，已经成为全球化时代传播法语及法语文化的"世界第一大文化网络"。该称号的取得体现在其网络分布的广阔性。目前，该组织已经在五大洲的137个国家建立了819所分校，员工数量达12 000人，其中教师人数为8 000人[②]，教学团队的规模非常庞大。每年，有50万不同年龄的学生到世界各地的法语联盟网络学习法语，有超过600万受众参加法语联盟举办的文化活动。仅巴黎法语联盟学校，每年就有来自160个国家的超过10 000名法语学习者[③]。法语联盟在世界的分布状况如表2－1表所示：

表2－1　法语联盟在世界的分布状况

地区	国家数量（个）	法语联盟数量（所）	在校学生数量（人）
非洲及印度洋	37	124	71 000
北美	2	118	36 000
拉美及加勒比	33	204	167 000
亚洲及太平洋	32	118	104 000
欧洲	33	255	86 000
总计	137	819	464 000

（数据来源：法语联盟基金会网站　www. fondation – alliancefr. org/）

① FONDATION ALLIANCE FRANÇAISE. Histoire d'une institution [EB/OL]. Fondation Alliance française. [le 29 septembre 2014]. http://www. fondation – alliancefr. org/cat = 538.

② FONDATION ALLIANCE FRANÇAISE. Rapport d'activités 2012 [EB/OL]. Fondation Alliance française. (2012) [le 11 mai 2013]. http://www. fondation – alliancefr. org.

③ FONDATION ALLIANCE FRANÇAISE. Qui sommes – nous? [EB/OL]. Alliance française. (2014 –01) [le 27 septembre 2014]. http://www. alliancefr. org/sommes – nous.

从上表可见，拉美—加勒比及亚太地区的学生数量最多，这两个地区的法语联盟在校生人数之和占总人数的58%，反映了法语联盟对在第三世界国家进行语言及文化推广的重视。此外，欧洲和非洲仍然是法语联盟的传统拓展区域。虽然学生人数不及拉美—加勒比及亚太，但这两个地区的学校数量占总数的46%，几乎占半壁江山。非洲及欧洲有着众多的法语国家，且在地域及历史上与法国有着千丝万缕的联系。经过长期的发展，法语联盟学校在这两个地区数量众多不足为奇。

建立在尊重彼此文化的基础上，构建“充满活力与创新的精神网络”，是法语联盟发展的宗旨。在发展过程中，法语联盟强调非营利性，遵守当地法律，保持财政和管理的独立性，不受政治及宗教影响。根据章程，法语联盟的三个基本任务是：①向世界各地不同的受众群体提供法语课程；②促进法国文化及法语世界文化被世人了解；③促进世界文化的多样性。可见，在坚持多元文化的前提下，对法语语言及文化的推广是联盟工作的重心。为增强吸引力及传播力，“协作”“分享”“创新”及“高质”成为联盟发展的新理念。

“协作”指增强法语联盟海外网络间的合作，并加大与法国其他驻外机构间的合作力度。例如，作为法语联盟学校的领头羊，巴黎法语联盟学校每年在海外实施约四十个帮扶项目，帮助它们提升教学和管理团队水平，以促进海外法盟的专业化发展。为增强海外文化传播机构间的协作性，法国外交部与法语联盟每年签署协议，协议规定：“法语联盟和法国文化中心及海外学校一起，组建法国海外的‘唯一网络’(un réseau unique)。”“唯一网络”强调传播网络的整合性、协作性和统一性，即：推动法国在海外设立的文化推广机构的融合、兼并和重组，在增强协作性和互动性的前提下，打造具有统一标识的整合型的多功能网络。为此，2001年，外交部与法语联盟签署合作协议，以构建法语联盟网络与法国驻外使领馆文化行动合作处的合作框架，并给予相应的公共财政支持。此外，法国政府于2010年7月制定关于法国国家对外行动的《873号法案》(*Loi n° 2010－873*)，以引导法语联盟与新成立的法国文化中心进行更紧密的合作，不断整合两个机构的资源，共同制订年度发展计划，以贯彻“唯一网络”政策的精神。

“分享”指对不同文化的分享，要建立在尊重他国文化的基础上。平等的文化交流是文化分享的最有效形式。为打造法语文化与外国文化的双向交流平台，法语联盟把增强社交功能摆在了重要位置。为此，一系列互动式的文化活动，如法国艺术家见面会、法语电影欣赏及评论、法语文化沙龙及法语角等，成为法语联盟的常态化项目。据统计，在法国及欧洲经济不景气的2012年，各地法语联盟举行的文化活动也多达19 300次①。通过有效的分享，打破文化的隔阂，有利于他国受众对法国文化的接受。

“创新”首先指改革教学的方式，在引入欧洲最新的“欧洲统一语言参考框架”（CECRL）评价体系的基础上，形成个性化、专业化、社会化、新媒体化及文化化的教学模式，并创造热烈的、有利于交流的气氛，激发学员对法语学习的兴趣。其次，“创新”指培养模式的创新。法语联盟强调采取本土化策略，使教学活动融入目标国家的社会生活中，如在中国，法语联盟采取的是“联合培养”模式，每所法语联盟学校均与一所中国大学进行合作，共同进行教学实践并开展文化活动。

“高质”指高质量的教学活动。一直以来，法语联盟把卓越的教学质量作为吸引海外学习者的根本。进入信息时代，教学质量的提升首先体现在对先进教育信息技术的使用。早在2002年，法语联盟就开始实施教学设备及手段的现代化改造计划。如今，各地法语联盟学校纷纷以电子白板教学代替传统的黑板教学，并设置多媒体文献中心、语音实验室和多媒体厅等，以现代化的教学环境，保证教学计划的顺利开展。此外，教学质量提升的关键，在于教师的专业素养。为此，法语联盟有着严格的教师选拔机制，以保证教学团队的资质。例如，巴黎法语联盟的120名教师，均获得对外法语教师专业资格证书，其中不乏法语教育专家。为提升师资的整体水平，法国外交部每年拨款30万欧元，资助法籍及当地法语教师开展专业研修计划；法语联盟也定期组织教师进行继续教育培训，培训的形式以远程教育和赴法进修为主，每年受训教师人数达2 300人②。

世界各地法语联盟网络运作的管理和协调由法语联盟基金会（Fondation Alliance française）负责。该机构于2007年7月设立，它的使命是：引入资金及专业合作伙伴，引导法语联盟向规范化和协作化方向发展，为不同地域法语联盟的发展提供咨询建议，以及促进法国和他国的文化双向交流。为推广法语，法语联盟基金会进行了以下行动：鼓励并支持设立新的

---

① FONDATION ALLIANCE FRANÇAISE. Rapport d'activités 2012 ［EB/OL］. Fondation Alliance française.（2012）［le 11 mai 2013］. http：//www. fondation – alliancefr. org.

② FONDATION ALLIANCE FRANÇAISE. Qui sommes – nous? ［EB/OL］. Alliance française.（2014 –01）［le 27 septembre 2014］. http：//www. alliancefr. org/sommes – nous.

法语联盟学校，培训海外法语教师，为开设法语课的学校提供资金支持，以及向优秀学生提供奖学金等。法语联盟基金会对下属学校的资助情况如表2－2所示：

表2－2 2008—2012年法语联盟基金会资助状况表

年份	2008	2009	2010	2011	2012
资助金额（欧元）	281 000	284 734	401 996	479 295	288 701
资助项目数（个）	57	56	114	94	76
资助国家数（个）	30	32	52	37	37
受资助法语联盟数（个）	632	583	417	401	279
受资助者数（人）	949	1 431	1 326	1 560	792

（数据来源：Fondation Alliance française，Rapport d'activités，2012）

从上表可见，受经济及政治因素影响，虽然资助额度呈现“大小年”现象，但资助的地域面是广阔的，这体现在资助项目数和国家数呈增长趋势。同时，受资助的法语联盟学校数量却逐年下降，这反映了基金会的“择优扶持”策略，即：使用有限的资金，集中资助对有资质及发展潜力的法语联盟学校进行专业化改造，形成品牌效应，以实现在某个区域“以点带面”的效果。

戴高乐在法语联盟成立75周年的讲话，可看作该组织在法国文化传播体系中重要地位的概括：“在我看来，法语联盟是一个永恒的外交官，她孜孜不倦地传播法国的伟大思想，进行卓越的文化行动，且内容和形式是不断推陈出新的。”①在创新和改革理念的驱动下，作为历经一百三十多年构建的“世界第一大文化网络”，法语联盟已成功打造成为享誉世界的文化品牌。从发展趋势看，东欧和拉美是法语联盟的发展重点。仅2012年，法语联盟在俄罗斯、波兰及委内瑞拉就新建了6所分校。凭借强大的传播力及号召力，遍布全球的法语联盟网络肩负着法国文化推广的重任，在法语语言及文化传播方面发挥不可替代的作用。

① CHARLES DE GAULLE. Discours pronocé à Paris［G］. DM，III，1958：62.

2.4 法国对外文化传播的现代模式

一直以来，法国的对外传播系统因运作效率低，各自为政，战略方针落后，运营成本高，缺乏一致性及对受众的吸引力不强等而备受批评。鉴于这种状况，2007 年，在总统萨科奇的倡议下，法国政府对对外传播系统进行了改革。改革的目标，就是改善法国对外传播媒体间的互助协调机制，优化各媒体内部及外部的沟通机制，加强其战略、财政、法规及人力资源规划的协调性，并借助技术的创新，提高运作效率，有效降低生产成本。为此，协作化、合作化及整体化，成为法国对外传播系统在新时期传播模式的改革方向。

2.4.1 系统内部协作化的提升

“协作化”指法国对外传播系统内部的协调、合作与整合。2011 年的对外文化传播网络改革造就了法国文化中心，其成立的目的是为增强机构间的协作性。作为对外文化传播的主要领导者，文化中心加强了与法语联盟网络的合作，并为每个传播机构下达具体的任务书，以促进法国海外文化网络的协调发展。此外，“协作化”模式的推进，还注重从政府和媒体两个层面进行。

首先，是不同政府部门间的协作。虽然外交部是法国对外文化传播行动的唯一决策者和领导者，但也注重与文化部等其他政府部门的紧密协作，并与这些部门保持频繁的沟通与联系。文化部凭借其在文化领域的专业性，成为文化传播行动目标及行动方式计划制订的重要参与者，并在海外项目的管理及发展规划方面发挥积极作用。为配合外交部的海外行动，文化部还为文化网络的拓展提供编制职位及资金资助，并为培训项目提供支持。例如，每年为外交部下属的法国文化中心提供 100 万欧元的资助，并为该中心提供 8 个编制岗位，且定期组织教育专家对中心的法语教师进行指导。在协调机制下，以外交部为主导的各政府部门的国际传播行动得以有步骤地协同进行。

其次，是对外传播媒介间的协作。这一特点在对外视听传播领域的体现上最为明显。增强对外视听节目生产过程的协作性，是法国对外视听传播改革的重要任务。作为法国对外视听传播系统的新领导者，AEF 在整合了 RFI、TV5 及 F24 后，就把增强不同媒体间节目采编部门的互助性及协调性，提高媒体的运作效率和降低运营成本作为首要任务。为此，AEF 进行了三个方面的行动：

（1）加强对外部公共视听媒体节目资源的有效利用。AEF 保持与法国电视 1 台及法国电视集团（France Télévisions）这两家法国主流电视机构的紧密合作，与它们签订了为期 7 年的合同。合同规定：① TF1 每年向 F24 提供价值 852 000 欧元（不含税）的电视节目。② 每年 F24 向 France Télévisions 打包购买价值 100 万欧元（不含税）的电视节目，但杂志类、档案类和体育类节目需要额外购买。额外购买的节目以每分钟 600 欧元起（不含税）的价格计算。合同还规定，France Télévisions 的节目播出后，F24 即刻享有转播的权利。③ AEF 与 TF1 旗下的 Eurosport（欧洲体育台）签订合同，每年该台向 F24 提供价值 910 000 欧元（不含税）的体育节目。④ TF1 负责为 F24 安装信号发射装置。为此，F24 每年支付 TF1 28 000 欧元安装费用。

（2）完善下属媒体间的合作机制。AEF 成立的目的之一，就是为了优化和丰富法国对外视听传播的节目内容。AEF 旗下的媒体拥有各自的新闻记者和技术团队，制作各种形式的电视节目，如时事类、杂志类、辩论类、文化类和音乐类等等。如何充分利用这些资源，发挥集团一体化的优势，AEF 做出了有益的尝试：①优化调整节目制作机构，如把 RFI 的新闻采编部并入 F24 的技术信息部中，并对上述两家媒体的阿拉伯语节目制作团队进行整合。合并后的团队联合对重大事件进行阿拉伯语报道，共享双方在海外的分支机构及合作伙伴资源。②加强不同部门间的合作。如优化完善不同媒体（新闻部、调研部、图像权利及供应部和保险部）间的合作机制。③对于一些重大事件的报道，如 2008 年美国总统大选、2009 年戛纳电影节等，AEF 旗下各媒体共享拍摄的地点。④制作或共同制作时事杂志类节目，并在电视和电台播放，以达到资源共享和对节目的充分利用。⑤建立公共的研究调查共享系统。AEF 旗下媒体共同购买了 33 个世界性的调查报告，实现成本的降低和资源共享。

AEF 集团节目内容制作机制的改革趋势为：①联合全方位报道重大事件，如国家选举、高级别论坛和大型文化活动等；对于一些特别的突发事件，也将采用协同报道的方式。②优化 AEF 下属不同网络信息发布平台间的互传共享机制，或在将来建立共同的网络信息发布平台。③共享在海外的支持和救助机构。④优化 AEF 旗下媒体的内容获取、交换和供给机制。

（3）对下属各媒体的传播渠道进行整合。集团重新调整分配三个媒体的卫星、有线网和互联网等传播媒介资源，以提高传播渠道的利用率和效率。例如，F24 的部分节目已经实现在 RFI 网站上播出，而 RFI 的广播则可通过 F24 的渠道进行播放。TV5 把 F24 在香港的分公司并入了自身的驻外体系，具有了在亚洲进行传播和商业化运作的平台，并可参加 F24 在该地区的市场开发和产品促销等活动。此外，这两家媒体还商定，可以在对方已有的渠道或正在发展的渠道播放自己的节目，如酒店、交通系统（飞机、火车）和移动电话等，以实现传播媒介资源的共享。

以上举措，是法国文化传播协作化模式向纵深发展的标志，体现了“开放和互助”的理念。从微观上分析，对新闻信息进行不断挖掘和再利用，通过节目的区别和传播方式的差异，使同一个新闻事实在不同的频道进行充分的传播，可以实现单一新闻信息价值的最大化。①

在通信技术和网络媒介飞速发展的今天，传统的以第一落点为特征的独家新闻已难以存在，新闻信息资源的源头空前地被各类媒体所共享。②法国对外传播媒体在对内部强大的采编队伍进行整合的同时，积极借助外部的采集力量，快速、高效地把有价值的新闻传播出去，是应对激烈国际新闻竞争的有效策略。

2.4.2 系统外部合作化的推进

“合作化”指法国借助传播目的地的文化机构、法语国家及国际组织的力量，与之开展文化的互动与合作。通过文化合作，可以优化外交关系，合理利用对方的优势传播资源，降低运营成本，增进对目标国的了解，减少文化摩擦，并促进不同文化间的融合与创新。

文化合作模式作是多元文化原则的重要体现，是法国进行文化推广的基本策略。法国在海外举行的文化节中，几乎所有活动都与当地的文化行动者合作进行。法语联盟在海外进行语言及文化传播时，也常常与当地的学校协同推广。法国外长 Fabius 表示：“我们愿意与其他国家展开文化领域的对话与合作，把推广本国文化及引进他国文化结合起来，文化交流是

① 蔡尚伟等．广播电视新闻学［M］．上海：复旦大学出版社，2006：53.

② 石长顺．电视新闻编辑与制作［M］．长沙：中南大学出版社，2006：28.

对外关系的重要环节。"[①]可见，法国提倡的文化合作，是建立在文化双向交流基础上的合作，已经上升为国家层面的外交战略并加以实施。

法国文化中心主席达尔柯斯对合作的动机及范围进行了具体描述："要使文化行动顺利进行，合作必不可少。目前，法国在文学、戏剧、电影、建筑等领域有不可比拟的优势。但通常来说，一个普通的法国艺术家、学者或者文化人，缺少走出国门，在国外传播其作品的能力。为此，法国应该为合作生产、合作摄制及共同制作打开绿灯。"[②]从达尔柯斯的观点可见，合作的原因很简单，就是充分利用外部的文化传播网络，促进法国文化创作个体的海外拓展行动，以推广法国的优势文化。

在他国进行文化合作时，其成败取决于是否拥有合适的合作伙伴及良好的互动性。为此，目标国合作者的专业性，成为法国文化推广机构在选择过程中的首要标准。以"法国电影周"（Semaine du cinéma français）为例，该活动是法国电影海外推广的年度盛事，活动主办方注重选择当地高等学校的传媒学院及地方电影制作中心为合作伙伴，以进行准确的媒体宣传、专业性的电影欣赏和深入的互动交流。为增强与合作伙伴间的互动，法国的文艺界人士往往亲临现场，与当地演员联袂演出。如在进行戏剧的海外推广时，法国组织者会选取有代表性的剧目，邀请法国导演进行执导，并完全由当地演员呈现。此外，语言与文化差异也是影响合作效果的重要因素。为增进相互的理解，法方会优先选择具有法国生活背景的当地专业人士为解说或讨论的嘉宾，通过他们的语言与视角对法国文化进行演绎，便于目标受众对内容的理解与接受。

除了开展与目标国文化组织的合作，法国还善于发展与其他发达法语国家间的合作。法语世界有着"南""北"两个阵营。"北部"以法国和加拿大为代表，有着强大的政治、经济与科技实力；"南部"以非洲为代表，普遍有着被殖民的历史，经济和文化发展相对落后。与"北部"法语国家的联合与合作，是法国进行文化推广的又一利器。一年一度的"法语及法语国家共同体周"（Semaine de la langue française et de la Francophonie）

---

① LAURENT FABIUS. Politique culturelle extérieure – Tribune du ministre des affaires étrangères ［N］. Le Figaro，15 juillet，2013.

② XAVIER DARCOS. Qu'est – ce que l'action culturelle française à l'étranger? ［EB/OL］. L'Académie des Sciences morales et politiques. （2011 – 03 – 07）［le 12 mars 2012］. http：//www. asmp. fr/travaux/ com munications/2011 – 03 – 07 – darcos. html.

活动，是法语国家文化合作的典范。该活动是世界性的法语推广活动，由法国、加拿大、瑞士与比利时的驻外使领馆在每年3月联合举办。活动期间，每个国家会展示其丰富的文化艺术，以表现多元的法语文化，从而提升对海外受众的吸引力。该合作模式是以法语为纽带，与发达法语国家的合作推广。通过该模式，可以汇聚法语国家的力量，优化法语文化的国际形象，更好地展示法语世界的文化实力。法国是法语世界文化的中心，对法语世界文化的传播，可以带动法国文化的传播，使法国在合作过程中成为最大的受益者。

法国对文化合作模式的推崇，还缘于该模式对文化创新的积极意义。法国哲学家布特勒（Boutreux）曾说过："就算很浅薄的文化发挥出来都是好的，因为他总有他的特质，把他的特质和别人的特质化合自然会产生出第三种更好的特质来。"[①]文化合作有利于文化特质的碰撞与融合，赋予创作者全新的视野及独特体验，成为催生文化创新的驱动力。

2.4.3 海外拓展整体化的增强

"整体化"指法国对外文化传播行动开展的整体性、一致性及实效性。整体化模式的推进，有利于打破传播个体各自为政的散乱局面，促进统一文化品牌的打造及规模效应的形成。而对本国图书的国际推广行动，是法国"整体化"战略的实施重点。

法国国际出版局（BIEF）是法国负责书业海外推广的主要机构，其前身是1873年由法国图书协会（Cercle de la librairie）创立的国际出版推广处（OPI）。为促进图书企业整体形象的打造，增强企业海外拓展策略的整体性及一致性，法国新闻出版总署（Maison d'Edition）强化了对BIEF的管理，使其成为出版领域"整体化"战略实施的主体。

根据BIEF的2013年发展计划，其主要功能被定义为以下三个方面：①促进法国图书的出口；②为法国与外国的图书版权交换提供服务；③帮助法国出版业寻找国外的合作伙伴。在推广过程中，BIEF只起策划、引导和协调作用。其性质是服务者，并非领导者和决策者。国际推广的真正主体，仍然是不同的出版商。鉴于每个出版社的定位和专业领域各不相同，BIEF的主要职能就是协助它们根据自身设定的计划进行统一化及规模化的

① 梁漱溟．东西方文化及其哲学：第3版［M］．北京：商务印书馆，1935：53.

海外拓展。成立10年来，在BIEF的组织和领导下，法国图书业国际推广工作的整体性和实效性得到了显著增强。

作为法国出版业国际推广的组织者，BIEF开展的工作是全方位的，主要涉及以下7个方面：①组织本国的出版企业参加国际性的专业书展（如波伦亚、法兰克福和伦敦书展）；②在其他世界性的书展对本国的出版业进行集体推介；③根据目标市场分主题编制及发放双语图书目录；④对海外图书市场进行调研，把收集的信息及数据及时提供给本国的出版商；⑤在法国和外国组织专业的出版沙龙，邀请本国及外国的业内人士进行会晤和交流；⑥与法国国家图书中心（CNL）、法国作家协会（SOFIA）、大巴黎区出版信息处（MOTIF）及法语国家书业国际协会（AILF）开展合作，并定期组织外国有发展潜力的出版商到法国进行短期专业考察；⑦建立www. bief. org网站，定期出版《信息简报》（*La Lettre du BIEF*），及时发布国内外出版业的动态信息，为本国及外国出版企业搭建互动交流的平台。

以上7项工作，均由BIEF统一组织、协调和管理。编制的图书目录会以目标国受众最容易接受的方式进行编写，并有针对性地分发给该国的相关出版社、书店、图书馆及大学的法语系等，使海外的消费者能及时、便利地了解法国图书业的最新发展成果；对外国图书市场的跟踪和调研，为本国企业国际拓展计划的制定提供了信息支持；通过邀请本国和外国出版机构参加专业性的活动，如“专业咖啡沙龙”（Cafés pro）、“专业研讨会”（Rencontres professionnelles）等，以及组织外国出版商对法国进行专业考察，可为法国出版社和外国同行提供定期交流的机会，并为海外企业了解和发掘法国图书市场创造条件。

在世界图书市场竞争日益激烈的形势下，确保整体推广行动的实效性成为BIEF工作的重中之重。在计划制订之前，BIEF会先用问卷方式了解各个出版社对于涉外业务的需求和构想，然后由国际推广部负责人对回收的问卷分主题进行研究，从而筛选出最需要解决的问题，以制定更有针对性的策略。在策略的制定和实施过程中，BIEF与法国国家图书中心、法国外交部及法语国家国际组织保持密切的合作与沟通，并通过后两者的驻外网络及时了解计划和项目在海外的进展情况，从而保证海外推广策略的顺利实施。

为推进整体策略的实施，BIEF享有法国外交部及文化部提供的资金资助，并与法国出版商协会（SNE）及法国出版联合会（Centrale de l'Edition）等行业组织保持密切的合作关系，以获得专业的咨询及策略支持。随着 BIEF 影响力及行动力的不断提升，已有 280 家法国出版社成为该组织的成员。

“整体化”策略的实质，是建构集约化及一体化的传播模式。在政府的领导下，行业协会成为总调度者，通过打造整合型的推广平台，使各个对外传播单位的资源能够得到充分的汇集、整理、加工、分配、协调和利用，有利于形成合力，最大限度地提升推广的力度及效果。

3 文化行动与政治利益

国家的政治利益是一个国家生存与发展的权益，其中包括国家安全利益及与国家统治阶级相关的政治利益等。[①]对国家主权的保护，对外交策略的促进，对国际声望的提升，构成了维护国家政治利益的三个核心内容。主权是一国的存在之本，外交是全球化时代国家政治拓展的基本手段，国际声望是国家建构海外形象、维护其国际地位的重要内容。对上述领域的维护、促进与提升，是法国对外文化传播行动的首要任务。

3.1 对国家主权的保护

国家主权是一国政治利益的基础。维护国家主权和领土完整，是一国生存与发展的前提。在法国，对外文化传播行动的首要任务，就是对国家主权的保护。对主权利益的维护具有国家行为的属性，政府的控制和主导成为实施前提。纵观法国历史，对外文化传播行动的改革往往由主权危机触发，并在抵御强势文化入侵、弘扬本国思想方面发挥了巨大作用。文化主权是国家主权的重要构成部分。维护文化主权的实质，是对本国价值观的保护，并与文化霸权进行抗争，以实现国家的文化安全。为维护国家的文化安全，保障本国核心意识形态的独立与稳定发展。法国的对外文化传播媒体从以下四个方面，实现对国家安全利益的保护。

3.1.1 政府控制：文化行动的实施前提

政党和政府是政治领域中最主要的行动主体，是国家政治利益的代表。[②]在文化传播已成为国际传播主流的新形势下，法国政府清醒地意识到：外交决策的形成和实施已不能单纯地依靠少数职业外交家和政治家，

---

① 曹晓飞．政治利益论［D］．上海：复旦大学，2009：125.

② 同上，124.

而需要运用更为隐性的文化手段，以获得外国公众及舆论的接受和支持。因此，法国对外文化传播行动的根本出发点，就是使文化传播更好地为其公众外交服务，从而巩固和提升法国政府的国际声望。为达到上述目标，实现对对外文化传播领域的绝对控制成为先决条件。作为法国对外传播体系的主要构成部分，法国对外视听传播系统及文化中心从诞生之初开始，就一直被政府牢牢控制。下面就以法国对外视听传播系统为例，从历史发展的维度，对这种控制的特征进行分析。

“二战”爆发前，法国政府已通过法案，规定无线电广播由政府行政机构直接管理，从法律上确立了国家在对外广播体系的统治地位。20 世纪 70 年代，西方资本主义世界掀起了“新自由主义”改革的浪潮，法国也不例外。在传播领域，“新闻和言论自由”的观念逐渐深入人心。在此背景下，政府不得不顺应潮流，对视听传播领域进行改革，以掩盖其“垄断者”的形象。1974 年 8 月，法国议会通过法令，取消了官方性质的法国广播电视管理局（ORTF），将它的业务分散给七家国营的独立公司，即法国广播发射公司、法国制片公司、全国视听研究所、法国广播电台集团、电视一台、电视二台和电视三台。七家公司的领导成员都由内阁任命或批准，政府和总理统一协调各公司的事务。从表面上看，这一举措使政府在视听传播领域的绝对垄断地位受到了削弱。但七家公司的人事任免权仍掌握在内阁手中，受政府的间接领导。因此，在国营的法国广播电台集团和法国电视三台的领导下，法国对外传播系统被国家垄断的性质并没有改变。对外广电媒体仍然是政府控制下的国际宣传工具。

20 世纪 80 年代，包括法国在内的欧洲经济进入了“滞涨”时期。强调国家干预经济的“凯恩斯主义”束手无策。就在此时，自由主义经济学派东山再起，反对国家干预经济，强调市场的力量和市场经济原则，自由市场经济理论很快在西方各国盛行。在此背景下，法国政府被迫对大众视听媒体解除管制，以保护其独立性。1982 年，法国政府颁布《视听传播法》，拉开了法国大众传媒私有化的序幕。然而，对外传播媒体有别于其他大众传播媒体，并没有受私有化浪潮的影响。例如，RFI 在 1982 年的广电媒体私有化进程中，脱离了国营的法国广播电台集团，成为“独立”的广播媒体。但这种“独立”只是形式上的独立，其运营管理一直被政府掌控。TV5 因其“法语世界公共电视台”的特殊身份，并没有纳入改革范畴之中，私有化浪潮对其影响甚微。

进入 21 世纪，法国政府对对外视听传播系统的控制，由过去的行政控制，逐步转变为通过资本的控制来实现。2008 年改革完成后，AEF 被政府 100% 控股[①]，实质上已经成为国家控制对外视听传播媒体的工具。AEF 成立之初，就迫不及待地对相关媒体的股权进行重新控制：①2006 年，F24 成立时，由法国电视一台（TF1）和法国电视集团（France Télévision）共同管理。AEF 成立后，收购了上述两家企业对 F24 100% 的股权，成为 F24 的绝对控制者。②法国一再宣称 AEF 只持有 TV5 49% 的股权，没有达到 50%，是维护 TV5 “法语世界共同的电视台”[②] 这一性质的重要体现。但除 AEF 之外，TV5 还有三家法国股东——法国电视集团，法国文化、欧洲及法德电视台（Arte France）及法国国立视听中心（INA）。法国电视集团和法国国立视听中心完全被法国政府掌控，Arte France 也有着浓厚的法国官方气质。上述三家股东加上 AEF 的份额，使法国势力持有的股份比例达到了 66.61%[③]，超过了半数，实际上已经对 TV5 形成控股。③RFI 的资本一直被政府掌控。AEF 成立后，法国政府只是把其所持有的 RFI 股权转移到 AEF 进行管理。法国政府通过 AEF 对 TV5、RFI 和 F24 实施经济控制，目的是为了达到对该领域的政治控制，从而使对外传播系统成为实施国家外交策略的工具。

商业化、自由化和私有化是西方国家传播业发展的特点。[④]但法国对外传播媒体并没有追随大众传媒的改革步伐，表现出了非常强的“独立性”。这种个性的形成，是由对外传媒特殊的政治使命决定的。纵观历史，法国对外视听传播的载体一直都在变更：从 20 世纪初的法国海外广播公司（SORAFOM），发展到如今的 AEF，其性质都是政府控制下的国有传媒集团。

3.1.2 改革的驱动力：失败后的一种效应

法兰西学院院士富马罗利（Fumaroli）认为，法国对外文化传播行动

① DDM. Audiovisuel [EB/OL]. La Direction generale des médias et des industries culturelles. (2011 - 01 - 11) [le 1er octobre 2012]. http://www.ddm.gouv.fr.

② BONNET M. Politique extérieure audiovisuelle: au nom de la culture [J]. Décision Média, mai 1990.

③ SENAT. No. 102, Session ordinaire de 2009 - 2010 [R]. Paris: Sénat, 2010: 17.

④ 刘晓红．西方传播政治经济学研究 [M]. 上海：上海人民出版社，2007：83.

是“失败后带来的一种效应”。[①]纵观历史，法国国际文化行动的改革时点，均在窘境中产生，与挫败性事件有密切关系。1883 年法语联盟的成立，是法国在普法战争失利后的举措。法国虽然取得了“二战”的胜利，但战争使法国国力出现极大衰落。为了保护拿破仑时期建立的大国地位，直接促成了提升法国对外文化传播力的改革战略。其标志性事件，是 1945 年成立的功能更强大的“文化关系总局”（Direction générale des relations culturelles），代替了 1920 年成立的职能单一的“法国作品海外服务处”（Service des oeuvres françaises à l'étranger）。1949 年，第一批法国驻外大使馆的文化参赞职位设立。文化总局和文化参赞的设立，有力地推动了法国文化传播力在世界各地快速提升，如 1950—1968 年法语联盟在拉丁美洲的蓬勃发展。

法国文化中心主席 Darcos 对近代法国对外文化传播行动的描述是这样的：“这首先是文化人的梦，满怀强国思想；然后，这是 1940 年战败之后的政府行为，在帝国覆灭后，是对美国价值观及娱乐潮流构筑的城墙。”[②]由 Darcos 的话语可见，Fumaroli 所说的“效应”，是法国文化人为抵御国外优势文化的入侵而“构筑的城墙”。行动以强国为目的，反抗的对象是以美国为代表的盎格鲁—撒克逊思想的侵袭。经济实力是文化传播的基础。从历史上看，强势文化总有良好的经济实力作为支撑。美国文化在战后的全球扩张，是以雄厚的产业资本为基础的。在经济萎靡不振的情况下，法国仍然敢于与文化霸权对抗，在捉襟见肘的财政预算中拨出专款进行文化的传播行动，体现了其文化大国的情怀及对文化兴国的重视。

法国对文化传播的推崇，离不开法国在世界范围内弘扬本国思想的强大信念。戴高乐认为，法国思想（pensée française）的传播，并不仅仅为提升法国的国际声望，而且符合世界文化的普世价值观：“法国有使命维护那些作为文明基础的价值观，世界不能没有法国。法国的文化政策并不是暂时和多变的，它和法国在世界的作用相符合”。[③]可见，法国对本国文化的传播，已经突破了国家的界限，上升到捍卫普世价值观的高度。凭借深厚的文化底

---

① XAVIER DARCOS. Qu'est – ce que l'action culturelle française à l'étranger? [EB/OL]. L'Académie des Sciences morales et politiques. (2011 – 03 – 07) [le 12 mars 2012]. http: //www. asmp. fr/travaux/ com munications/2011 – 03 – 07 – darcos. html.

② *Ibid*.

③ GIBERT PILLEUIL. La politique culturelle extérieure (1958 – 1969) – De Gaulle et la culture [M]. Paris: Plon, 1992: 143.

蕴及具有前瞻性的文化策略，法国把自身定位为世界文化事业中不可缺少的部分，是世界文化领域的领导者及维护世界文化传播秩序的大使。

法国的文化战略具有很强的稳定性和持久性。法国是世界上最早制定对外文化政策的国家之一，[①] 文化传播战略一直被不断强化和提升，并成为增强国家软实力的重要手段。战争并没有使法国放弃对文化领域的追求，反而使其认识到传播本国文化在外交战略中的特殊意义，并不断进行改革和推进。

正如法国外交部部长 Fabius 所言："法国不能没有文化。法国外交及对外行动都离不开文化。法国的价值观、历史遗产及创造力受世界推崇。文化是我们的王牌、我们的遗产及我们未来的一部分。"[②]

在国力受损的不利情况下，法国积极发掘本国的文化优势，通过增强法国文化在世界范围内的被认同度，以维护其长久以来在世界树立的文化强国形象，不失为在劣势中走出的一步好棋。

3.1.3 传播法国价值观：对文化主权的保护

民族文化的核心组成部分，是该民族在历史发展过程中所形成的价值观。对价值观的保护和推广，实质是对文化主权和文化安全的维护，是国家文化生存和发展的根本保证。进入新世纪，文化安全受到了法国政府前所未有的重视，并被提升至与政治安全、经济安全和国防安全同等重要的地位，成为国家安全战略及国家利益的重要组成部分。

2003 年的海湾战争，使法国认识到意识形态的分歧对新闻报道的深刻影响。当时美国凭借 CNN 在全球的强大号召力，大力鼓吹其对伊作战的正义性和合法性。法国对美国出兵持反对态度，但其观点却受到了 CNN 和 BBC 的否定。面对以个人主义为核心的盎格鲁—撒克逊主义的挑战，维护法国自身的价值观，向世界传播"自由""平等""博爱"的法兰西价值理念，成为法国对外文化传播行动的使命。

在此背景下诞生的 F24，可看作是为完成这一艰巨任务的产物。F24 被誉为法国"自己的 CNN"，从建立之初，就以强大的新闻采编及播报能

---

① 彭姝祎．法国对外文化政策的欧洲化与认同问题［J］．欧洲研究，2008（2）．

② LAURENT FABIUS. Politique culturelle extérieure—Tribune du ministre des affaires étrangères［N］. Le Figaro，15 juillet，2013.

力在国际新闻频道中占据一席之地。根据 F24 的企业章程，电视台的首要任务是："向世界传播法国对国际时事的看法，促进世界新闻报道视角的多样化。"①究其实质，就是打破英美对国际新闻的垄断，向世界传播"法国的声音"。F24 的建立，是法国表达自身理念和价值观的巅峰之作，体现了以"自由平等"和"人权至上"为核心的法国外交理念，以及对以"个人主义"和"强权政治"为特征的美国对外政策的抗争。

在许多重大国际新闻事件的报道中，F24 与 CNN 都有着不同的观点。在苏丹达尔富尔这一问题上，F24 侧重从维护人权方面进行报道，而 BBC 则更强调美国对该地区经济制裁的必要性。在巴勒斯坦"入联"的报道中，BBC 报道的重点是奥巴马行使否决权的合理性；而 F24 则从不同侧面分别报道了美国、法国、巴勒斯坦民众和国际社会对该事件的不同态度，突出了事件的复杂性，以支持萨科奇敦促巴以恢复谈判的折中方案。

如今，国际交流呈现双向性和互动性的特点。在进行公众外交的过程中，他国大众对本国外交策略的理解和回应是非常重要的。大众文化传媒对本国价值观的输出，有助于提升他国公众对其思维模式的认同感，这种认同感是影响外交策略实施效果的关键因素。

法国对其价值观的捍卫和推广，实质是对法国核心文化利益的保护，并通过"推动世界多极化"这一外交策略实施。第二次世界大战使法国的硬实力受到了很大削弱，但仍保持文化大国的地位。在经济和军事实力不如美国的窘境下，法国提出了"构建多极世界"的理念，反对美国在国际事务中"一家独大"的局面，以维护国家主权和安全。为配合这一外交策略的实施，法国的对外视听传播媒体非常智慧地对法兰西民族"自由"和"平等"的价值理念进行宣传，以唤起国际受众对美国单边霸权主义的反感，从而促进这一外交策略在全球的开展。

---

① BONNET M. Politique extérieure audiovisuelle：au nom de la culture［J］. Décision Média，mai 1990.

3.1.4 维护国家的安全利益：法国对外文化传播的根本任务

维护国家主权和领土完整是国家安全利益的核心，是国家利益的根本。法国对外传播媒体在维护国家安全利益方面功不可没。19 世纪末，法国在非洲、亚洲和美洲进行殖民活动，并把这些地区的殖民地视为法国领土的一部分。稳固对殖民地的控制成为当时维护法国国家安全利益的重要内容。为此，在 1931 年巴黎世博会期间，法国政府专门建立了“殖民地电台”（Poste colonial）[①]，主要针对法属殖民地前来参观的受众进行广播。此后，以对外广播为主要形式的文化传播行动成为法国对殖民地进行舆论和思想控制的有力武器。这种控制一直没有间断，即使在“二战”期间，在大部分法国电台被迫停播的窘境下，当时的维希政府仍然不忘建立“法国之声电台”（la Voix de la France），用短波继续维持和殖民地的联系。

“二战”前夕，德国和意大利的法西斯势力抬头，西班牙被亲法西斯的佛朗哥掌权，法西斯主义在上述三国十分盛行。为了抵制汹涌的法西斯浪潮，增强对德意西的舆论影响，法国媒体通过联合这些国家的抗法人士，迅速掀起了反法西斯的媒体战争。当时法国主要的对外广播外语是德语、意大利语和西班牙语。德语节目主要聘用犹太员工进行编制；意大利语部由意大利反法西斯斗士莫迪利安尼（Modigliani）领导；西班牙语部则和反法西斯的西班牙共和党有密切联系。虽然“二战”期间法国没有摆脱被法西斯国家入侵的命运，但法国媒体对法西斯思潮的遏制，是“二战”胜利的关键因素之一。

“二战”结束后，戴高乐执政。面对百废待兴的法国，他积极推行“戴高乐主义”，该主义的本质是法兰西民族主义，其核心是维护民族独立和国家主权，争取恢复法国大国地位的对外政策思想与实践。[②]在谈到对外文化传播的发展时，戴高乐指出：“文化传媒负有国家的使命，它承担了代表民族形象的重要责任。”他还强调：“要让世界听到法国的声音，且是

---

① 法国国际广播电台（RFI）的前身。

② 周荣耀．戴高乐主义论［J］．世界历史，2003（6）．

真正的法国自己的声音……”[①]在戴高乐思想的影响下，法国政府支持了一系列兼并海外文化传播机构的行动，通过股权收购等方式，控制邻国的电台，以恢复法国在国际舆论中的话语权。蓬皮杜执政后，基本延续戴高乐的思路，推行积极的对外文化推广策略。

进入21世纪，面对美国霸权主义的全球化扩张，为法国营造稳定的国际舆论环境，遏制美国对欧洲的意识形态入侵，成为法国对外文化传播系统维护国家安全利益的首要任务。1986年，当时的总统密特朗为对抗美英在欧洲愈演愈烈的霸权主义干涉，推行了“对外视听媒体复兴计划”。该计划可以看作近代法国对外传播的一个拐点，极大改善了《8月法案》[②]颁布以来法国对外传播一蹶不振的状态，为法国重返国际舞台创造了有利的外部条件。

3.2 对外交策略的促进

外交利益是国家政治利益的重要组成。对外文化传播行动是法国外交战略的核心，是该国文化外交的载体。在实施外交策略的过程中，文化被认为是最有效的工具，并渗透到各个环节，成为促进外交活动的决定性因素。法国政府对文化外交高度重视，每次执政主体的更替，对外文化传播都是首要改革的内容。在世界多极化趋势下，法国把“多元文化”作为对外交往的重要理念，在反对文化单一化的同时，维护本国及他国的民族文化身份。

3.2.1 行动的本质：文化外交的核心

外交是“国家以和平方式，维护本国利益及实现对外政策的重要手

① 夏尔·戴高乐. 希望回忆录（第一卷）·复兴［M］. 上海：上海人民出版社，1973：174.

② 1974年，德斯坦（d'Estaing）为了应对战后最大规模的经济危机，缓解国内经济的颓势，巩固新生政权的领导地位，不得不紧缩银根，颁布《8月法案》（*Loi d'août*）。法案大幅削减对外广播预算，取消14种对外广播语言，许多记者也被辞退。这使法国的对外传播行业一度陷入低迷。

段”。[①]由此可见，“国家”“和平”与“利益”是外交活动的三个要素。一切外交活动的终极目标，无不是维护和发展本国的利益。因此，衡量外交活动的成功与否，“国家利益”标准是首要的评判标准。这个标准体现了国家间的对立和竞争关系，是外交活动的根本动机所在。

文化传播作为一种和平的手段，在外交领域扮演了越来越重要的角色。作为高效的舆论传播工具，文化传播已经成为一国进行对外政策的重要载体。于是，“文化外交”应运而生。文化外交是文化和外交相结合的产物，可看作是公众外交的一部分。目前，学界普遍把文化外交定义为“一国政府主导下的、以实现某种战略意图为目的的对外文化活动”[②]。当今世界文化外交的发展趋势，是通过大众传播媒介（书籍、电视、广播等）进行外交活动。文化外交是对传统的以政治为主导的外交手段的超越。对外文化传播成为政府对外宣传的窗口，它的目的只有一个：协助政府实现外交策略，以维护本国的国家利益。

在文化产业高度发达的法国，文化外交一直是其外交策略的重要内容。一直以来，法国文化外交由外交部领导，通过法国的对外传播系统及遍布全球的文化教育网络进行。而对外文化传播行动，则是文化外交的核心组成部分。法国进行文化外交的实质，是对法国国家利益的维护。对国家文化利益的保护，是法国文化外交的根本任务。

国家的文化利益是国家生存与发展所需要的精神文化需求的总和。文化利益主要由三个部分构成：①维护国家文化主权和文化安全；②发扬民族文化传统，提升民族文化认同度和民族凝聚力；③促进文化的对外传播，提升民族文化的吸引力和感召力。[③]文化安全是国家文化利益存在与发展的先决条件，是第一层次的利益；提升民族文化认同度的实质，是对民族文化身份的建构；促进文化的对外传播，涉及传播的内容、手段及受众，是文化利益获得的保障机制。作为世界文化大国的代表，法国一直把文化利益和经济利益摆在同等重要的地位。对外文化传播行动是法国保护其文化利益的重要手段。

---

① 钱其琛，黄金祺．世界外交大辞典：下［M］．北京：世界知识出版社，2005：2045.

② 彭姝祎．试论法国的文化外交［J］．欧洲研究，2009（4）．

③ 曹迪．国家文化利益视角下的中国语言教育政策研究［D］．北京：首都师范大学，2011：11.

文化外交的重要作用，是引导目标国受众做出有利于实现外交目标的态度和行为。要对受众进行意识形态上的影响，文化是最有效的手段。区别于政治、经济和军事等外交形式，以文化为主体的外交活动具有高度的亲和力，并表现出很强的非功利性，这使它比别的外交形式更容易被目标国所接受。文化外交是一种和平的外交手段，法国对外文化传播战略的实施，把这种柔和的方式变得富有内涵和难以觉察。这种形式的外交对受众的影响是长期、深刻和潜移默化的。

3.2.2 文化先行：对外交往的核心理念

文化是法国外交活动的最重要元素。法国外交行动的开展，往往是以文化传播为载体的。在谈到法国对外经贸活动得以顺利发展，并取得一定成效时，许多美国学者认为这应归功于“文化合作屏风”的促进作用。①正是这种“文化合作屏风后的渗入”，使法国以文化传播为主导的外交行动取得了极大的成功，成为世界文化界及外交界的耀眼明星。法国外长法比由斯曾明确表示：“文化应该渗透到所有政治行动中，且为不同政策的推广做贡献。”② 此外，他还强调：“对于经济外交而言，文化传播构成了决定性因素。”③可见，凭借文化领域的强大实力，法国把“文化先行”作为其一切对外行动的基本策略。

法国对“文化先行”策略的重视，体现在几乎每一次执政主体的更替，对外文化传播系统都是最先改革的目标。可见，法国的对外文化传播行动被赋予上层建筑的属性，成为意识形态的国家工具，以帮助外交策略的实施及统治阶层地位的巩固。外交策略决定了法国对外文化行动的政策导向。在不同的历史时期，法国有着不同的政治及外交策略。外交策略的调整，为不同时期的对外文化行动赋予了不同的内容，成为法国对外文化传播变革的驱动力。这个特征在法国对外视听传播行动中表现得尤为突出。

---

① XAVIER DARCOS. Qu'est - ce que l'action culturelle française à l'étranger? [EB/OL]. L'Académie des Sciences morales et politiques. (2011 - 03 - 07) [le 12 mars 2012]. http: //www. asmp. fr/travaux/ com munications/2011 - 03 - 07 - darcos. html.

② LAURENT FABIUS. Politique culturelle extérieure—Tribune du ministre des affaires étrangères [N]. Le Figaro, 15 juillet, 2013.

③ *Ibid.*

（1）1974—1980 年：“世界主义”。

1974 年，德斯坦（d’Estaing）领导的独立共和党上台执政，并积极推行“世界主义”的外交政策。[①] 他在强调民族独立的同时，把“结好第三世界”和“西欧联合”作为外交政策的主要内容。1975 年成立的 RFI 电台，可看作是“世界主义”的产物。RFI 打破了法国对外广播一直以来的“单一频道”传统，先后开设“南方”（Chaîne Sud）、“西方”（Chaîne Ouest）和“东方”（Chaîne Est）频道，针对不同地区受众的喜好播出节目。RFI 根据地域进行频道设置，是法国重视海外受众文化多元化的表现，符合德斯坦“同一切人做朋友”的外交策略。

南方频道是 RFI 成立时的唯一频道，主要针对非洲受众播出节目。节目语言为法语和英语。法语播音时间为每天 16 小时，英语播音时间仅为每天 1 小时。可见，法语非洲是当时法国外交策略的重心。西方频道和东方频道分别开设于 1976 年和 1977 年，前者主要针对北美和拉美播放，后者针对中欧和东欧广播。这两个频道充当了美苏冷战时期“调解人”的角色，和德斯坦“让法国在世界上起和解作用”及“多边利用”的中性外交策略相一致，同时，东方频道也是法国遏制以苏联为代表的欧洲社会主义阵营的工具。

（2）1981—1994 年：“欧洲联合”策略。

20 世纪 80 年代，密特朗领导的社会党并没有继承德斯坦的多极外交策略，而是采取“欧洲第一，非洲美洲第二”的指导方针，把“促进欧洲统一”和“实现法国与欧洲的政治一体化”作为外交的首要任务。在此期间，法国的对外文化传播行动表现出“联合欧洲”的特征。TV5 的成立，可看作是“欧洲联合”策略的第一步。比利时法语区电视台及电台（RTBF）和瑞士法语区电视台（TSR）共持有 TV5 22% 的股份[②]，是电视台管理运营中的重要参与者。TV5 对上述两国的重视，缘于比利时和瑞士是欧洲主要的法语国家。从地域看，它们是法国的邻国；从语言文化看，上述两国与法国有着千丝万缕的联系。因此，法国把欧洲的法语社会作为这一时期文化传播的突破口。

（3）1995—2007 年：全球扩张。

以希拉克为代表的人民运动联盟执政后，面对美国霸权主义的挑战和

---

① 张帆．法国外交：从戴高乐到德斯坦［J］．世界知识，1980（19）．

② SENAT. No. 102，Session ordinaire de 2009 – 2010［R］．Paris：Sénat，2010：16.

第三世界国家的崛起，法国的对外文化传播行动表现出全球扩张的特点。F24是希拉克向世界传播法国思想方略的产物。作为全天候不间断播报的电视新闻台，F24从建立之初就具备了强大的新闻采编与传播能力，目的是和CNN等英语媒体争夺世界话语权，有着很强的政治动机。它体现了希拉克外交策略的调整，是“戴高乐主义”的回归。

（4）2008年至今：国际传播力的整合与提升。

同为人民运动联盟成员的萨科奇主政爱丽舍宫后，延续了希拉克的理念，不遗余力地增强法国文化的世界传播力，以重新树立世界大国的形象。引导对外文化传播系统向集团化和规模化发展成为这一时期的改革重点。2008年4月，在萨科奇的倡议下，法国对外视听传播控股公司（AEF）成立。AEF完全由政府控股，并通过股权收购整合了法国对外传播领域的三大媒体——TV5、RFI和F24，在法国对外传播领域处于主导地位。在AEF的领导下，RFI、TV5和F24间的协调性和合作性得到增强，有效提升了对外传播系统的运作效率和国际竞争力。

目前，一切从文化开始，实施“文化先行”策略，已经成为法国一切对外交往的核心理念。文化推广的成功与否，取决于媒体的传播力。从20世纪中叶开始，在视听传播成为主流传播方式的环境下，法国政府对该领域的历次改革，反映了执政党对提升文化传播力的重视。从RFI、TV5、F24及AEF等法国主要对外视听媒体集团的发展轨迹看，其改革与变迁均与对外政策有着紧密的联系，是不同时期外交理念的体现。“文化先行”策略作为法国外交领域的一张王牌，将被不断完善与发展下去。

3.2.3 多元文化：世界多极化格局下的选择

多元文化的理念，由联合国教科文组织于2001年10月在第31次全体会议上提出。会议发表了《多元文化全球宣言》（*Déclaration Universelle sur la Diversité Culturelle*），提出制定具有法律效力的文化政策，以保护及推广文化的多样性。此后，文化政策国际网络组织（RIPC）分别于2002年及2003年在南非及巴黎召开世界文化部长会议，对这一宣言进行了肯定和推进。2005年10月，联合国教科文组织在巴黎召开第三十三届大会，颁布了《关于保护文化内容和艺术表现形式多样性公约》（*Convention sur la Protection de la Diversité des Contenus Culturels et des Expressions Artistiques*），使这一议题正式上升为世界性的文化规范。

该公约不从属于其他条约，与其他国际性公约处于平等关系，是文化领域的纲领性文件。根据公约的解释，“文化多样性”指“各群体和社会借以表现其文化的多种不同形式，这些表现形式在他们内部及其间传承”。该概念突出了两个关键性特征：①文化的“形式”，是不同文化内涵的体现；②文化的“传承”，指文化的继承和发扬，体现在对内及对外的传播成效。联合国教科文组织前总干事马约尔在《世界文化报告1998》的序言中写道：“一个物种从基因的多样性中汲取力量；生态系统从生物的多样性中汲取力量；人类社区从文化的多样性中汲取力量。”①可见，对不同文化的认可与传承，是基于文化互动基础上的推陈出新，有助于人类文明的进步和发展。

法国是最早加入该公约的国家之一，并成为保护及推广世界多元文化的积极倡导者。早在20世纪中期，在联合国教科文组织成立之际，法国文化部前部长马尔罗就主张建立“一种有别于美苏的大西洋文明，并捍卫欧洲的价值”。他号召在美苏之间建立一个“第三大陆”，以“联合所有想重新找回自己意识的国家”。②该主张意在撼动当时美苏文化的统治地位，以维护不同国家的民族身份。进入21世纪，法国文化中心主席达尔柯斯重申了捍卫多元文化的立场：“世界以前是罗马的，接着全部变成法国的，然后又变成美国的。但是文化霸权将不能再延续。因为我们的世界不愿意看到一种思想统治世界。在全球化背景下，如果法国希望传播普世价值观，21世纪的文化策略应该和18世纪的策略截然相反，不能再传播单一文化，应该保卫多元文化。多元化并不是文化身份的终结。”③

可见，法国实施的多元文化策略是在联合国“文化多样性”理念上的提升，除了促进世界文化的进步和发展，还有三层含义：

首先，是倡导与美国文化的抗争。纵观历史，罗马文化及法兰西文化曾先后主导世界。进入20世纪，随着美国经济崛起，上述两者被美国文化取代，世界进入了美国文化霸权统治时期。在经济与科技实力处于弱势的情况下，提倡多元文化及普世价值观成为法国与美国进行文化竞争，以赢

① 关世杰．国际传播学［M］．北京：北京大学出版社，2004：148.

② 宁红．马尔罗：东西文化交流大潮中的探险者［D］．成都：四川大学，2005：131.

③ XAVIER DARCOS. Qu'est - ce que l'action culturelle française à l'étranger? ［EB/OL］. L'Académie des Sciences morales et politiques. (2011 - 03 - 07)［le 12 mars 2012］. http：//www. asmp. fr/travaux/ com munications/2011 - 03 - 07 - darcos. html.

得生存与发展空间的有力武器。

其次，是适应世界政治及文明不断进步的表现。进入21世纪，随着第三世界的觉醒，武力殖民及霸权主义被世人所谴责，文化的相互尊重成为不同民族交往的基本前提。此外，在全球化背景下，包括文化交融在内的全方位合作成为不可逆转的趋势。多元文化理念的提出，有利于第三世界国家对自身文化身份的建构，并为南北文化对话及南南文化合作提供了指导框架。

最后，对单一文化的反对，并不是对民族文化个性的丢弃。法兰西文化曾经盛极一时，但只是世界文明的组成部分，并不能成为世界文明发展的唯一标杆。法国文化并不处于统治地位，与其他文化是共处与共建的关系。与此同时，注重对民族身份认同度的提升，以加强民族的凝聚力，成为法国文化事业发展的首要任务。

多元文化策略的实施，是法国在世界格局多极化趋势下的选择。世界多极化格局正在改变美国一家独大的局面，为文化的多元化发展提供了契机。法国善于抓住这一历史机遇，把充当“捍卫文化多样性的先驱”及“与美国文化霸权斗争的典范”作为其对外文化行动的中心任务，以突出它在世界文化领域的责任和担当，维护其一直以来树立的世界文化大使的良好形象。

法国多元文化策略的核心，是对民族文化身份的保护。这种保护并不是单边保护主义，而是在坚持文化开放与公平的原则下，鼓励不同文化个体间的对话，以增加艺术家及文化产品的流动性，并采取必要措施，使文化产品增值。因此，以下三个方面成为法国的行动前提：①对国家文化主权的重申；②重视艺术家及创作者的根本作用；③支持他国的文化推广政策。

从领域上看，多元文化策略的实施涉及文化贸易、文化服务、文化资产，以及视听领域的双边及多边谈判。作为为数不多的有着自己的电影及音乐工业体系的国家，法国对该策略实施的重点，是联合制作电影及视频，以促进视听节目内容的多元化。例如，作为法语世界的最大电视网，TV5除了自己制作节目，还会选取合作频道的一些节目进行播出，这些节目包括新闻和电影等。TV5节目内容的制作是建立在与合作伙伴互补的基础上的。对于其合作者，TV5是他们文化传播延伸的平台，使其特色文化有了向世界展示的机会；而不同国家的法语节目，是TV5播放内容的有效补充，使受众不但了解法国，同时也能了解法语社会。在播放多元化法语节目的同时，TV5 也在用节目定义着多元化的法语世界。这种“多元文化”尤其表现在黄金时段的节目上：TV5 很少在黄金时段播放非纪实类节目，而较多地播放合作媒体的节目内容，播放他们国家的影像，这体现了其对节目内容多元化的注重。正如 TV5 总经理萨拉戈斯（Saragosse）女士所言：“这是一个多元文化的媒体，它承载着不同的价值观，如‘自由’‘平等’‘博爱’和‘非宗教’。”① TV5 前任台长阿达（Adda）在接受采访时曾明确指出：“我们要坚决从以往的旧观念中走出来，不要再像以前一样，认为法语世界只由一种文化控制。法语世界可以有自己不同的价值观、民主和开放等。”②此外，法国鼓励本国传媒机构和他国签订合同，联合制作电影及视频，并在欧盟推动“无国界电视”的发展。

多元文化理念是在法国文化传播受阻及世界文化同质化问题日趋严重的背景下提出的。达尔柯斯毫不掩饰其对当今文化格局的担忧：“在国外，法国文化的传播受到阻碍。同质化使文化领域受到威胁，如果全世界的想法都一样，那谁还去想呢?”③此外，他还着重指出语言单一化的问题：“我们感到不安，在国际交往及欧洲政体中，法语的地位正受到英语的威胁。英语在科学、外交及经济领域发展迅速。英语世界引导大众文化，尤其是电影。没有人认为语言的统一是社会的进步。在单语化趋势潜移默化的威胁下，必须重新唤起对多样性的认识。”④ 为此，法国在联合国教科文组织、欧洲机构及国际合作中积极提倡多元语言政策，特别是发展非洲的语言。可见，法国选择从促进世界文化发展的角度谈论多样性的问题，明确阐述了其反对文化单一化的立场，体现了其对文化事业的热忱和对维护世界各国文化利益的重视，以赢得最广泛的支持。

对世界多元文化的推广，实质是对多元法国文化、多元法语社会文化及多元世界文化的保护。该策略有助于推动不同民族文化的互动交流，取长补短，相互借鉴，形成可持续的良性多边文化互动。

---

① GUY LOCHARD. TV5：Diversité culturelle, francophonie et mondialisation [J]. HERMES, 2004.

② SENAT. No. 102, Session ordinaire de 2009 – 2010 [R]. Paris：Sénat, 2010：16.

③ XAVIER DARCOS. Qu'est – ce que l'action culturelle française à l'étranger? [EB/OL]. L'Académie des Sciences morales et politiques. (2011 – 03 – 07) [le 12 mars 2012]. http：//www. asmp. fr/travaux/ com munications/2011 – 03 – 07 – darcos. html.

④ SENAT, *op. cit.*, 2010：16.

3.3 对国际声望的提升

国际社会的承认及政治认同，是国家政治利益的重要组成。一国的国际承认度愈高，该国从国际社会获得的利益和机会就愈多。[①]提升国家的国际地位和国际声望，是维护国家政治利益的重要环节。为取得法语国家的认同，法国对外文化传播行动把协调法国文化与法语文化的关系作为重要内容。通过传播法语文化，提升海外法国移民及法语世界其他民族的文化身份认同，以提升法国的国际号召力。此外，为了巩固法国的国际地位，法国对外传媒实施“去民族化”的传播策略，并积极打造“友好伙伴”形象，以增加文化亲和力，营造平等、和谐及互动的政治环境。

3.3.1 法国文化与法语文化：一个有机的整体

提升国际声望的关键，是增强国际社会的认同度。这种认同包括政治、文化及经济范畴的认同。其中，取得他国对本国的文化认同是重要环节。共同的语言使法国与其他法语国家形成了更亲密的关系。为促进别国对法兰西文化的接受与认同，法国把法语世界作为突破点。

增强法语国家的文化认同，实质是获得他们对法国文化的认同，从而促进法国文化与法语文化的有机统一。法国文化，指由法兰西民族及其祖先创造的文化。该文化具有悠久的历史和鲜明的法兰西民族特征，并被世世代代继承下来。法语文化，指的是法语世界国家人民所创造的文化，法语文化是以法语语言为载体的文化，包括法国文化和其他法语世界国家的文化。

法国文化和法语文化相辅相成，不可分割，组成了一个有机的整体。法语是这两种文化的共同特征。作为法语世界最重要的国家，法国文化有着丰富的内涵和强大的号召力，构成了法语文化的基础。法语文化可看作是法国文化的扩展和延伸，它受法国文化的影响，但又具有自身的特征，在赋予法国文化新内容的同时，形成了一个丰富多元、充满生机的文化集合。

纵观历史，法国文化在法语社会一直处于统治地位。法国文化的强势

---

① 曹晓飞．政治利益论［D］．上海：复旦大学，2009：132.

特征源于法国对法语世界的武力及思想殖民。历史上，法国凭借强大的经济及军事实力，与法语社会形成了对立的关系。为此，法国对外文化传播行动把协调与法语世界国家间的关系作为主要目标，以减少对立，发展共性，增加法语社会对法国的认同感。

现代法国对外文化传播的特征，是在促进法国文化传播基础上的对法语多元文化的传播。法语世界历史及文化环境的差异，造就了多元的法语世界文化。保持世界文化的多样性已成为现代法国的基本外交策略之一。法国在推介本国文化的同时，注重对法语世界文化的推广。对法语世界文化的推广，不但能够丰富法国文化的内涵，还可以使受众领略不同的法语世界文化，从而增加上述两种文化对受众的吸引力。

该策略在文学领域的表现尤为明显：法国出版社除了出版本土作家的书籍，还注重出版其他法语国家作者的作品。为增进世界读者对法语世界文学的了解，法国文化机构定期邀请世界法语文学当代与现代的标志性作家，进行世界巡回演讲，以展示法国以外的法语文学的丰富性。此外，法国驻外机构注重与当地大学合作，举办一系列讲座和研讨会，与海外专家读者共同探讨法语区文学的发展。

此外，为了促进法国文化与法语文化的有机结合，法国在其国际文化推广行动中，注重强化法语在文化传播中的基石地位，采取“双边”及“多边”传播理念，以稳守“法语世界”为基础，在世界范围内实施媒介发展策略及组织法语文化活动推广等。这些内容将在第4章进行详细探讨。

3.3.2 传播法语文化：对民族文化身份认同度的提升

文化身份是一个民族的灵魂，是一个民族与生俱来、磨灭不掉的胎记。[①]如果说灿烂辉煌的法国文化使法兰西民族拥有了身份感和归属感，那么多元的法语文化，则成为法语世界民族引以为豪的资本。弘扬民族传统文化，提升民族文化身份的认同度，是民族文化得以发展和延续的驱动力。

法国在实施对外文化传播行动的过程中，首先把提升海外法国移民对本族文化的认同度作为基本任务。希拉克在谈及 F24 建立的构想时，曾经表示：“这对于我国的传播事业来说，是非常重要的。对于移居海外的法

---

① 张玉国．国家利益与文化政策［M］．广州：广东人民出版社，2005：115.

国人，这将成为他们及时了解祖国动态的有效方式。”[①] “祖国动态”一词，除了指法国的时事新闻，还包括法国对国内外重大问题的观点和看法。这些观点和看法，正是法兰西文化的内涵所在。

如今，展示法国文化特质的节目，已成为法国国际媒体的重要传播内容，并受到了包括旅居海外的法国人在内的国际受众的高度关注。正如TV5前主席伊莫斯（Imhaus）所言：“法国媒体最吸引人的节目，是那些观点新颖且立场鲜明的时事类节目，那些反映我们语言文化的纪录片和故事片，以及介绍我们生活方式的电影。因为法国人的生活方式，是被世人所推崇的。”[②]法国对外文化传媒对本国文化身份的建构，实质是以文化为纽带，不断提升法兰西民族的凝聚力和归属感。

在促进海外法国人对本国文化身份认同的同时，促进“法语世界人民的文化身份认同”成为法国对外文化传播行动在新时期的重要任务。从地理位置来看，可以把法语世界国家划分为两个阵营：“北部”和“南部”。“北部”以欧洲的法语国家和加拿大魁北克地区为代表，而“南部”主要以非洲和西亚的法语国家为主。“北部”经济比较发达，代表了先进的文化和生产力；“南部”经济相对落后，普遍有被法国殖民的历史，但漫长的历史造就了其独特的文化和社会关系。

在法语世界中，“南部”一直是“非主流的，弱势的群体”。这种弱势始于殖民地时期，主要体现在“北部”认为自己至高无上，是唯一的先进文化拥有者，给世界带来了先进的文明。“北部”殖民者在“南部”推行赤裸裸的暴力殖民策略，并把其文化认为是“另类”，属于主流文化之外，且是一种低等的文化。随着“南部”国家社会经济的发展，其国际地位正在逐步提高，改变这种旧秩序的愿望日益强烈。“以前法语对我进行殖民，现在是我对法语进行殖民”是当今非洲和加勒比地区人民的共同理念。[③]这意味着他们要摆脱以往受剥削和压迫的状况，建立法语世界的新秩序。他们由于历史的原因曾经被迫使用法语，而如今使用法语的原因很简单，

---

① DDM. La chaîne française d'information internationale France 24 [EB/OL]. La Direction générale des médias et des industries culturelles. (2006 - 12 - 27) [le 12 décembre 2012]. http://www.ddm.gouv.fr.

② PATRICK LMHAUS. Ecrits de l'image [M]. Paris: HERMES, automne, 1997: 16.

③ OZAN SERDOROGLU. TV5: Quand le Nord et le Sud se rencontrent en français—《On n'habite pas un pays, on habite une langue》[J]. HERMES, 2001.

就是主观的选择。对他们来说，选择法语不是一种被迫，而是表现其本土文化的一种有效手段。由于法语是世界上交流、科研和外交的常用语，他们选择使用这门语言，将为其展示和传播其本土文化提供便利。

为了维护在法语世界的号召力，法国不得不改变以往对“南部”显性的武力控制策略，实行更为隐性的文化外交。文化身份成了法国在新时期控制法语世界的有力武器。利用媒体对法语世界人民的文化身份进行强化，是法国采取的重要手段。

TV5 作为全球最大、影响最广泛的法语电视台，已成为法国实施文化身份策略的最有效工具。它从建台之初，就以打造“世界第一法语综合频道”（1er chaîne généraliste mondiale en français）为己任，并实行单语（法语）策略，可以看作是展示法国文化最积极的媒体。TV5 对法语世界共同文化身份的建构，主要通过以下两种方式进行：

（1）注重节目内容的多元化。在法语世界中，由于各国历史和社会制度的差异，造就了其独特的文化习俗。多元文化是法语文化的基本特征之一。保护法语文化的多样性，对维护法语世界的稳定，促进法语国家的团结，反抗美国文化霸权主义具有重要意义。TV5 的节目制作理念是“一个不同节目的大杂烩”“电视节目的万花筒”和“不同频道的聚会”。①为此，除了播出自己制作的节目，TV5 还会播放比利时、加拿大魁北克等法语地区频道的节目，如歌舞和电影等。TV5 在 2009 年初推出了针对非洲的 web TV，选取大量非洲媒体制作的内容进行播出，为非洲本土电视台提供向世界展示其节目的机会。

（2）采用“去区域化”的表达方式。为适应不同受众，对于使用的国内其他法语媒体的节目内容，TV5 改变了以往全盘照搬的做法，对节目的语言进行重新编写，力求使论述更加客观公正，以促进法语社会不同文化背景的受众对其共同法语文化身份的接受。表达方式多元化策略的实施，宣扬的是一种“文化平等”的理念，有助于表现法国“文化包容”和“文化尊重”的情怀，改善其在法语世界的形象。

---

① OZAN SERDOROGLU. TV5：Quand le Nord et le Sud se rencontrent en français—《On n'habite pas un pays，on habite une langue》[J]. HERMES，2001.

3.3.3 增强文化亲和力：对国际地位的巩固

1. 从“我族中心”到“去民族化”

各个国家、民族的社会背景不一样，对同一事物的看法也不尽相同。若只是从传播者的角度出发，以我族世界观作为评判事物的标准，忽视其他文化体系的逻辑和习惯，就容易产生偏见，形成“我族中心主义”。“我族中心主义”通常以“民族主义”的形式表现出来，对跨文化传播有着极大的危害。①

从殖民时期开始，法国媒体对第三世界国家的报道存在一定的“民族主义”倾向。例如，20世纪中叶以前，在法国国际媒体的新闻报道中，对非洲领导人所使用的褒义词极少，取而代之的，是“独裁者”（didacteur）、“强硬的人”（homme fort）、“国家的主宰”（maître du pays）、“第一号人物”（numéro un）和“不经民主选举的总统”（président autoproclamé）等字眼。法国媒体对非洲时政新闻的报道基调是：“独裁统治”与“政局混乱”。此外，从内容上看，大部分非洲新闻反映的是丧失理智、种族争斗和野蛮的习俗，具体表现手法为尸体、饥饿瘦弱的儿童和受虐的妇女等的画面。有的媒体还专门近距离拍摄妇女脸上的泪水，以增强图像的震撼力。关于非洲负面新闻画面的大量播出，使“接受非洲的不好”成为受众的常态。法国媒体在强化“非洲悲观论”② 的同时，注意展现法国的美好画面，以突出其“文明”“高尚”及“和谐”的社会形象。

诚然，非洲社会的发展仍相对落后，但该区域的经济及文明进步是有目共睹的。可见，法国媒体对非洲的信息处理和输出是有选择性和目的性的，是“我族中心主义”的表现，这种倾向来源于殖民历史留下的认知和思维模式。在“我族中心主义”的影响下，法国媒体有意识地把“法国的价值观”渗透到不同的节目当中，使对外传媒变成了“展示法兰西民族主义的橱窗”。“我族中心主义”容易滋生出“经验主义”。法国媒体以西方

---

① 陈国明，安然．跨文化传播学关键术语解读［M］．北京：中国社会科学出版社，2010：66.

② PASCAL BONIFACE. 50 idées reçues sur l'état du monde［M］. Paris：Armand Colin，2007：41－42.

受众的普遍思维对非洲局势进行解码，对其灌输着一种潜在的意识：非洲是“混乱”的代名词。

进入新世纪，“客观”“公正”和“真实”，成为国际新闻报道的主旋律和基本要求。为此，法国对外传媒纷纷对编制方式进行了改革，以增强内容的客观性。例如，为适应不同受众，对于使用别的法语媒体的节目内容，TV5 改变了以往全盘照搬的做法，对节目的语言进行重新编写，力求使论述更加客观公正，避免“我族中心主义”倾向。TV5 前任台长 Adda 曾多次谈及：“我们使用国际性的语言……我们要警惕，节目中的每一个词，每一个分析，都可能被错误地理解。”①他还强调：“节目制作的原则是：‘到处都有世界的中心。’”② 换句话说，就是从欧洲的角度或其他法语地区的角度看待法语世界的问题。例如，对伊斯兰教妇女在学校戴面纱的争论，TV5 避开了法国人常用的“débat de voile”（围绕面纱的争论）和“loi de voile”（面纱的规定），而使用“loi de laïcité”（非宗教的规定）。③

2. 从“文化包容”到“友好伙伴”

自 20 世纪初成为文化例外及多元文化的倡导者以来，法国一直不遗余力地打造其“文化包容”的形象。文化包容，是对文化霸权的抵制，认为文化不分强弱，都享有公平的发展机会。该形象的核心，是文化的平等及不同文化的和谐共存。这种对文化的包容理念反映了一种宽广的文化情怀，是先进文化的体现，也是强盛文化所具有的特质，有利于世界不同民族文化的交融和文明的进步。法国对文化的包容态度，得到了世界大多数国家的认可，特别是得到在世界软实力格局中处于相对弱势地位的第三世界国家的认可。“文化包容”形象的塑造，使法国在经济发展放缓的情况下，仍能维护文化大国的形象。

但是，通过观察 20 世纪中后期法国对其“文化包容”形象的建构，

---

① GUY LOCHARD. TV5：Diversité culturelle，francophonie et mondialisation [J]. HERMES，2004.

② OZAN SERDOROGLU. TV5：Quand le Nord et le Sud se rencontrent en français—《On n'habite pas un pays，on habite une langue》[J]. HERMES，2001.

③ 这个争论从 1990 年开始，主要围绕在法国学校的伊斯兰妇女是否佩戴面纱的问题展开。讨论的焦点集中在：伊斯兰妇女的地位问题、法兰西民族和其他民族的同化问题和伊斯兰文化威胁论等。由于“voile”（面纱）在法国人心目中是伊斯兰妇女的代名词，为了避免和伊斯兰团体的正面冲突，TV5 改用了“laïcité”（政教分离）一词。

不难发现在这种包容的理念中，仍带有一定的民族主义偏见，即以一种优势文化的姿态，对弱势文化的包容。这种潜在的意识首先体现在该时期的对外文化行动，主要以文化援助的形式展开，具体表现为发展中国家的文化产业给予资金和技术扶持。此外，还体现在该时期法国在海外大力传播本国文化的同时，对他国文化的引入相对较少，具体表现为法国图书贸易中的巨大顺差。可见，“文化包容”只是强调对他国文化地位的承认，并给予力所能及的帮助，具有一定局限。

进入新世纪，随着第三世界国家的崛起，文化民主观念不断深入人心。在此背景下，法国对其一贯塑造的“文化包容”形象进行了提升，变得更为主动，以打造文化领域的“友好伙伴”形象。该形象更注重文化的平等性和互动性，把文化“走出去”和“引进来”放在了同等重要的地位。为此，法国的文化传播者实施了以下四方面的策略。

（1）注重文化交流与合作的平等性。

近年来，“文化援助”这一名词在法国外交活动中的提及次数明显减少，取而代之的是“双向交流”及“文化合作”。例如，旨在推动法国图书在国际传播的“PAP 计划”，已经实施二十多年，在 80 个国家展开，受资助的图书超过 18 万种。但该计划并没有以“扶持”和“资助”为主题，而是以“鼓励创新”和“促进观点的多元化及不同文化间的对话”为口号，以优化法国在第三世界国家文化领域的形象，目的是“寻找持续稳定和互相信赖的合作伙伴”①。

（2）以文化为纽带，建立本国民众与他国民众间的良好情谊。

作为文化至上的国度，法兰西民族表现出了解其他民族文化的极大热情。在这一方面，法国领导人做出了表率。希拉克曾三次访问中国古城西安；萨科齐和奥朗德在国事访问期间，常常把对他国历史遗产的参观列为行程的重要安排。此外，法国民众也表达出对异国文化的极大热忱。例如，中国在法国举办的文化年，受到法国民众的热捧，各类文化展览的参观人数达一百多万，前来欣赏文化演出的法国受众也超过一百万。②文化的互重、互信和互动，使共同的社会及文化基础得以形成，有利于优化跨文

① FLORENCE RAYNAL. Le MAEE fait voyager les livres à travers le monde [J]. Label France, 26 février, 2008.

② 中华人民共和国外交部．中国同法国的关系 [EB/OL]. (2007-08-31) [2014-03-11]. http://www.fmprc.gov.cn.

化交流及传播的环境。

对他国文化及社会习俗的了解，也有助于法国的文化传播行动在海外的顺利开展。在对中国消费者的文化行为习惯进行调研后，法国的出版社发现：中国顾客买书一般是为自己而买，并不作为礼物送人。出于此动机，顾客希望获取足够多的信息，以及更多的操作性和教育性的内容。为此，法国出版社在增加单本图书容量的同时，注重对应用性及操作性作品的推广。在2013年北京书展上，法国出版社带来了很多图解实用类图书，以及适合大众阅读的心理学丛书及品牌营销学读物等。

（3）从“单向”传播向“双向”传播发展。

法国在海外文化交流中所取得的巨大成功，坚定了法国通过文化双向交流的形式，在世界传播其文化的信心。法国总统德斯坦对“中法文化之春”的评价是：“中法文化交流继续传递出一个重要信号，两国都在积极创造文化和友情。”①可见，法国的文化传播者有着如下理念：文化互动及文化融合不但对文化创新具有重要意义，同时有利于增进国家间的友谊及推动民族情感。

为此，法国的文化传播机构一改以往只注重文化输出的思维模式，把传播策略调整为由“单向”传播向“双向”传播发展。2011年成立的法国文化中心，可看作是法国进行文化互动策略的主要执行者。在中心的章程中规定：本机构不仅仅致力于出口文化，还担当接收外国文化的使命。为此，文化中心进行了一系列卓有成效的行动：① 支持他国文化年在法国本土的举办。仅墨西哥文化年，就与该国合作组织了380场文化推广活动。② 增强与法国高等教育署的协商和合作，以促进法国与不同国家间留学生及访问学者的相互派遣。③ 进一步深化与他国在文化领域的全方位合作，使两国人民能更大程度地分享对方国家在戏剧、现代艺术、电影方面的作品。④ 增强与当地的文化机构合作，注重展示内容的本土化及大众化，努力促使法国文化推广活动成为当地文化活动的一部分。⑤ 促进法国与外国博物馆间的合作，支持法国与其他国家博物馆展品的相互展览。

此外，法国文化机构还注重维护文化传播的非功利性，反对过分强调实用性和目的性，以“无私”的姿态坚定保持交流的精神。

（4）展现法国对世界文化发展动态的关切，以提升其文化的亲和力。

在传播过程中，文化亲和力表现为传播主体及受众间文化的和谐融

---

① 雷琦．中法文化交流之春活动在北京启动［N］．中国青年报，2007－04－13.

合，使受众对外来文化产生亲近感和认同感，是提升文化亲和力的关键。在对外文化行动中，法国文化机构常常把法国与法语社会放在同等重要的位置，以表现对他国社会及文化的关切。

在这方面，法国对外传播媒体发挥了不可替代的作用。近年来，法国的视听传播系统加大了对他国新闻的播报力度及文化的推介力度。例如，作为法国对外传播历史最悠久的媒体，RFI 一直不断对栏目的设置进行革新。目前，该电台已经成为制作和播出非洲专栏节目最多的国际电台。在电台每周播放的6个专栏节目中，专门针对非洲的有4个，占据大半个江山。从专栏内容看，涉及“非洲时事”（2个）、“非洲音乐”（1个）和“非洲足球”（1个），非常符合非洲受众的需求特点。在该类节目的输出过程中，编辑注意根据非洲受众习惯选用合适的语言表达和播放时段。2008年，面向非洲的豪萨语和斯瓦希里语频道的推出，是这一政策的具体体现。

此外，法国国际传媒集团一直把对“法语世界”的传播作为其发展的中心任务。除了每日播放法语新闻外，法国媒体的节目中常常涉及法语国家社会的历史、文化和独特的生活方式。因此，法国国际媒体也成了推广法语世界多元文化的载体。

法国把分布于五大洲的法语国家作为突破点，通过表现对这些国家社会及文化发展状况的关注，提升在法语社会的文化亲和力。该举措目前已经逐渐延伸到非法语国家，特别是广大发展中国家。以文化平等为基础，通过一系列文化合作及文化互动形式的开展，法国增进了与他国的文化情谊，有效提升了其文化亲和力，使其在全球塑造的“友好伙伴”形象初见端倪。

4　法语传播与文化利益

国家的文化利益指“国家生存与发展所需要的精神文化需求的总和”[①]。国家文化利益涉及语言、教育、文学、艺术、科学及技术等多个领域，是国家软实力的体现，与国家的安全利益、政治利益及经济利益紧密相连。语言传播在提升文化的国际影响力及传播力方面发挥了不可替代的作用，是维护国家文化利益的重要手段。

语言推广与文化利益是一个有机整体。一种语言的广泛传播，往往可以使该种语言所承载的文化传播具有无可比拟的优势。英美文化之所以能够显现其霸主地位，与上述两国对英语不遗余力的推广，使其成为世界通用语言有着必然联系。美国的福特基金和卡耐基基金、英国文化委员会等，均把在非英语国家推广英语教学作为资助的重点。

语言传播有利于国家文化影响力的提升。一种语言在国际上的有效传播，能够促进该国语言价值及文化价值被他国受众所认知与接受。因此，要促进国家文化层面的形象塑造及地位提升，语言的对外传播是基础。在此基础上，传播战略的有效性、推广网络的建设、教师队伍的培养、教学资源的开发、财力物力的支持等，也是不可或缺的条件。可见，语言的传播涉及多个领域，且具有系统性、长期性及延续性，需要强大的经济实力支持，政府在其中往往起主导作用。

语言传播是文化传承的重要内容，对维护国家的文化安全有着基础性的作用。法国国力曾经盛极一时，这使法语在19世纪成为世界上影响力最大的语言。如今，随着英语对世界影响的日益扩大，法语的地位受到严峻挑战。为维护法国的文化大国地位，法语传播已成为法国文化行动的基石所在。在不遗余力地提升法语国际形象和地位的同时，法国重新规划了法语传播的策略和模式，着重从法律、地域、媒介及节庆活动等方面进行切入。

---

① 曹迪．国家文化利益视角下的中国语言教育政策研究［D］．北京：首都师范大学，2011：22.

4.1 行动理念及传播模式

4.1.1 作为行动基石的法语

1. 文化交流的重要媒介

法语是历史悠久且影响广泛的语言。古法语出现于公元9世纪，距今已经有一千多年的历史。法语曾经是欧洲影响力最大的语言，受到俄国贵族及普鲁士国王的推崇。根据法语国家国际组织（OIF）的统计，2010年，世界上法语区的人口已达2.2亿，比2007年增加了2 000万。和英语一样，法语是在五大洲都使用的语言。法语是世界上被使用第六多的语言，在汉语、英语、印地语、西班牙语和阿拉伯语之后。①

法语有着优美的发音和严谨的语法，是许多国际机构，如联合国（UN）、世界贸易组织（WTO）、经济合作与发展组织（OECD）及国际劳工组织（ILO）的工作用语。作为国际文化交流的重要媒介，法语在因特网占据5%的使用份额，是Facebook和维基Wikipédia的第三大使用语言。法语也是国际经济活动的主要语言，尤其是占据世界经济15%份额的法语世界的交流语言。②

法语被公认为世界上最美丽的语言之一。法语不仅是联系不同法语国家的纽带，同时也以其独特的魅力吸引着越来越多非法语国家的学习者。据统计，世界上法语学习者的人数呈逐年递增现象：2010年，人数已达1.6亿，比2007年增长13%。③目前法语教育网络覆盖全球，法语是英语

---

① MAE. La francophonie [EB/OL]. Ministère des affaires étrangères.(2013-04-02)[le 6 avril 2014]. http://www.diplomatie.gouv.fr/fr/politique-etrangere-de-la-france/promotion-de-la-francophonie-et-de/la-francophonie-20244/.

② MINISTERE DES AFFAIRES ETRANGERES ET DU DEVELOPPEMENT INTERNATIONAL. Promotion de la francophonie et de la langue française [EB/OL]. MAE.(2014-11-30)[le 10 novembre 2015]. http://www.diplomatie.gouv.fr/fr/politique-etrangere-de-la-france/promotion-de-la-francophonie-et-de/.

③ ALEXANDRE WOLFF, JOSIANE GONTHIER. La langue française dans le monde 2010 [M]. Paris: Organisation internationale de la Francophonie, Editions Nathan, 2010: 9.

之后学习人数最多的外语，海外的法语教师数量已超过 100 万。[①]

法语是法国文化的重要组成部分和载体，是法国对外文化传播的主要媒介。通过对法语的推广，能够使海外受众直观地接触和领悟法语文化，有助于法语文化在世界范围内的传播。文化的优势在于其吸引力和感染力，提升法语的对外传播力一直是法国保护其文化利益的最重要内容。

2. 联系法语世界国家的自然纽带

我们谈论的法语世界，包括所有说不同法语的人。法语是他们的母语、民族语和官方语言（或官方语言之一）。尽管法国法语在进入这些国家的过程中，与当地文化产生碰撞，产生了某些语言变异，但其基本的语音规则和语法结构并未改变。法语是联系不同法语国家的自然纽带，使法语国家的人民彼此在精神上有亲人般的感觉。这种感觉使他们注意维护和发展他们的文明，“也正是这门语言，使其中的人们如同身处在同一个国度一样”。[②]著名的美国学者萨丕尔・沃尔夫曾提出假说：语言不仅可以传递信息，还可以形成我们的思维、信念和态度。虽然学术界对此一直争论不休，但有一点是认同的：语言对意识形态有重要的影响。

法语对法语世界的纽带作用，体现在以下三个方面：

（1）法语节庆活动。

每年 3 月，是一年一度的“法语周”（Semaine de la langue française）节日。“法语周”是法语世界最重要的共同节日，法国及法语世界国家在这时会不失时机地推出节庆特别活动。这些活动通常以联合举办的方式进行，在文化交流的同时，增进法语国家之间的了解。

（2）大众传播媒体中的法语节目。

法国电视五台总经理 Saragosse 曾说过：“法语是我们和另外的 70 个国家共同分享的珍宝。”[③] 大众传播媒体善于借助法语，以达到增加收视率和拉近法语国家之间距离的双赢效果。如法国电视五台在 2010 年就协同比利

---

① JEAN – MARC AYRAULT. C'est quoi，la francophonie? ［EB/OL］. le Gouvernement français.（2014 – 03 – 19）［le 10 mars 2015］. http：//www. gouvernement. fr/gouvernement/ c – est – quoi – la – francophonie.

② GUY LOCHARD. TV5：Diversité culturelle，francophonie et mondialisation ［J］. HERMES，2004.

③ OZAN SERDOROGLU. TV5：Quand le Nord et le Sud se rencontrent en français—《On n'habite pas un pays，on habite une langue》［J］. HERMES，2001.

时、加拿大及非洲的法语媒体，共同推出了“法语世界的儿童”“法语社会：对法语传播的思考”“‘特别的法语社会’知识问答大比拼”和“世界优秀法语电影展播”等一系列优秀的法语电视节目。节目注重不同法语国家人民的参与性，目的是为了增进法语国家之间的相互了解和友谊。例如，“法语世界的儿童”邀请不同法语国家的儿童展示本国的文化；“‘特别的法语社会’知识问答大比拼”让20个不同法语国家的参赛者代表各自的祖国进行为期五周的比赛等。

（3）经贸文化活动中的法语交流。

全球化浪潮使国家之间的边界日益模糊，交流与融合成为世界发展的主流。作为法语世界的共同语言，法语能为法语国家日益频繁的经贸及文化交流提供便利，并增进彼此间的经济合作关系。

3. 法国对外文化传播的基石

法语被认为是文化的语言。国外受众在学习法语的同时，必然会接触法国的文化，如时尚、美食、艺术、建筑和科学等。法语以其独特的魅力和作用，在法国文化传播中的地位日益显著，成为法国对外文化传播的基石。法国政要和文化传播学者毫不掩饰法语这一基础地位。法国外交部部长法比尤斯在2013年7月接受法国费加罗报的采访时指出：“法语推广是法国文化推广的首要任务。”①他对法语的发展充满信心：“目前世界上有2.2亿人口使用我们这门美丽的语言，在不久的将来，随着非洲的发展，这个数字可能突破7亿。这是法国影响力的基础。”②法国文化中心主席达尔柯斯也持相同的观点：“法语的吸引力还是比较强的。我们应该有足够的信心推广法语。这也是世界上18 000万法语人口的愿望。”③法国著名传播学者Haize在大量调研后提出：“法语是法国对外文化传播政策的基石。”④

此外，法国对外传播媒体也把对法语的传播作为基本策略。法国对外

---

① LAURENT FABIUS. Politique culturelle extérieure – Tribune du ministre des affaires étrangères [N]. Le Figaro, 15 juillet, 2013.

② *Ibid.*

③ XAVIER DARCOS. Qu'est – ce que l'action culturelle française à l'étranger? [EB/OL]. Académie française. (2011 – 03 – 07) [le 12 mars 2012]. http://www.academie – francaise.fr/quest – ce – que – laction – culturelle – francaise – letranger.

④ DANIEL HAIZE. L'action culturelle et de coopération de la France à l'étranger: un réseau, des hommes [M]. Paris: l'Harmattan, 2012: 59.

视听传媒集团（AEF）在制定2009年发展规划时，明确地把“致力于传播和推广法语、法国和法语世界文化”作为首要任务①。作为法语世界最大的电视台，法国电视五台也深刻认识到法语在其传播战略中的重要性，其总经理Saragosse女士谈到频道能不断发展壮大的原因时，强调“我们的成功归功于莫里哀的语言”②。为了抵抗英语的威胁，扩大法语的影响力，维护法语世界的团结，法国传媒一直把“以法语促团结”策略作为在法语世界范围内实施文化行动的宗旨。

虽然法语有着辉煌的历史，但其世界性的地位却面临着巨大的挑战。正如法国文化中心主席Darcos所言：“法语在过去取得的辉煌可谓前无古人，但不能总是眷念过去的辉煌……现在巴黎不再是世界著名学者来学习及教学的基地。”③重振法语在世界上的辉煌地位，以维护国家的文化利益，是法国外交部及文化推广机构在新形势下的迫切任务。

4.1.2 文化例外的提出

“文化例外”原则由法国在20世纪80年代提出。随着商品经济的发展，文化的商品化和文化贸易的自由化被不断强化。在1986年的乌拉圭贸易谈判中，美国等西方国家提出扩大关贸总协定的适用范围，延伸至文化服务领域，特别是视听传播领域。法国深谙这项提议若获通过，将对本国文化产业及欧洲的公共电视体系造成严重影响。为抵制这一提议，法国联合欧洲其他国家提出“文化例外”的原则，该原则的核心内容，是强调和维护“文化不同于商品，不能够自由买卖”这一属性。

该原则是在美国文化产品对世界文化市场大举入侵的背景下倡导的，其实质是对文化自主权的保护，并为法国的对外文化传播创造良好的外部条件。“二战”使法国国力受到了很大的削弱，其一直引以为豪的文化产业也

---

① DILA. La Politique audiovisuelle extérieure en 2010 [EB/OL]. Direction de l'information légale et administrative. (2010 – 07 – 07) [le 3 juin 2012]. http: // www. vie-publique. fr/ politiques – publiques/ politique – audiovisuel/ audiovisuel – exterieur – 2010/.

② 陈国明，安然. 跨文化传播学关键术语解读 [M]. 北京：中国社会科学出版社，2010：66.

③ XAVIER DARCO. Qu'est – ce que l'action culturelle française à l'étranger? [EB/OL]. Académie française. (2011 – 03 – 07) [le 12 mars 2013]. http: //www. academie – francaise. fr/quest – ce – que – laction – culturelle – francaise – letranger.

受到了很大的打击，恢复元气尚需时日。面对美国文化的强势来袭，法国以“文化例外”原则为盾，坚决反对把文化产业纳入自由贸易协定的范畴，有着保护本国文化的初衷，并迅速得到许多处于同样困境国家的拥护。

经过五十多年的完善和发展，该原则已经成为法国文化传播行动的基本原则之一。在2013年欧盟与美国的贸易磋商中，法国总统奥朗德仍把“文化例外”作为谈判的底线，并委托文化部部长菲莉佩蒂（Filippetti）表达了法国的鲜明立场：“‘文化例外’是法国深深怀有的政治信念和思想原则信念。法国认为文化产品并非一般商品，文化产品因其特殊价值，不能屈从于市场。一个国家具备在世界上展现自身特色的能力是重要的，我们不能在盲目的市场法则中抛弃文化、迷失自己。”①可见，法国已把文化特质作为国家的属性之一，在进一步强化文化非商品性的同时，把对本国文化产品的保护上升为国家层面的战略方针。

“文化例外”原则涉及的范围是广泛的：戏剧、出版、新闻及建筑领域，是限制进入的范围；图书馆、档案馆及博物馆等公共文化机构，则属于政策完全保护的范围。此外，该原则还对视听领域（电影、电台、电视、音频制作）进行严格的保护，使该领域一直成为欧美贸易摩擦的焦点。美国对欧洲市场觊觎已久，原因是包括电影、音乐等视听产品在内的文化产品出口是美国对外贸易的重要组成部分，构成其出口收入的第二大来源。然而，以法国为代表的欧洲国家普遍对视听领域进行贸易保护和扶持，使美国传媒集团在开拓欧洲市场过程中阻力重重。

法国“文化例外”策略的实施重点，是维护对本国电影、戏剧及电视制作的支持策略，以提升该领域的竞争力，从而保护国家的文化产业，使国家的文化利益得以维护。正如法国文化部部长Filippetti一再坚持的观点：“欧洲在与美国的自由贸易中并未获得任何好处，若开放视听领域服务的自由贸易，也将是没有任何利益可言的。美国的视听产业有强大的产业资本支撑，它与欧洲的文化产业的完全竞争，将是‘以石击卵’的竞争。”②

① 刘望春．法国誓将“文化例外”进行到底［N］．中国文化报，2013-06-20.

② MINISTERE DE LA CULTURE ET DE LA COMMUNICATION. Culture communication – Exception culturelle：la France n’est pas seule！［EB/OL］．Ministère de la culture et de la communication.（2013-05-17）［le 6 mai 2014］．http：//www.culturecommunication.gouv.fr/Actualites/En-continu/Exception-culturelle-la-France-n-est-pas-seule.

“文化例外”的提出，表达了法国对文化的独特理解，具有鲜明的法兰西民族主义特征。法国外交部 1999 年第 56 号文件指出：“文化例外是法律手段，多元文化是我们的目标。”①可见，法国不遗余力地宣扬“文化例外”，并将其提升至法律高度，作为一切对外行动的前提，是以保护多元文化、对抗美国文化霸权主义，从而保证法国对外文化传播行动的顺利进行为终极目标的。为争取国际社会及舆论的认同，维护“文化例外”这一行动方略，法国一再强调“文化例外”并不等同于国家保护主义，而是保持文化纯洁性及生命力的必要手段，以保障人民的基本文化权利。为了保证该策略的顺利实施，法国政府每年的投入高达 110 亿欧元。②

强调政府介入文化管理，是“文化例外”策略实施的前提条件。法国政府认为，国家权力的介入，可以持久地为人民大众提供丰富、多样及可获得的文化供给。这与商业模式下以营利为导向的文化经营活动有着本质的区别。在自由贸易体系下，容易造成文化的单一化及过度娱乐化，且不利于高雅文化在普通群众中的推广。为适应数字化时代的新形势，法国政府于 2013 年 5 月颁布了《文化例外 2 号法》，以促进“文化例外”在新媒体革命时代的发展。该法案在突出文化所特有的非商品属性及强调在文化服务大众的前提下，遏制文化产品在互联网、手机及平板电脑上的过分商业化及低俗化，同时规定对外国适度开放文化市场，以培育和发展多元文化氛围，并形成真正的文化民主。

如今，“文化例外”这一准则正逐渐被越来越多的欧洲和世界其他国家所接受，尤其得到了文化界的广泛支持，特别是电影人的支持。在 2013 年戛纳电影节期间，法国文化部借助这一世界性文化节庆平台专门开辟主题为“强化明日欧洲的文化例外策略”（Renforcer l'exception culturelle dans l'Europe de demain）论坛，邀请包括美国学者在内的文化界专家进行研讨，不断促进策略体系的完善，强化该法律对全球的影响力，从而为维护本国的文化利益服务。

4.1.3 “双边”及“多边”策略

为提升法语的传播力及影响力，从 20 世纪中期开始，法国外交部开始进

---

① MINISTERE DE LA CULTURE ET DE LA COMMUNICATION. Diversité culturelle et exception culturelle [J]. Dossier lettre d'information, Bimensuel n° 56: 10 novembre, 1999.

② CYRIL LACARRIERE, MAIA HRUSKA. Le protectionnisme culturel français, un tabou [EB/OL]. L'Opinion. (2013-06-27) [le jeudi 10 juin 2014]. http://www.lopinion.fr/27-juin-2013/protectionnisme-culturel-francais-tabou-1491Publié.

行新一轮的法语国际传播力提升战略。“双边”和“多边”传播策略的实施，是该战略的重要环节。为确保策略的顺利进行，法国外交部向海外派遣500名法语推广专员，并投入6亿欧元对该行动进行资助。①

1. “双边策略”：教育合作的开展

所谓“双边策略”（Politique bilatérale），主要指以与当地机构合作为契机，发展法语在这些地区教育体系中的作用，以巩固法语在海外的地位。在众多合作模式中，教育合作是法国在法语传播中采用的主要形式。通过教育机构之间的合作，借助他国的教育网络，推广本国的语言教育及文化。该传播模式有效率高、成本低及本土化等优势，更容易被他国的学生群体所接受。

法国在世界范围内开展“双边策略”源远流长，即便在遥远的中国，教育合作行动也可追溯到20世纪初。1903年震旦大学成立时，已现中法高等教育合作的雏形。经过一个多世纪的磨合和发展，法国在海外推广的教育合作模式步入了崭新的阶段，并呈现以下两个方面的特点：

首先，在法语语言教育领域，法国与当地教育机构紧密合作，开展全面的教学互动及进修交流。目前，法语教育在全球迅速发展，已经成为世界外语教育的重要组成部分。在许多国家，法语专业教育已经形成从初中到博士的完整教学体系。以中国广东省为例，开设法语课程的中等学校已有9所，设立法语系的大学有7所，开设法语为第二外语的高校有9所。法语已经成为英语和日语之后的第三大外语学习语种。

为使法语教育在第三世界国家得到普及，法国政府推行多个教育合作计划。合作计划主要涉及三个维度：教学机构、教师及学生。合作层次涵盖中学、本科、硕士及博士。例如，在亚非拉国家实施的“外国教师法语教学法培训”及法语课程推广等项目，目标是推动发展中国家的法语教育向规范化及国际化发展。此外，法国政府还不遗余力地推动法国教学及研究机构与目标国学校之间的合作，通过与目标国法语教学机构之间的互动，促进他国法语教学理念、教学方法、教材建设及教师素质的提升。目前，海外

---

① MINISTERE DES AFFAIRES ETRANGERES ET DU DEVELOPPEMENT INTERNATIONAL. Promotion de la francophonie et de la langue française [EB/OL]. MAE. (2014－11－30) [le 10 novembre 2015]. http://www.diplomatie.gouv.fr/fr/politique－etrangere－de－la－france/promotion－de－la－francophonie－et－de/.

开设法语专业课程的大学和中学都纷纷建立与法国学校的合作关系，法国专家与外国教师之间的定期互访机制已经形成，教学计划及教学大纲在双方的磋商及研究下不断完善，外国学生赴法交流也呈现常态化和规模化。

其次，法国开始注重对非法语教育领域的挖掘，在科学技术领域进行专门用途法语的推广。以中国为例，法中两国政府通力协作，在中国开设“中法学院”，以打造专业性的品牌教育合作项目。目前，中法学院有6所，主要集中在高等教育领域，分布在北京、上海、广州等一线城市。这6所学院分别是：北京航空航天大学中法工程师学院、中山大学中法核工程与技术学院、中国民航大学中欧航空工程师学院、上海交通大学—巴黎高科卓越工程师学院、上海大学中欧工程技术学院及中国人民大学中法学院。从合作的学科看，以工程学领域为主。“中法学院”学生在学习专业技术知识的同时，必须学习法语。可见，在以中国为代表的许多国家，法语推广已经不再局限于传统的文学领域，正向更加广阔的科学技术领域发展。

“双边”战略的构想，是法国文化传播“合作化”策略的体现。“双边策略”注重与当地教育机构的融合，使法语成为目标国学习者的主要外语选择。同时，该策略也意识到外国法语教师作为法语传播主体的重要性，并增加对该群体的培训力度。这是一种更具影响力的传播模式，即并不局限于通过法国海外文化网络（如法国学校和法语联盟）进行的传播模式。借助目标国的文化网络和文化传播者，有效提高了法语传播的效率。

2. “多边策略”：广泛合力的形成

所谓“多边策略”（Politique multilatérale），主要指联合法语世界国家，以法语为媒，组成政治及文化共同体，在该共同体内不断强化法语的地位。

法国在1970年建立了“法语国家文化及技术合作处”（Agence de coopération culturelle et technique），可视为该行动实施的标志。随着该组织在法语地区及国际影响力的不断提升，2005年，它发展成为“法语国家国际组织”（Organisation Internationale de la Francophonie，简称OIF）。该组织集合了77个国家及观察员，法语在这些成员国中均为重要交际语言。目前，OIF已成为最重要的法语推广机构之一。该组织致力于维护和平、民主及人权，推广法语及文化的多样性，促进交流及可持续发展。每年3月20日，法国联合法语国家国际组织的成员国举行一年一度的“国际法语国家日”（Journée internationale de la Francophonie）活动，汇聚世界上2.2亿法语人口及8.7亿说法语人的力量，共同推广法语及法语文化。

除了与OIF的合作，法国还注重与其他国际组织的合作，以在更广阔的平台内推广法语。这些组织分为两类：全球性组织和法语世界组织。前者如联合国教科文组织（UNESCO）及国际奥委会（IOC）等；后者主要有法语国家大学联合会（AUF）及法语国家市长协会（AIMF）等。无独有偶，作为世界上影响力最大的两个文化组织，UNESCO和IOC的成立，均与法国有着千丝万缕的联系。联合国教科文组织创立时，法国是重要的发起人并促成该组织总部落户巴黎。国际奥委会由法国人顾拜旦（Coubertin）于1894年创立，总部一开始位于巴黎，后来由于战争原因迁往瑞士的法语区——洛桑。可见，法国人具有很强的前瞻性，早在19世纪末，就已经开始意识到国际文化组织的重要作用。为提升在全球的文化传播力，法国一直积极参与联合国教科文组织的国际合作项目，并努力维护法语在奥委会赛事中的官方语言地位。为保持在法语世界的文化领导力，法国一直是OIF及AUF最重要的合作伙伴，通过对这两个组织提供资金及技术支持，法国协助其开展对“南部”法语国家的文化援助行动，并着力稳固法语教育在这些国家的基础地位。

“多边策略”可视为联合其他法语国家及国际组织，以形成更广泛的合力，共同对法语的国际地位进行巩固和提升。如今，法语国家国际组织的成员国已占世界国家数量的40%，成为不可忽视的世界性群体。法语世界国家存在着相异性，如不同的历史和习俗等，但其共性也是有目共睹的，就是使用同样的语言——法语。法语是该群体的标志及纽带。在法语国家国际组织成员中，法语已不再是“莫里哀”的语言，而是法语世界的共同语言。法语使该组织不同成员国之间有了“血缘关系”，同时，该组织也在不断强化这种“血缘关系”。

4.2 稳守“法语世界”基础上的扩张

在推广法语的过程中，法国外交部注重整体的战略布局，在稳守“法语世界”的基础上，善于根据地域状况的不同，因地制宜，采取差异化和本土化策略，以保证传播的效果。

4.2.1 主体战略：五个优先发展的领域（区域）

2012 年，法国外交部重新规划了法语传播的主体战略，确定了法语推广的5 个优先发展领域（区域）[①]：①非洲及地中海地区；②欧洲及 G20 国集团国家；③欧洲机构及国际组织；④世界经济交流中心；⑤媒体及网络上。由以上 5 个领域（区域）可见，法国在新时期对法语的传播策略有以下三个特点：

（1）以巩固和提升法语在“法语世界”的地位为基础。

非洲及地中海地区是法语国家分布的主要区域，是法语世界的中坚力量。法语的传播是从法语世界开始的，尤其是上述两个地区。根据法语国家国际组织的统计，2012 年世界法语人口数为 2.2 亿；到 2050 年，这个数字将达到7.15 亿。其中，80% 的法语人口集中在非洲。[②]庞大的法语人口和高速增长的潜力，使法国把非洲及地中海地区作为法语推广的重中之重。

（2）注重对发达经济体及在经贸活动中的传播。

从地域上看，作为工业革命的发源地，欧洲聚集了世界大部分发达资本主义国家。如今，欧盟已经成为世界最大的经济体，在世界经济、政治及文化领域具有领导地位。经济是文化的基础，就文化传播而言，经济强大的欧洲其辐射和带动作用是无可比拟的，这也是法国一直以来竭尽全力在欧洲进行文化传播行动的原因。如今，法国已成为该地区最具影响力的国家之一，其强大的文化网络已经深入欧洲的各个区域。

在欧洲之外，许多国家也有不俗的经济实力，如美、日等老牌资本主义国家，以及中国、印度、巴西及沙特等新兴第三世界国家。这些国家已经或者正在快速崛起，并凭借经济影响力，掌握了世界性或者区域性的话语权。法国不会忽视它们作为文化传播平台的重要性。从欧洲向 G20 国集团的拓展，不但是法国文化行动在世界主要经济体的拓展，而且是法国借助这些国家的经济号召力，在世界范围内的文化拓展。

---

① DIRECTION DE LA COMMUNICATION ET DE LA PRESSE. La France et la promotion du français dans le monde [EB/OL]. Ministère des affaires étrangères.（2012）[le 22 février 2013]. http：//www. diplomatie. gouv. fr.

② *Ibid.*

此外，促进法语在世界经贸交往中的推广，成为法语传播战略的发展趋势。一直以来，英语在经济活动中占统治地位，并得以在世界范围内蓬勃发展。一向以文化为荣的法国已经意识到经济交流作为文化传播途径的重要性。根据法国外交部统计，法语国家实现了世界20%的经济贸易量。[①]可见，法国及法语世界国家在全球经济活动中扮演着重要角色。因此，利用法语，开展针对商业从业者的培训，鼓励在贸易中使用法语，把法语打造成为法语国家之间经济贸易活动的桥梁，成为法语推广的当务之急。在经济全球化的今天，法国不惧与英语展开竞争，力促法语在经贸交流中的使用，虽然困难重重，但仍有发展的空间。

（3）注重借助有影响力的媒介进行传播。

这里的“影响力”包含两个维度：“质”的影响力和“量”的影响力。“质”指受影响者的层次；“量”主要指影响的范围和受众数量。

促进法语在“精英组织”的使用，可看作是对法语“质”的影响力提升。法国文化中心主席Darcos喜欢引用法国著名历史学家Fumaroli的一句话：“法国在18世纪对欧洲的精神控制，是由于当时法语在欧洲精英阶层的普遍使用。”[②] 联合国和世界贸易组织等国际性组织，是国际性的权威机构，是以国家为单位的世界性议事平台，可看作为世界顶层的“精英组织”。法国一直不遗余力地维护法语在国际性事件及会议中的使用，并提倡尊重语言的多样性，支持在国际组织及大型活动中使用包括法语在内的多种语言。法语在国际组织中使用，有助于提升法语的世界地位，优化法语作为国际语言的形象，从而提升法语“质”的影响力。从2002年开始，在法语国家国际组织的支持下，60 000名欧洲的高级官员及外交官开始学习法语。[③]

促进法语在互联网等大众传媒上的传播，可看作是对法语“量”的影响

---

① DIRECTION DE LA COMMUNICATION ET DE LA PRESSE. La France et la promotion du français dans le monde [EB/OL]. Ministère des affaires étrangères. (2012) [le 22 février 2013]. http://www. diplomatie. gouv. fr.

② XAVIER DARCOS. Qu'est - ce que l'action culturelle française à l'étranger? [EB/OL]. Paris: L'Académie des Sciences morales et politiques. (2011 - 03 - 07) [le 12 mars 2012]. http://www. asmp. fr/travaux/ com munications/2011 - 03 - 07 - darcos. html.

③ DIRECTION DE LA COMMUNICATION ET DE LA PRESSE, *op. cit.*, 2012.

力提升。网络媒体被法国政府认为是“史无前例”（sans précédent）① 的传播法语的工具。为此，与英美大型传媒集团进行较量，并在美国人发明的因特网上传播法语，以提升法语媒体在世界的话语权，并促进法语内容在网络上的传播，成为法语推广的又一要务。这体现了法国对大众媒介广泛影响力的重视，并把其作为法语向世界传播的突破口。在法国外交部2012年的宣传手册中，对法语的描述是“世界之语”（une langue mondiale）及“未来之语”（une langue pour demain）。这也印证了法国对法语传播在广度（量）和深度（质）上的目标。

综上所述，法国在新形势下对法语推广的总体战略是：在稳守“法语世界”的基础上，不断进行地域及使用范围的延伸和扩张。这种扩张是从发达经济体（G20，欧洲及国际组织）向世界范围（经济交往、大众传播媒体及网络）的扩张。

4.2.2 非洲：ELAN – Afrique 计划

非洲的法语国家众多，同时也是世界人口增长最快的地区之一。稳定法语在非洲的地位，促进该地区法语人口的增长，一直是法国在非文化行动的主要目标。要实现该目标，关键是“确保非洲民众把法语传承给下一代，使该地区在2050年有7.15亿法语人口”②。为此，法国外交部在非洲实施三个维度的战略，以提高法语在非洲教育体系中的地位，并巩固其作为该地区的教学用语及在该地区的学科地位：①对当地的法国教师和法语教师进行岗前培训及在职培训，尤其是对他们进行教育技术的训练；②营造良好的法语氛围，以激发年青一代对法语的兴趣和热爱；③鼓励母语教学与法语教学的有效对接及协调发展。

此外，针对南撒哈拉沙漠法语区小学教育质量低下的状况，法国在该地区推行 ELAN – Afrique 计划。南撒哈拉沙漠地区经济发展不足，集中了世界上70%的最不发达国家。当地基础教育条件严重落后，师资和教学资

---

① DIRECTION DE LA COMMUNICATION ET DE LA PRESSE. La France et la promotion du français dans le monde [EB/OL]. Ministère des affaires étrangères.（2012）[le 22 février 2013]. http：//www. diplomatie. gouv. fr.

② MINISTERE DES AFFAIRES ETRANGERES. Les actions pour la promotion du français en Afrique [EB/OL]. MAE. （2012 – 09 – 01）[6 janvier 2013]，http：//www. diplomatie. gouv. fr/.

料缺乏，许多学校只开展单一的母语教学，制约了法语在该地区教育体系中的推广。ELAN - Afrique 通过资助 8 个南撒哈拉沙漠国家（贝宁、布基纳法索、布隆迪、喀麦隆、马里、尼日尔、刚果及塞内加尔）的教育部开展必要的改革，以促进法语及当地语言在小学教育中的协调使用。如今，该计划已上升为法国最近一个时期在非洲进行法语推广的主要策略，正如法国政府关于法语传播的报告所言："法语的未来，必须防止法语教学质量在南撒哈拉沙漠国家的下降，并且应着力向年轻人推广法语培训。"① ELAN - Afrique 计划的实施，有利于稳定法语在非洲基础教育中的地位，从而保证非洲法语人口的持续增长。

4.2.3 美洲：对法语文化的继承与发扬

法语在北美的推广，主要是针对美国和加拿大的法语推广。虽然法语在北美有着一定的影响力，但由于历史原因，其影响在上述两国存在较大的差异：在美国，法语属于小语种，法语在美国的语言地位处于西班牙语之后、德语之前。此外，法语在美国只是第四大口语使用语言，排在英语、西班牙语及汉语之后。而在加拿大，法语有着广泛而深远的影响力：魁北克省约有 650 万法语人口，是加拿大唯一把法语作为单一官方语言的省份（新不伦瑞克省把法、英两种语言作为官方用语）。在加拿大魁北克省以外的地区，有近 100 万母语为法语的人口。加拿大法语联盟在校生数量达 12 000 人，有 3 000 学生在法国学校学习。法英双语的共存及协调发展是加拿大的基本国策。法语在美国及加拿大地位的不同，决定了法语在北美的传播，具有双重挑战性。为保证法国文化及语言在北美得以稳步发展，法国在美加两国采取了差异化策略。

1. 美国：维持法语区移民对语言文化的"继承"

法国在美国的法语推广行动重点有 4 项：①推动 90 个关于法语教学的双语项目在美国公立大学体系开展，以尽可能吸引最广泛的学习群体。②与当地教育部门合作，成立法语推广机构。如法国驻美国新奥尔良领事

① MINISTERE DES AFFAIRES ETRANGERES. Les actions pour la promotion du français en Afrique [EB/OL]. MAE. (2012 - 09 - 01) [6 janvier 2013]. http://www.diplomatie.gouv.fr/.

馆和路易斯安纳州教育部合作，成立“路易斯安纳州法语发展协会”（Conseil pour le Développement du Français en Louisiane，简称 COFODIL）。③推行以“浸入式”教学为主导的教学模式，设立“卓越法语教学奖”（Label FrancEducation），鼓励学校进行法语教学改革创新。④推行“法语语言遗产项目”（Programme French Heritage Language）。

“法语语言遗产项目”是法国在美国进行法语推广的重要举措。目前美国有200万法语人口，大多数是来自法语国家的新移民。法国外交部认为：“维持法语区移民对法语语言及文化的继承成为今天的一个挑战。”①如何让身处美国文化中的法语移民继承并学习法语文化，保持其文化身份，法国驻美国大使馆联合法美文化交流中心（French American Cultural Exchange，简称 FACE）开展了该项目。该项目从2005年开始实施，其性质是非营利性项目，也是第一个直接面向新法语移民需求的项目，以弥补美国公立学校及社区法语教学资源不足的问题。

为保持法语对海外移民的吸引力，彰显法语在美国的存在及使用价值，该项目打出了“让法语成为新美国人的财富”（Making French an asset for new Americans）② 的口号，并以法语为媒介，开展了一系列行动：①与当地学校合作，开设法语讲授的辅助课程。课程目标是帮助法语移民学生在美国使用法语，使他们能够利用课余时间提高专业素养，迅速提升英语水平，在获得学术支持的同时更好地理解和消化在学校所接受的知识，并提高他们的大学考试通过率。②与法语教师和法语区艺术家一起进行项目的策划和实施。通过联系在美国的法语教师和法语区艺术家，与法语学生进行配对，鼓励和支持学生参加这些教师和艺术家所组织的项目，为学生提供更多的实习和工作机会，并充分发挥他们的多语言沟通和多元文化的能力。③在网络上提供丰富的免费教学资源。在该计划的资助下，一批运用独创教育方式的教学资源得以上线。在美国的法语教师、美国的学校和其他相关的培训机构可以方便地获得这些免费提供的教学资源和设计。为保证质量，教学资源由专业人员定期更新。特别值得一提的是，所有线上法语课程都直接来源于公立学校国际网络（Internationals Network for Public

① MAE. Les actions pour la promotion du français en Amérique du Nord [EB/OL]. Ministère des affaires étrangères. (2012 - 09 - 01) [le 6 septembre 2013]. http://www. diplomatie. gouv. fr/fr.

② FACE FOUNDATION. Programme French Heritage Language [EB/OL]. FACE. [le 10 janvier 2014]. http://www. facecouncil. org/ fhlp/index. html.

Schools）的内容资源，这个网络包括 18 所学校，它们致力于不断优化和提升全球法语教育的发展模式。

项目实施以来，已经为超过 3 000 名在美接受基础教育的儿童服务，他们大多是来自西非和海地的移民子女，所居住社区的法语教学资源匮乏。目前，该项目的影响不断扩大，已经在纽约州、佛罗里达州、缅因州和马萨诸塞州开展，正在参加项目的学生超过 1 185 名，其中纽约就达 485 名，合作的中小学校及社区中心有 13 个。[①] 该项目已被加州大学洛杉矶分校的国家遗产语言资源中心确认为美国最先进的语言遗产项目。

美国文化在美国本土及国际上有着强大的号召力和吸引力。在美国推广法语，切入点尤为重要。鉴于美国民众受本国文化影响根深蒂固，且普遍对他国文化有排斥情绪，对该群体的传播具有一定难度。法国选择从美国的法语移民入手，是行之有效的策略。法国使领馆与美国公立中小学学校及社区中心合作，为来自法语国家的移民提供免费的法语课程和适应性训练，可以在帮助他们迅速融入美国社会的同时，保持他们对法语文化和法语身份的认同感，避免他们的后裔迅速被美国文化同化。由此可见，法语在美国的传播，主要的受众是法语移民，强调的是维持该群体对法语及法语文化的“继承”。

2. 加拿大：对法语文化的“发扬”

在加拿大，法语有着广泛而扎实的群众基础，并被法律赋予了与英语平等的地位。法语在加拿大英语区的普及很快，尤其在外国移民中。法语的浸入式教学在加拿大的发展已经有 40 年，目前该教学法已经成为该国法语教育的基本教学法，每年接受该教学法的加拿大青年学生达到 33 万。在加拿大，法语不仅仅是加拿大区别于美国的文化身份特征，而且被认为是该国竞争力的组成部分。根据加拿大联邦政府的“2013 计划”（Plan 2013），从 2004 年到 2013 年的 10 年内，要使本国的英法双语人口翻一倍。[②]因此，法国在加拿大的法语推广，更侧重于对法语文化的“发扬”。这种“发扬”不仅包括在加拿大内部的发扬，还包括对加拿大周边的辐射。

---

① FACE FOUNDATION. Programme French Heritage Language [EB/OL]. FACE. [le 10 janvier 2014]. http://www.facecouncil.org/fhlp/index.html.

② MAE. Les actions pour la promotion du français en Amérique du Nord [EB/OL]. Ministère des affaires étrangères. (2012-09-01) [le 6 septembre 2013]. http://www.diplomatie.gouv.fr/fr/.

法国外交部的研究报告称："加拿大的一个主要特征，是对法语的需求不断增加。"① 为此，法国一直致力于不断增强和优化与加拿大及魁北克的合作关系。这种合作是全领域和全方位的，尤其是法语的合作。合作把保证和监督加拿大不同机构的法语教育质量，及为法语教学提供师资及教学资源支持作为工作重点。此外，法国注重激发加拿大公民对法语和法国文化的兴趣，尤其是通过多样化的交流活动让法国文化接近年轻群体。

与此同时，法国致力于把魁北克打造成为"美洲法语世界的领导者"②，通过其辐射和带动作用，为法语及法语文化在美洲的传播做贡献。法国倡导成立美洲法语国家中心（Centre de la francophonie des Amériques，简称 CFA），可看作是该计划实施的标志。CFA 成立于 2008 年 10 月，其重要任务是在北美、南美及加勒比地区进行法语文化推广。成立之初，CFA 就积极推行一系列法语传播计划，如资助艺术家进行法语歌曲的创作，资助美洲地区的法语学习者和亲法人士赴魁北克进行法语培训及实习活动等。值得一提的是，为巩固魁北克在美洲法语区的领导地位，法国还十分注重协助大型国际法语活动在该地区的开展。如 2012 年 7 月，为帮助"第一届世界法语论坛"（Premier forum mondial de la langue française）在魁北克举行，法国给予了高达 25 万欧元的资助③。

由法国在美国及加拿大的语言传播策略可见，法国致力于在该地区的多元文化环境中推广法语。在加强与魁北克、加拿大及美洲的法语人口和对法语友好人群的关系的同时，力图使他们成为文化传播的使者和代言人，在美洲传承并发扬法语文化。

4.2.4 亚洲：成为"有诱惑力的语言"

在法国的法语全球推广战略中，亚洲被认为是"法语发展最具潜力的

---

① MAE. Les actions pour la promotion du français en Amérique du Nord [EB/OL]. Ministère des affaires étrangères. (2012 - 09 - 01) [le 6 septembre 2013]. http://www.diplomatie.gouv.fr/fr/.

② *Ibid.*

③ *Ibid.*

大洲”，法语被形容为“对亚洲有诱惑力的语言”。[①]

法语在亚洲的加速传播始于20世纪末。当时，亚洲国家普遍打开了外语教育的大门，并鼓励实施多元化的语言教育。如今，法语学习群体在亚洲已经初具规模：在印度，有100万法语学习者；在中国，有10万法语学习者；在印度尼西亚，有6万法语学习者。[②]作为有着庞大人口基数的地区，亚洲已成为法语学员（大、中、小学学生）及法语教育者最多的地区。

法语教育在亚洲蓬勃发展的主要原因有：①亚洲大学生留学法国的人数不断增加，激发了学习法语的新需求。语言是学生融入法国教育体系必不可少的工具。②在中学引进并推广法语作为第二外语，成为亚洲地区很多国家的改革趋势，如菲律宾和中国。③法语在亚洲的迅速推广，和法国在该地区的良好形象密不可分。④法语在亚洲吸引力的增强，和当地劳动力市场竞争度的提升有密切关系。在英语已经普及的情况下，懂得法语可以成为大学毕业生就业的新优势。

为把握法语在亚洲发展的契机，法国外交部在亚洲采取了两方面的行动。首先，支持该地区的合作伙伴开展法语教学活动，并帮助他们提升法语教育水平。具体策略为：支持老挝、柬埔寨、越南及泰国开展法语双语教学，支持法国精英学校（Grande école）和当地公立大学的合作，支持法国本土学校与亚洲地区法国国际学校的学前班开展持续性合作。其次，大力推行法语等级证书制度，如DELF/DALF（法语学习文凭/法语深入学习文凭），它们是法国政府颁发的法语水平证书。通过该水平等级认证体系的建设，可以促进亚洲法语水平评估向标准化及国际化发展。目前，法国已经成功地将DELF/DALF等级证书制度融入亚洲国家的法语教育体系。

由法国在亚洲的语言推广策略可见，法语的“诱惑力”主要来自留学和就业这两方面。这与亚洲学习者的学习动机是一致的：在亚洲，教育被认为是一项真正的投资，家长和学生优先选择法语而不是西班牙语或德语，看重的是法语的世界地位、留学法国的憧憬及就业优势——法语是世界通用语言，法国的教育质量位居世界第三，法资企业在亚洲有着广阔的

---

① MINISTERE DES AFFAIRES ETRANGERES. Les actions pour la promotion du français en Asie [EB/OL]. MAE. (2012) [le 8 septembre 2013]. http://www.diplomatie.gouv.fr/fr/.

② *Ibid.*

市场。为此，法国不断拓展与亚洲的教育合作力度，并不遗余力地给予师资及教学资源的支持，以提升该地区法语教学的质量及对学生的吸引力。这是一个双赢的策略：留法学生回国后，法语将成为他们的优势，他们也将成为法国的伙伴，促进所在国与法国的合作。

4.2.5 拉美及加勒比：三个策略的实施

1. 发挥魁北克及海外省的“天桥”作用

加拿大的魁北克及法国在海外的 3 个省——瓜德罗普岛（Guadeloupe)、法属圭亚那（Guyane française）及马提尼克（Martinique)，被法国外交部誉为“法语世界的天桥”（passerelles de francophonie）。[①]该称谓的获得，源于这几个地区的独特地理位置及与法国的特殊关系。魁北克位于北美。瓜德罗普岛及马提尼克位于加勒比海沿岸，法属圭亚那位于大西洋，它们位于连接法国与南美洲的交通要道上。此外，这几个地区的官方语言都是法语，法国是它们曾经或者现在的领导者，法语文化在这些地区根深蒂固。因此，“法语世界天桥”可以理解为“法国通向拉美及加勒比地区的天桥”，是连接法兰西文化和拉丁美洲文化的桥梁。

为了发挥上述地区的“桥梁”作用，除不断强化魁北克地区“美洲法语世界领导者”的角色，法国还注重对海外省的经济援助，以强化政治控制和阻止该地区的自治进程。此外，法国还推行“海外省现代化计划”，在发展经济的同时，增强该地区的文化产品生产能力，促进当地民众对其法国属地文化身份的认可，增强这些地区的对外文化传播和辐射能力。

2. 重视法语教育的推广

首先，是对法语教师队伍的建设。在拉美及加勒比地区推广法语的过程中，教师群体是优先发展的对象。对当地教育系统的支持、对教师培训质量的提升以及建立青年教师的专业发展促进机制，是法国教育机构在该地区的重要任务。法国大学在拉美的分校、教师继续教育培训中心及法语

---

① MINISTERE DES AFFAIRES ETRANGERES. Les actions de promotion du français en Amérique latine et dans les Caraïbes [EB/OL]. MAE. (2012 - 09 - 01) [le 3 septembre 2013]. http://www.diplomatie.gouv.fr/fr/.

联盟，是培训当地教师的主要机构。此外，外交部还组织资深专家对该地区的教师开展培训活动，并定期组织当地教师赴法实习，以提升法语教师的专业水平。该策略的核心，是发展在拉丁美洲的精英群体及国家教育系统中的亲法人士，并把他们培养成为传播法语的主体。该策略实施以来，取得了显著成效，使法语在该地区的教育体系中占据了“有利的”（avantageuse）① 位置。例如，在哥斯达黎加，法语被规定为中学的必修语言，该国在校学习法语的中学生达 35 000 名②。

其次，是重视法语联盟的作用。法语联盟构建了法国在拉美地区语言及文化合作行动的基本平台，也是社会法语培训的主要力量。近年来，法国对该地区的法语联盟进行了全方位的现代化建设，使法语的传播呈快速发展态势。在玻利维亚，法语学习人数的年增长率为 38%③，在巴拉圭等国家，法语联盟及其他法语培训机构的学员人数也在持续增加。

3. “特定人群”策略的实施

20 世纪末，区域联盟成为世界多极化趋势中的一个亮点，南美洲也不例外。地区合作组织在南美洲蓬勃发展，如《北美自由贸易协议》（NAFTA）的签订及“南方共同市场”（MERCOSUR）框架的确立。在区域政治及经济一体化的背景下，南美洲各国语言之间的相互关系得到增强，英语、西班牙语和葡萄牙语的地位得到提升，法语在该地区的发展受到了阻碍。如 1998—2000 年，墨西哥法语学习者的数量呈减少趋势。虽然从 2000 年开始该地区学习法语的人数开始增加，但这种增长也是缓慢的。

在南美多元语言发展的复杂环境中，作为只在海地及安第列斯法语区流行的语言，法语必须进行突围，以摆脱在强势语言围剿下的不利地位。为此，“特定人群”（Politique de niche）策略应运而生。这里的“特定人群”主要指需要学习及使用“专门用途法语”（Français sur l'objectif spécifique，简称 FOS）的人群。FOS 主要指科技法语，即“在非语言文学领域开展的法语教学活动及实践，学习者及使用者的动机是为了从事某种

---

① MINISTERE DES AFFAIRES ETRANGERES. Les actions de promotion du français en Amérique latine et dans les Caraïbes［EB/OL］. MAE.（2012 – 09 – 01）［le 3 septembre 2013］. http：//www. diplomatie. gouv. fr/fr/.

② *Ibid.*

③ *Ibid.*

专业活动或者进行高层次研究”。①近年来，随着南美与“北部”法语世界国家（欧洲及加拿大）的经贸及科技合作不断增强，该地区迫切需要既能熟练使用法语进行交流，又具备特定专业知识的复合型人才。为适应社会需求，专门用途法语教育在南美快速发展起来。“特定人群”策略的实施，实质是对专门用途法语的传播，以完成在特定场合对英语的替代，有利于拉美与法语世界的科技及经贸交流。虽然该计划针对的人群欠广，但是对法语在该地区激烈语言竞争夹缝中的潜力挖掘和有效突破发挥了重要作用。此外，法国还引入教育及语言合作发展战略，作为“特定人群”策略的补充。例如，法国和巴西在2006年签署的双边语言教育合作协议，就被认为是很有效的模式，并成为法国在拉美其他国家进行语言推广行动的参考模式。

4.2.6 欧洲：多元语言背景下的长期推广

欧洲有27个国家，202个地区，24种官方语言，4.93亿居民。欧洲是不同民族、文化及语言的结合体，也是在世界范围内实施文化及语言多样性政策的倡导者和实验场，推广与学习不同语言是欧盟的基本语言策略。欧盟的法律规定：所有居民都可以用本国语言与欧共体的职能部门进行沟通，且职能部门应该用同样的语言给予回复；所有的法律文件都需要用不同的语言进行撰写；在欧洲议会，议员有权利用本国语言进行发言和陈述。欧盟建立了“Europa”网站，提供海量的关于欧盟各个领域的信息，这些信息被翻译成不同国家的文字。欧盟提倡所有关于基本政策法规方面的信息应该被翻译成24种官方语言，而其他信息则应该被翻译成欧盟常用的几种语言，其中包括法语。值得一提的是，欧盟除了颁布法律保护其成员国的24种官方语言的合法地位，还非常注重对欧洲地区方言的保护。欧洲有60种地区方言，为使这些语言遗产得到传承和发展，欧盟委员会专门设立“Erasmus +”基金，对使用这些方言进行的教学活动进行资助。

欧洲多语言战略的目标是，使每个欧洲人在母语之外，至少掌握两门外语。要达成这个目标，最有效的方法，就是尽早在儿童及青少年阶段进行外语学习。这样可以降低外语学习的难度，且能够对母语有更深入的了

---

① HANI QOTB. Présentation du FOS［EB/OL］. Université de Montpellier Ⅲ.（2013 -01 -08）［le 2 Janvier 2014］. http：//www. le - fos. com.

解。根据“欧洲晴雨表”（Eurobaromètre）调查公司2012年的调查显示，欧洲居民对多语言政策表示非常赞同。98%的公民认为掌握外语对孩子的未来很有帮助；88%的公民认为掌握外语使自身受益匪浅；72%的公民赞成至少学习2门外语的政策目标；77%认为提升语言能力应该成为优先发展的策略。①

欧洲有7 000万法语居民和1 200万法语学习者，是世界上说法语人数最多的地区。为巩固法语在欧洲社会的地位，应对欧洲多语言环境的挑战，法国外交部积极推行两方面政策，在多语言框架下促进法语在欧洲范围内的使用：①鼓励欧洲的伙伴国家在本国教育体系内推行两门必修外语的学习，特别是法语在中学及大学双语教育中的普及。②与别国开展对法语教师继续教育的合作培训，在“欧洲语言共同框架”（CECR）内，不断完善法语教师等级水平考试制度，提升他们对电子技术的运用能力，从而使法语教学更具吸引力。

此外，为保持法语在欧盟的基础性地位，使其在欧盟体制内长期得到认可和保障，法国实施了“法语在欧洲的长期发展计划”（Plan pluriannuel pour le français en Europe）。该计划于2002年诞生，由法国与欧洲另外两个主要法语国家（地区）——比利时法语区政府（la Communauté française de Belgique）和卢森堡大公国（le Grand-Duché du Luxembourg），以及法语国家国际组织（OIF）共同签署协议，制定规划并共同实施。计划的主要内容是支持欧盟非法语国家政府职员学习法语，并为他们创造良好的学习条件。目前，该计划已在布鲁塞尔欧盟总部的公职人员中开展，并将逐步扩大到欧洲其他国家首都的公务员。除了行政部门官员、外交官及普通公务员，该计划还针对口译及笔译员、与欧盟机构关系密切的记者和外交专业的大学生进行。

由“长期发展计划”的对象可见，法语在欧洲传播的受众选择标准是：具有行政权力、决策权力、外交权力及舆论引导力的群体。上述几类人群具有上层建筑特征，可以很好地对法语推广起到“以点带面”的作用。在增加法语在欧盟成员国使用频率的基础上，该计划还将继续扩大资助的范围，支持法语在欧盟邻国中的使用，以进一步提升法语在“大欧洲”的影响力。

---

① MINISTERE DES AFFAIRES ETRANGERES. Les actions pour la promotion du français en Europe – Multilinguisme [EB/OL]. MAE.（2012 – 09 – 01）[1e 9 septembre 2013]. http：//www. diplomatie. gouv. fr/fr.

4.3 法语传播的媒介策略

法语传播的媒介策略，主要围绕法语媒介形象的优化、法语书籍的传播、法语视听媒体的发展、法语教学网络的打造及法语教育技术的革新五方面进行。

4.3.1 法语媒介形象的优化

为增强语言传播的实效性，良好的语言形象塑造不可缺少。作为对外传播的主体，大众传播媒介在语言形象建构中发挥着重要作用。在语言的对外传播过程中，语言领有者的社会及历史地位、该种语言对接纳者的价值、语言接纳者是否认识到其价值是三个主要的影响因素。[①]为此，作为文化大国的法国，把促进法语价值的被认知及接受，作为提升法语媒介形象的核心策略。法国对法语媒介形象的优化，主要从学习者及教育者两个维度进行。

1. 针对学习者的法语形象塑造

法语传播的受众策略，首先是对法语学习者的吸引。在法国的众多门户网站及外宣资料中，专门针对学习者阐述了学习法语的十个绝佳理由（10 bonnes raisons d'apprendre le français）[②]，并翻译成不同的文字进行宣传。这十个理由是：①世界性的语言；②寻找工作的语言；③文化的语言；④旅游的语言；⑤前往法国大学学习的语言；⑥另一种国际关系用语；⑦通向世界的语言；⑧一门可以轻松掌握的外语；⑨学习另外一门语言的语言；⑩爱情和精神的语言。以上十点，可看作对现代法语形象的建构，多层次、全方位地描绘了法语的使用及内涵特征。

"世界性的语言"，指世界 5 大洲有超过 2 亿人口说法语。法语世界聚合了 70 个国家和政府。法语是世界上排在英语之后的第二大被学习的语

---

① 李宇明．探索语言传播规律［J］．云南师范大学学报，2007（4）．

② MINISTERE DES AFFAIRES ETRANGERES. 10 bonnes raisons d'apprendre le français［EB/OL］. MAE.（2012 - 09 - 01）［le 5 septembre 2013］. http://www.diplomatie.gouv.fr/fr.

言，并且是世界上第九大使用最多的口语。和英语一样，法语也是仅有的在世界所有国家都能学习的外语。法国在海外拥有强大的文化网络，该网络目前为75 万人提供法语培训。该特征主要从学习及使用法语群体的广泛性，以及学习法语的便利性两方面进行描绘。

“寻找工作的语言”，顾名思义，就是会讲法语和英语能够在国际招聘市场上寻找到更多的机会。掌握法语可以为求职者打开进入法国和法语国家企业的大门（加拿大、瑞士、比利时和非洲）。法国是世界第五大贸易体和第三大吸引外资的国家，同时也是世界第一梯队的经济合作伙伴。该特征主要从就业机会及就业前景方面进行描绘。

“文化的语言”，突出了法语在文化领域的重要作用。法语是国际上烹饪、时尚、戏剧、视觉艺术、舞蹈及建筑的语言。懂得法语，则拥有直接接触法国及法语国家文学、电影及歌曲的可能。此外，法语还是雨果、莫里哀、桑格尔、碧雅芙、萨特、阿兰德龙和齐达内的语言。该特征主要从法语在文学、电影、舞台艺术以及体育等方面的历史及使用范围进行描绘。

“旅游的语言”，突出了法国在世界旅游业中的显赫地位。法国每年接待世界各地旅游者达7 000 万，是世界上接待游客最多的国家之一。法语同时也是游览非洲、瑞士、加拿大、摩纳哥及塞舌尔等国家和地区时的用语。此外，法国旅游宣传册还特别提到：“用法国的思维游览巴黎及法国其他地区（从温暖的蔚蓝海岸到覆盖白雪的阿尔卑斯山脉），了解法国文化、法国人的精神及法式生活艺术，是一件惬意的事。”这里的“法国的思维”，主要是指“法语”。法语可以促进游客与当地人之间的交流，掌握法语可以更深刻地领会法国文化及思想的内涵，使旅程变得更加“惬意”。该特征主要从法语在法语世界国家旅游的效用方面进行描绘。

“前往法国大学学习的语言”，突出了法语能为留学深造创造更多的机会。懂得法语，使到法国享誉世界的公立大学，以及在欧洲和世界排名前列的培养工程师及商业精英的学校学习成为可能。精通法语的学生更容易获得政府奖学金，更有机会直接进入大学第三阶段的高层次学习，并获得国际认可的文凭。该特征主要从法语有助于提升留学的层次及降低留学费用两方面进行描绘。

“另一种国际关系用语”，突出了法语在国际政治及外交方面的作用。法语是联合国、欧盟、联合国教科文组织、北大西洋公约组织、国际奥委会、国际红十字会及主要国际法律组织的工作语言及官方语言。此外，法语还是三个欧盟机构所在城市的官方语言：斯特拉斯堡、布鲁塞尔和卢森堡。该特征主要从法语在国际组织和对外交往中使用的普遍性方面进行描绘。

“通向世界的语言”，突出了法语在大众媒体上发挥的作用。在互联网上，法语是仅次于英语和德语的第三大使用语言。掌握法语可以和世界五大洲的法语人口进行沟通，且可以从法语国际媒体（法国电视五台，法国24小时新闻台及法国国际广播电台）获得资讯，从而让受众能以另外一种视角审视世界。该特征主要从法语在互联网上的高使用频率，以及利用法语获取丰富信息两方面进行描绘。

“一门可以轻松掌握的外语”，突出了法语易学易用的特点。随着法语教学法的发展，新的教学手段层出不穷，这使儿童及成年人在轻松的氛围中掌握法语成为可能。教学手段的革新使学习者可以很快达到用法语进行交流的水平。该特征的提出，有利于打破人们对法语不易掌握的固有印象，是以法语教学法的发展达到一定高度为保障的。先进的教学手段，有利于消除法语初学者的恐惧，增加他们学习的兴趣和信心。

“学习另外一门语言的语言”，突出了法语和其他语言的紧密联系。学习法语有助于学习其他外语，尤其是拉丁语族的语言（西班牙语、意大利语、葡萄牙语和罗马尼亚语等）。此外，掌握法语对英语的学习也有帮助，因为现代英语50%以上的词汇来自法语。该特征的提出，强调了法语作为进入其他语言的桥梁作用，在侧重语言共性的同时，有助于缓解学生在选择法语进行学习时的矛盾心理。

“爱情和精神的语言”，则是从法语的韵律及精神内涵方面进行的描绘。学习法语，可以感受到学习一门美丽、富有内涵和韵律的语言的喜悦，这也是法语常被人们称为“爱情之语”（la langue de l'amour）的缘由。同时，法语是大哲学家（笛卡尔、德里达、萨特）的语言，也是著名科学家（居里夫妇、巴斯德、夏尔帕克等）的语言。“分析”及“思考”是法语的内在特征，它建构思想，弘扬批判的精神，在讨论及谈判场合被经常使用。在学习法语的同时，学习者也在提高论证能力及培养辩论精神，这对他们讨论与协商能力的提升很有帮助。该特征的提出，是对法语语言从物质层面到精神层面的升华，有助于引导受众感受及发掘法语的内涵。

以上十个特征，全面刻画和分析了法语在生活、学习、工作和情感方面的效用，使受众对法语的理解，从传统的“优美”“浪漫”和“文学性”，扩展为“趣味”和“实用”。对法语新形象的塑造，有利于打破海外受众一直以来对法语作为文学语言的认识局限，突出法语的多用途性，使其更接地气。

2. 针对教育者的法语形象塑造

这里所说的教育者，指的是学校的决策者（校长和教务主任）以及学生的监护者（父母）等。对于青少年而言，往往缺乏对语言学习的选择能力。此时，作为他们引导人的教育者将起决定性作用。在法语的传播行动中，法国外交部把教育者摆在了重要位置，有针对性地在该群体中进行法语的形象塑造和传播。

在法国主要对外传播媒体的报道中，专门针对教育者阐述了“校长及家长选择法语的十七个绝佳理由”（17 bonnes raisons pour les directeurs d'école et les parents d'élève de faire le choix du français），并翻译成多国文字进行推广。这十七个理由，涵盖了上述“学习法语的十个绝佳理由”，并进行了补充和扩展，可见对教育者的重视。这十七个理由在上述十个理由的基础上，对法语的内涵特征有新的挖掘和提升。它们分别是：①单一语言的狭窄性；②法语在人类历史上的辉煌性；③法语的精确性；④法语教育的高质量性；⑤法语教学手段的创新性；⑥法语交流的便利性；⑦法语文化教育网络的唯一性；⑧法语对多元文化的促进性。

“单一语言的狭窄性”，指学习一门外语并不足够。当今世界是交流与融合的世界，掌握几门外语的学生，有更多的就业机会，可以胜任更多国内和国外机构及企业的工作。学习一门新的外语，还可以扩充视野和交际范围。这有助于鼓励教育者开展包括法语在内的多语言教育，以适应社会的发展。

“法语在人类历史上的辉煌性”，指学习法语是“光明”（lumières）的语言[①]。这里的“光明”，指的是欧洲的“启蒙时代”（Siècle des Lumières）。法语是启蒙时代哲学家们追求普遍真理所使用的语言，他们为人权思想在世界的传播做出了贡献。从历史、真理及人权的高度塑造法语形象有助于突出法语“高尚”和“辉煌”的内涵特征，从而提升该语言在教育者心目中的地位。

---

① MINISTERE DES AFFAIRES ETRANGERES. 10 bonnes raisons d'apprendre le français [EB/OL]. MAE. (2012 - 09 - 01) [le 5 septembre 2013]. http: // www. diplomatie. gouv. fr/fr.

“法语的精确性”，指法语具有很强的准确度，它丰富的词汇可以表达细微差别。如果说“浪漫”是法语感性的一面，是法语发音的特点，那么“精确”就是法语理性的一面，是法语语法及词汇的内在特征。“精确性”表现为法语语法的严谨性，以及法语词汇的丰富性和准确性。该特征的展现，能使教育者对法语精确严谨的一面有进一步的了解。

“法语教育的高质量性”，一方面指法语教师普遍具有扎实的教学技能及严肃认真的教学态度。法国政府一直致力于为海外法语教师提供周期性的继续教育培训，以提升他们的专业水平，从而保障法语教育的质量。另一方面，指法语是备受世人推崇的语言，法语学生的学习积极性高，有着较高的文化素质。“高质量性”的提出，有助于增加教育者对高素质的法语教学群体的了解。

“法语教学手段的创新性”，指法语教学手段的推陈出新，这也是法语教学法发展的动力所在。创新精神，已经成为世界各地法语教师的共性。在法语节上，法语老师让学生们用法语表演戏剧片段，培养和提升学生们在公共场合的表达能力和自信心。此外，以歌唱的形式学习法语，也成为当今法语教育的潮流之一。充分利用娓娓动听的古典和现代法语歌曲，可以有效激发学生的学习热情。“创新性”形象的刻画，有助于加深教育者对现代法语教学法先进性的认识。

“法语交流的便利性”，指沟通媒介及沟通形式的便利性。法语学生可以通过书信或者网络与同龄的外国法语学生进行沟通，以增加交流的机会。法国提供多样化的游学方式，使学生能够获得在法国生活的丰富体验。此外，法国学校注重与世界领先的教育机构进行密切的联系和交流，使法国学校能够融入世界一流教学体系。该特征的提出，是对以法语为媒介的交流方式的便捷性、多样性及高层次性的形象刻画。

“法语文化教育网络的唯一性”，指法国举世无双的海外教育战略及网络体系。文化及教育网络的构建，一直是法国对外文化传播的中心任务。目前，法国已经在世界 130 个国家建立了 430 所法语学校，每年接收 23.5 万学生，其中 56% 为外国学生。对法语海外教育网络完善性及规模性的刻画，有助于展现其强大的网络支持能力，从而增加教育者开展法语教育的信心。

“法语对多元文化的促进性”，指法语是保持世界语言多元化的重要举措，可以遏制全球化语境下世界语言单一化的趋势，促进世界语言多样化的发展。该特征的提出，有助于使教育者认识到：法语对开拓学生的视野，帮助他们了解世界文化的多样性有重要意义。

以上八点，是在针对学习者展示法语趣味性和实用性特征的基础上，对法语形象的再升华。通过对法语在人类历史发展中的地位、法语的象征意义、法语的教学质量及法语教育网络的描绘，结合法语在当今社会发展以及多语言策略推广中的重要作用，构建符合教育者预期的法语形象。该策略符合法国“精英主义的语言传播理念”（Conception élitiste de la diffusion de la langue）[①]。一直以来，法国把决策者和话语权的掌握者作为优先传播的对象。教育者拥有教学语言种类的选择权，以及在学校教育中的话语权，是教育领域中的“精英”阶层，成为法语传播的优先对象不足为奇。

在不断优化国家综合形象的同时，法国文化推广机构注重发掘并展现法语语言的价值，积极地传播其价值，以使他国受众能够认识其价值，从而促进法语在海外的接受和认可。在法国政府的持续推动力的作用下，法语的内涵得到了扩充，其吸引力得到进一步提升。

4.3.2 海外法语书店网络的构建

图书向海外输出，渠道是关键。如今，以网络为代表的新媒体迅速发展，但法国并没有忽视书籍这一传统媒介的重要性。法国的出版商及读者对实体书店仍“情有独钟”。他们普遍认为：实体书店具有无可比拟的优势，在相当长的时间内仍是读者了解及购买图书的最重要场所。为此，法国把支持和完善海外实体书店销售网络的建构作为首要任务。

为进一步扩充法国图书的海外营销渠道，在法国政府的支持下，法国国家图书中心实施了“海外法语书店参考网络”（Librairies francophones de référence）计划。该项目从 2010 年开始启动，重点资助有实力的海外实体书店发展法语图书的销售业务，并对这些书店品牌进行宣传和推广，目前已经有 80 家海外书店受益。[②]

为了确保资助书店的质量，法国国家图书中心对申请加入该网络的海

① XAVIER DARCOS. Politique culturelle extérieure de la France [EB/OL]. Sénat. (2011 - 02 - 09) [le 6 février 2012]. http://www. ambafrance - es. org/Politique - culturelle - exterieure - de.

② CNL. Réseau des librairies francophones [EB/OL]. Centre national du livre. (2012 - 10 - 26) [le 21 octobre 2013]. http://www. francelivre. org/Ressources.

外书店做出了如下规定：①至少有三年以上的法语图书销售经验。②员工受过专业的图书管理和销售培训，采购和销售队伍必须由具有法语背景及较强营销能力的人员组成。③有自主选购和销售图书的权力。④法语图书的销售额必须占总营业额的绝大部分，销售的法语图书的种类必须多样化。法国的海外书店，应至少出售 1 500 种不同的法语图书；对于其他国家的书店，应至少有 1 000 种不同的法语图书出售。⑤图书的零售额必须占营业额的 50% 以上。⑥除了销售对外法语教学类图书及法语教科书，必须有不少于 25% 的其他类法语图书的销售额。⑦必须通过合法渠道引进法语图书，不得销售盗版图书。⑧图书的销售价格必须合理，符合当地市场的状况。⑨保证服务质量，对顾客提供信息和建议，尤其是可为顾客订购所需的法语书籍。⑩在书店内外定期开展形式多样的文化活动，或与同一地区的其他组织合作传播法国图书及文化。

海外书店在申请加入该网络的过程中，必须提交详细的证明材料，如：①当地法国使领馆文化部门的意见。②书店每年采购和进口的法语图书的额度证明。③书店的照片及平面图。④书店负责人的简历，书店员工的构成及能力状况。⑤书店的简介，日常的经营状况，读者群体状况，促进法语图书销售的相关活动，尤其是对法国大使馆、法国学校、法语联盟及相关文化机构的推广活动。⑥近 12 个月以来书店进行的文化活动的详细情况（活动数量、针对的群体、参与人数、活动地点、活动性质及合作伙伴等）。

书店的申请资料将由“海外法语书店委员会”（Commission librairies francophones à l’étranger）审核。该委员会由相关行政主管部门的代表、图书销售领域的专家及其他专家组成。法国国家图书中心根据委员会意见，做出授予、拒绝及待定等决定。审核的标准如下：①书店发展方针的质量及可行性；②书店的经营管理状况、销售团队的实力及教育水平；③销售图书的质量及种类；④图书订购、信息提供及读者建议等服务的质量及种类；⑤资本增值手段的质量及多样性；⑥法国驻当地使领馆的意见。该项目每三年评选一次，享受法国国家图书中心的资金及实物支持。

此外，为进一步扩大法语图书在海外的影响力，法国外交部在海外设立了三十多个“图书推广处”（Bureaux du livre）及众多多媒体图书馆，以完善以图书为主要载体的文化推广网络。

4.3.3 法语教学节目制播能力的提升

就法语视听媒体而言，增强法语教学节目的制作和播出力度是进行法语推广的首要策略。为此，作为法国对外视听传播系统的重要组成部分，法国国际广播电台（RFI）和法国电视5台（TV5）展开联合行动，为世界的法语教师及学习者提供了丰富的教学资源。

RFI是最早进行法语推广的法国对外文化传播媒体之一，其法语教学节目始于20世纪60年代。节目播出的初衷是为了帮助在法国的阿尔及利亚移民学习法语，以帮助他们尽快融入法国社会。此后，法语以其广泛的影响力和独特的亲和力，成为法国对外文化传播的有力武器，且被一直延续下去。进入21世纪，为了更好地推广法语，RFI专门成立了“法语部”(Service langue française)，不断地对节目制作的理念、内容和传播方式进行改革和优化，成为法语在世界传播的使者。为了保持对世界法语爱好者的吸引力，RFI的法语传播行动呈现三个特点：

（1）注重根据受众特点进行节目编排。在全世界的法语学习者中，青少年占绝大多数。为了保持这一群体对法语学习热情的持续性，RFI在节目制作中注意内容的新颖性、趣味性和教育性。“新颖性”体现在内容紧扣当前时势。例如，RFI开设了《简明法语新闻》（*Journal en Français Facile*）栏目，使世界各地的法语初学者在收听新闻的同时，能学习法语。“趣味性”指教学的方式生动有趣，提倡快乐学习。在RFI的网站上，提供大量生动有趣的法语视频和音频资源下载。这些资源完全免费，成为全世界的法语学习者，特别是儿童学习者学习法语的首选。“教育性”体现在教学内容不仅注重娱乐形式，还具有一定的教育内涵，有意识地把语言教学与文化伦理及科普知识传播相结合。RFI对法语教学内容的改革，符合青少年法语学习者的特点，很好地保持了这一受众群体的稳定性和忠诚度。

（2）注重传播渠道的拓展。RFI在2011年的宣传册上，提出了“和RFI一起在任何地方学法语”的口号。为此，RFI进行了数字化建设，向全媒体方向发展。此外，在法语的对外传播过程中，RFI还非常注重与国外媒体的联合，借助他们的渠道和技术推广法语。2010年，RFI与美国最大的手机广播运营商Audio Now签订协议，通过其网络在全美24小时不间断播放法语节目。此举取得了巨大成功，满足了在美国的法国移民和法语爱好者的需求。

（3）注重为法语学习者搭建互动交流的平台。为了促进法语学习者之间的交流，RFI 进军青少年使用最多的 Facebook，为其提供学习和讨论的空间。此外，RFI 还出版了季刊《法语世界》（*Francophonie*），作为世界法语学习者和研究者的交流平台。

除了 RFI，TV5 也在法语推广方面担当重要角色。TV5 是法国和法语世界的媒体，也是代表法语世界的最大媒体。TV5 是外交部的优先合作伙伴，传播法语是其根本任务之一。该频道的家庭受众达 2.07 亿户，每周有 5 500 万电视观众，每月有 500 万网民访问其网站。TV5 被认为是“卓越的传播法语世界文化及推广法语的工具”。从 2005 年开始，TV5 开设《地球上的 7 天》（*7 Jours sur la Planète*）节目，受到广大法语教师及学员的好评，并荣获“欧洲语言奖”（Label européen des langues）。该节目每周播放一次，属于电视新闻类法语教学节目。节目迎合了把法语教学和国际新闻相结合的需要，并得到法国外交部、法语国家国际组织及法语国家大学联合会的支持。此外，节目还配有法语字幕，可在网上收看，并提供免费的人机交互练习及班级教学活动设计供学生及教师下载。

为了更好地服务法语教学，TV5 提出了“和法国电视 5 台一起进行法语教学”的口号。为此，从 2010 年 2 月开始，TV5 增设《第一课堂》（*Première Classe*）节目，为广大初学者开设免费法语基础课程。此外，TV5 开设 http：//www. enseigner. tv（针对法语教师，以丰富其教学内容）和 http：//www. apprendre. tv（针对学习者，提供时事性和文化性的互动练习）两个网站，受众可以从这两个网站获得大量免费的多媒体教学资源。目前，全球有超过 42 000 名法语老师使用 TV5 的法语教学资源，该电视台已经成为“对外法语教学”（FLE）领域最受关注的媒体之一，是名副其实的“全球最大的法语课堂”①。

语言是文化的载体，是文化交流的核心。RFI 及 TV5 对法语的推广，实质是以语言为手段、通过与别国的文化互动从而拉近彼此间的距离。通过法语学习，可以培养受众对法国文化的热爱，从而增强法兰西文化的吸引力和感召力。在众多法语学习者中，青少年占了很大比例。这一群体具有对新事物的敏感性和自身的成长性，正日益成为各国外交的优先发展对象。法国对外文化传播机构通过生动活泼的教学手段，便利的传播方式和

---

① CANAL ACADEMIE. Une interview avec Saragosse [EB/OL]. Canal Académie.（2010－03－20）[le 20 mars 2012]. http：//www. canalacademie. com/ ida5591 – TV5-Monde-la-plus-grande-classe-de. html.

为学习者搭建的互动交流平台，极大地激发了他们的学习热情，促进了他们之间的相互了解和协同发展。目前，这一受众群体已经成为法国对外文化传播最稳定的增长点。随着法语学习者数量的增长，法国文化在全球的受关注度将不断提升，有助于其世界文化强国地位的巩固。

4.3.4 “唯一的世界性教育网络”的打造

法国海外教育署（AEFE）成立于1990年，是法国外交部下属的国家机构，也是在海外推广法语教学的官方机构。经过二十多年的发展，直至2013年，AEFE已在海外130个国家建立了488所法国国际学校（Lycée français international），在校生数量达32万人，其中外国学生人数20万，每年的毕业生人数为13 000人。学校教职员工队伍的构成情况是：6 500名员工隶属法国国民教育部，2万名员工在当地招聘。AEFE的作用，是对海外法国学校的发展进行引导、支持和建议，促进法语及法国文化在国际的传播，并促进法国和外国教育机构之间的交流及联系。

在AEFE的努力下，法国海外学校已初具规模，并被称为“唯一的世界性教育网络”（Réseau scolaire unique au monde）。之所以用“唯一”来形容，是因为与其他国家开办的海外学校相比，这488所法国国际学校具有与众不同的鲜明特点：①数量众多，形成了世界性的网络。法国学校分布于世界五大洲，在世界67%的国家建有学校，平均每个国家有4所，其数量和覆盖面是任何一国的海外学校所无法比拟的。②教育层次涵盖幼儿园、小学、初中及高中四个阶段，其教学语言为法语，教学模式完全按照法国本土，使学生们在基础教育阶段便能真正感受和学习法语文化。③卓越的教学质量。海外的法国国际学校比法国本土学校的教学质量更好：平均95%的学生能够通过毕业会考；在大多数学校，毕业会考的通过率是100%。大多数毕业生能够进入法国的精英学校或者最好的国际大学进行学习。教学质量的保障，吸引了众多来自精英家庭的学习者。④对目标国的辐射和传播作用。在法国学校的学生中，60%来自当地或者第三国。学校致力于推广法语及法国文化，在培养他们跨文化交际及理解能力的同时，以法语为纽带，保持这些学生和法国文化的持续性关联。

4.3.5　促进法语教育信息技术的发展

在教学中引进新技术，可以挖掘多媒体的丰富内容，发挥其强大的人机交互功能，有利于改革教学实践活动。为提升法语教学的效率，更好地在世界范围内传播法语，法语教育的信息及传播技术发展一直是法国教育界关注的热点。法国学者普遍认为："这是一个新的挑战，有利于文化的交流及碰撞。"①为此，法国外交部设立两个基金项目，以推动教育信息技术的现代化，提升法语教育水平和传播法语。

首先，设立"教育信息技术发展基金"（Fonds de développement des TICE），并委托法国文化中心进行管理。该基金以资助法国海外文化网络中的技术合作创新为主，申请者必须符合四个标准：①具有地区性或者国际性的互动合作；②要有当地的机构作为合作伙伴；③拥有高质量的技术及教学改革；④与法国的语言政策及外交战略相一致。由上可见，在教育技术创新的激励机制上，法国鼓励"合作创新"模式。该模式有利于增强技术创新与目标国实际状况的一致性，从而提升新技术的使用效率。该基金设立以来，取得了明显的成效。法国和世界法语教育工作者开始共同开发教学资源，包括教学内容的编写、网上课程的设置、远程教育的开展及相关多媒体产品的开发，并在学校教学、文化机构和语言合作伙伴中开展这些行动。

其次，设立"教师教育创新基金"（Fonds d'innovation pédagogique），并委托法语教师国际联合会（Fédération internationale des professeurs de français）进行实施。该基金项目自2005年成立以来，支持了世界范围内的一系列法语教师的创新项目研究，为全世界的法语教师进行包括技术创新在内的教学创新提供资金支持。从2011年的立项情况看，受资助者大都来自第三世界国家，如非洲的南非、贝宁、加蓬及肯尼亚；亚洲的印度、伊朗及马来西亚；东欧的斯洛伐克等。

此外，作为世界法语教师群体交流平台的《世界法语》（*Le Français dans le Monde*）杂志，也进行了数字化改革。在原有纸质版发行的基础上，

---

① MINISTERE DES AFFAIRES ETRANGERES. Outils innovants pour apprendre et enseigner le français［EB/OL］. MAE.（2013－12－13）［le 10 décembre 2014］. http：// www. diplomatie. gouv. fr/fr.

开设专门的网站 http://www.fdlm.org，并开辟与教育信息技术相关的栏目，以促进不同国家法语教师之间的联系及不同教育技术理念和方法的分享。

4.4 法语文化节庆活动的开展

语言与文化相辅相成，密不可分。语言是文化的载体，文化是语言的内涵，两者构成了一个有机整体。法国在对本国语言的推广过程中，注重对法语文化的推广，并把后者作为法语推广的有效延伸。集合了众多艺术表演形式的文化节庆活动，具有良好的视听效果和极强的吸引力和感召力，成为新时期法国向世界进行语言文化推广的重要工具。法国开展文化节庆活动的主要形式是文化季、文化年活动，推广的主体是法国文化部、法国外交部及法国文化中心。

近十年来，法语文化节庆活动在全球蓬勃发展，取得了很好的效果。在中国，法国的文化节庆活动取得了极大的成功。法国总统希拉克曾用“紧密、多样和堪称典范的对话”① 来形容中法两国的文化年活动。希拉克的表述可看作对法国在中国文化节庆活动的全面概括：“紧密”指两国合作机制的紧密性，表现在组织方式的双向性和互动性；“多样”指节目内容和形式的多元化和新颖性，表现在丰富的表演形式及两国文化融合催生的新艺术形态；“典范”指活动取得的巨大成功，在广大中国受众中产生强烈反响和共鸣，可作为文化行动的经典案例加以发扬。下面主要以中国为例，对法国在海外的法语文化节庆活动的发展现状及模式特征进行分析。

4.4.1 组织形式的双向性和互动性

秉承对多元文化的尊重，法国的文化季、年活动以双向举办的方式进行，即在法国本土和他国互办文化节庆活动。从 2001 年开始，法国每年都与一国或多国共同互办文化季、年活动，并将其作为一项文化外交的长期策略。以下是 2001—2015 年与法国合办文化季、年的国家：匈牙利（2001），捷克（2002），阿尔及利亚（2003），冰岛、中国和波兰（2004），拉脱维亚和巴西（2005），泰国和韩国（2006），亚美尼亚

---

① 白文亭，应妮．著名影星苏菲·玛索助阵法国文化年闭幕活动［EB/OL］．中国新闻社．(2005－09－07)［2011－08－02］．http://www.Chinanews.com.

（2007），芬兰（2008），土耳其（2009），俄罗斯（2010），爱沙尼亚（2011），克罗地亚（2012），南非（2013），越南（2014）及韩国和克罗地亚（2015）。可见，法国文化季、年的合作伙伴，主要集中在东欧、南美及东南亚，以第三世界的非法语国家为主。这与法国“走出法语世界，增强对新兴经济体的文化传播力”策略相一致。

作为“金砖国家”的一员，中国在第三世界具有举足轻重的地位。进入21世纪，法国加强了对华文化节庆活动的开展。法国在中国大规模举行的第一个文化节庆活动，是2004年10月—2005年9月的“法国文化年”。作为在法国举办的“中国文化年”（2003年10月—2004年7月）的后续，“法国文化年”是法国第一次在华举办大型文化活动的尝试，被认为是“两国文化交流史上的创举，对两国关系的发展具有深远影响”[①]。中法文化年的成功互办，极大提升了两国保持及增进双边文化交流的信心。

受中法文化年的鼓舞，2006年，在胡锦涛主席与希拉克总统的倡议下，“中法文化之春”诞生。作为“中法文化年”的延续，“中法文化之春”被誉为“永不落幕的中法文化年”。该大型艺术节是中法文化合作机制的主要组成部分之一，旨在促进中法文化的双向交流。法国驻华大使高毅曾用“中法文化的联姻”来形容此盛会。该活动每年4—7月在中国举办，虽然每次持续时间比“中法文化年”短，但作为一项长期性的活动，“中法文化之春”更具影响力。至今，“中法文化之春”已经成功举办11届。通过丰富的视觉艺术及舞台艺术，“中法文化之春”在华取得了极大的反响，“文化法国”的形象在中国受众心目中得到强化和提升。

此外，为了促进两国在语言领域内的交流，“法国汉语年”及“中国法语年”于2011年7月和9月分别在巴黎和北京启动。与“中法文化年”及“中法文化之春”相比，中法双方互办语言年活动的持续时间更长，规模更大，是对已有文化节庆活动的提升，把中法文化交流推向了新的高潮。例如，“中国法语年”历时15个月，举办活动两百余场[②]，这在法中文化交流史上是十分罕见的。中法语言年活动的开展，是两国在语言推广

---

① 杨国强．胡锦涛主席与希拉克总统会谈——四方面推进关系发展［EB/OL］．新华网．(2014－10－09)［2015－11－19］．http：//www. winhnanet. com.

② AMBASSADE DE LA REPUBLIQUE POPULAIRE DE CHINE EN REPUBLIQUE FRANÇAISE. Années croisées linguistiques Chine－France［EB/OL］．amb－chine. (2013－12－19)［le 11 août 2014］．http：//www. education－ambchine. org/ publish/portal116/tab5722/info104406. htm.

及语言教育领域的全方位合作，体现了两国政府对语言作为文化传播载体的重视，有效促进了法语和汉语在中法两国的传播。

4.4.2 节目内容的新颖性和融合性

为提高在华文化节庆活动的影响力，法国注重其最新艺术形态在中国的推广，以展现本国当代的艺术成就。这些艺术表现形式往往具有很强的原创性及法国文化特征，在中国从来没有出现过。例如，从第一届“中法文化之春”至今，街头艺术、互动新媒体艺术和新马戏等法国最新艺术形式被相继引入中国，使中国受众对法国艺术不断产生耳目一新的感觉。除了新的艺术形态，法国也注重发掘传统艺术形态中的创新点。例如，在戏剧类节目中，一些中国观众熟悉的经典剧目并没有纳入在华表演清单，而是选择了具有现代性及很高艺术水准的节目，如芭蕾舞剧《巴赫塔》及歌剧《国王》等。法国文化专员兼活动策划总监白尚仁曾用“冒险”来形容这一举措。而法国甘于“冒险”的原因，是对本国艺术推陈出新的支持，是对保持和提升文化节吸引力的渴求。如今，“创新”已经成为“中法文化之春”的主旨。在“创新”理念的推动下，不同艺术形式的生命力被激发和延续，增强了文化节的吸引力。

除了不断推介新颖的节目，法国在华的艺术展演还十分注重对中国元素的融入。借助中国文化的魅力，突出法中文化的“相似相溶”[①]性，可增加法国文化的亲和力，有利于其在中国的接受。法国对中国文化的借用主要从两个维度进行。首先是标志性文化建筑的融合。如2004年“中法文化之春”的重头戏之一，是在长城举办的“从香榭丽舍大道到万里长城”活动。香榭丽舍大道和长城分别是法中两国的地标性建筑，是两国各自的文化名片。法国组织者选择长城作为其文化推广的地点，有利于促进两国建筑文化的融合，发掘两国文化的共性，从而赋予法兰西文化新的内涵，提升法国文化在中国受众心目中的地位。此外，通过在游客云集的长城展示法国的风景图片和特色手工艺品，并邀请游客品尝法国的地方美食，能够给予受众全新的体验，从而增加法国文化的感染力。其次是与中国文化

---

① 习近平主席在2014年访法时提出的理念。参见：周谭豪．习近平访法开启中法关系“三维时代”［EB/OL］．海外网．(2014－03－27)［2015－03－06］．http：//www.news.163.com.

名人的融合。如 2014 年在中华世纪坛世界艺术馆举办的“大师与大师——徐悲鸿与法国学院派大家作品联展”，就是借助艺术大家徐悲鸿在国人心目中的影响力，以推广法国的绘画艺术。

此外，文化的融合性，还体现在对两国艺术家之间互动和合作的注重。以 2008 年“中法文化之春”为例，超过半数节目都是由两国艺术家合作完成的。如今，“联合制作”已经成为文化节发展的主线之一。有效的文化融合能够激发创作者的灵感，从而催生出新的艺术作品。这种文化的融合打破了以往单向的文化传播方式，是法中跨文化交流向纵深发展的标志。为了更好地促进艺术交流，相关主题的研讨会、讲座、访学及培训课程等往往穿插于活动期间，极大地激发两国艺术家，特别是青年艺术家之间的交流、学习及创作热情。

4.4.3 目标受众的广泛性和群众性

吸引最广大的受众，以实现法国文化的最广泛传播，是法国文化节庆活动的重要目标。为此，法国文化推广机构首先从扩大地域选择及增加演出场次两方面着手。以“中法文化之春”为例，从活动举办城市的数量看，第一届只在中国的 10 个城市举办，第九届已经扩展到 37 个城市。从举办城市的等级看，演出不再局限于北京、上海、广州、武汉和成都等大城市，而是向顺德、新乡、太仓和桐乡等中小城市发展。如表 4－1 所示：

表 4－1 历届“中法文化之春”情况表

届别	年份	演出及展览（场次）	举办城市数量（个）	受众人数（万）
第一届	2006	100 多	10	20
第二届	2007	100 多	14	
第三届	2008	100 多	18	
第四届	2009	152	20	
第五届	2010	200 多	27	85.5
第六届	2011	180 多	25	
第七届	2012	130 多	25	

（续上表）

届别	年份	演出及展览（场次）	举办城市数量（个）	受众人数（万）
第八届	2013	160	23	
第九届	2014	489	40	近120①

［数据来源："中法文化之春"官方网站及张彦武．中法文化之春，来了！［N］．中国青年报，2014－04－15（09）］

从上表可见，从2011年到2013年，受欧洲金融危机及外交策略调整的影响，法国被迫削减海外节庆活动的预算，致使这三年的演出场次相比2010年有所下降，但总体趋势仍然向好。2014年，在中法建交50周年之际，活动场次回升到近五百场，创下文化节创办以来的新高。传播范围的扩大，直接促进了受众人数的迅猛增长，从第一届的20万，到第五届的85万多，再到第九届的120万，平均年增长率为25%，显示出法国文化在华受众群体的发展速度是十分惊人的。

其次，是艺术种类的多样性及完整性。以"中法文化之春"为例，演出作品的种类几乎涵盖了所有形式的视觉艺术及舞台艺术，如音乐、舞蹈、戏剧、摄影、展览、马戏、电影、美术和朗诵等。在同一艺术门类中，也包括了近乎完整的子门类。如音乐演出就涵盖了古典及现代音乐风格，并且包括了歌剧、交响乐、室内乐、爵士乐及流行电子乐等形式；舞蹈类节目中，包含了各种形式的古典及现代舞蹈。多样化的表演形式，能适应不同受众的个性需求，为文化活动的开展打下扎实的群众基础。

此外，为适应不同社会层次的受众，法国在华文化活动的编排遵循"雅俗共赏"的理念，既有票价不菲的高雅剧院，也有免费进入的露天广场，不同受众可根据自身喜好及经济条件进行取舍。

群众是文化节庆活动能否成功开展的关键，因此，群众性已成为法国在华文化节的重要原则。正如法国驻上海总领馆文化专员贝尔塔尼亚

① 吴斌．盛况空前2014中法文化之春观众近120万人次［N］．（巴黎）欧洲时报，2014－07－08．

(Bertagna) 所言:“艺术是面向所有人的,文化应该无处不在。”[①]利用新媒体,打造“网络社区文化”,成为法国贯彻群众性原则的法宝。“中法文化之春”从创办伊始,就注重利用微博、微信和豆瓣等工具进行宣传。依托上述网络平台的庞大用户群,法国文化活动资讯被迅速传播和热议,成为某一时期网络社区的讨论主题。以 2011 年的“中法文化之春”为例,活动在很短的时间内,新媒体受众总量就突破 10 万。[②]借助新媒体打造的“民间声音”,提升了法国文化活动的亲民性及感召力。

为进一步增强活动的群众参与度,促进视听媒体的发展成为法国文化推广机构的又一重要策略。因为视听媒介主要通过声音与画面进行描绘,具有直观性、可视性和易懂性,极大降低了受众的进入门槛。作为世界第二大电影出口国,法国把“法国电影展映”作为在华推广其大众影视文化的最大平台。

“法国电影展映”是“中法文化之春”的重要内容,由“法国电影联盟”(Unifrance)负责组织推广。法国电影联盟是法国电影的官方推广机构,由六百多名电影专业人士组成,在欧洲和美洲已经进行过一系列卓有成效的宣传活动。进入 21 世纪,法国电影联盟把中国作为亚洲的重要开拓对象,借助“中法文化之春”活动,打造一年一度的法国电影在中国的展演。到 2014 年,影展已经举行了 9 届,成为法国电影在中国的最重要传播平台。在推广过程中,联盟注重发挥中法著名电影人的号召力,苏菲·玛索、朱丽叶·比诺什、葛优和陈坤等,都曾被邀请成为其代言人。在影片选择上,法国电影联盟以“精品路线”为原则,每年只推广 10 部左右的法国电影,但都是构思新颖、极具思想内涵的新生代导演的作品。

从 2011 年开始,法国电影联盟加大了对网络媒体的使用力度,借助优酷网和土豆网的播放平台,打造网络空间的法国电影盛宴——“法国在线电影节”。为了达到广泛的宣传效果,活动组织者与新浪微博、人人网、QQ 空间、开心网、豆瓣网、搜狐微博、网易微博、139 说客、飞信、i 贴吧和 51 网等 11 家互联网媒体进行合作,搭建与观众互动的平台,在网络

---

① LDS. Présence culturelle française en Chine de l'est [EB/OL]. Ambassade de France à Pékin. (2011 - 03 - 09) [le 6 mars 2012] . http://www.ambafrance-cn.org/LE-COIN-DE-L-EXPERT-presence-culturelle-francaise-en-Chine-de-l-est.html.

② 雷蔚真. 新媒体与公共外交:运用好民间的声音 [N]. 中国青年报,2014-04-09 (02).

上掀起了强大的舆论攻势。通过线上的观众评选及导演访谈等形式，刮起了法国电影文化在网络上的传播热潮。

“中法文化之春”是法国在海外举办的最大艺术节，是世界上最盛大的法国文化活动，也是中国国内举行的最大外国艺术节。可见，法国对在华文化节的重视。以“中法文化之春”为代表的法国文化节活动是法国文化艺术成就的荟萃和精华，同时也是法国文化在海外传播的专业平台。文化节具有规模性文化外交活动的属性，将对法国与其他国家的文化交流起示范作用，此类大型文艺活动在外国的定期举办，打造了法国海外语言文化艺术的又一知名品牌和名片。

5　行动发展与经济利益

20 世纪末，随着冷战的结束，两极战略格局解体，世界朝多极化方向发展。虽然局部冲突仍时有发生，但人类社会已进入相对和平的发展时期。在国防利益受威胁程度较小的情况下，经济利益成为各国关注的主要问题。自法兰西第五共和国成立之初，保护和发展本国的经济利益就成为法国历届政府的中心任务，经济外交成为法国外交行动的重要内容。文化传播作为有效的外交工具，自然担当起维护和发展法国海外经济利益的重要使命。维护国家的经济利益，促进本国经济在海外的发展，是法国对外文化传播在新时期的发展趋势。

文化经济是以文化产业为载体的经济活动。在市场经济为主导的现代社会，文化经济已成为一国经济的重要组成部分。作为文化大国的法国，更是把文化产业作为国民经济的支柱产业。法国对外文化传播维护经济利益的重心，是对文化经济的维护。作为外向型的行动，法国文化推广注重对出口贸易，尤其是文化出口的促进作用。该策略的实施，缘于文化出口的多重利益。文化出口在传播文化的同时，可以促进经贸的发展，优化经济结构，培育新的经济增长点，并有较强的可持续性，受到了世界各国的重视。因此，法国把推动本国的文化出口贸易作为文化传播行动的首要任务不足为奇。为发挥文化传播对出口贸易的带动作用，法国实施了三个维度的策略，具体表现为四个行动：图书推广、教育推广、文化品牌形象建构及制定区域性战略。

首先，从贸易结构考量，把图书出口及教育推广作为文化出口的重心。文化出口包括文化产品出口和文化服务出口两个方面。就文化产品而言，法国的文学、电影、音乐及戏剧等在世界都占据一席之地。图书出版业是法国第一大文化产业及文化产品出口类别。本章将以图书出口为例，分析法国文化行动对其文化产品贸易的促进。就文化服务而言，留学教育可认为是当今文化服务贸易领域最具潜力的行业之一。法国把教育推广作为发展的重心，能够有效促进本国服务贸易的发展。

其次，从品牌对消费者的驱动效应考量，法国把创新“国家文化品牌”作为重要抓手。“文化经济的基础是精神生产，精神生产以创新性为本质属性”。[①]可见，创新是文化经济发展的动力。为此，建构现代法国的文化形象，创新国家文化品牌的内涵，成为法国对外文化传播为本国文化经济注入的驱动力。

最后，出于对贸易环境的优化考量，法国因地制宜，实施了“稳守”与“扩张”策略。非洲及欧美是法国的传统市场，法国注重维护其在传统市场的地位。为此，法国以文化控制和参与文化竞争的方式，不遗余力地稳固在上述地区的文化影响力，从而扩大其在该地区的经济影响力。在稳守策略的基础上，法国开展全球文化传播行动，特别针对以亚洲新兴经济体为代表的第三世界国家展开文化拓展行动，以开发潜力巨大的发展中国家市场。

5.1 图书推广：对文化出口的促进

法国是欧洲的出版大国和图书出口强国。作为传统文化产业核心的图书出版业，是法国文化经济的命脉。据统计，法国图书出版业2012年的产值约为三十亿欧元[②]，是该国第一大文化产业。图书出口占法国出版业产值的四分之一，占法国文化产品出口额的二分之一，是法国出口贸易的重要组成部分。[③]法语国家是法国图书出口的主要市场，占出口总额的73%，处于绝对优势地位。[④]一直以来，法国把对法语国家的图书出口，作为其文化经济的开拓手段。

进入21世纪，法语国家市场的增速出现放缓迹象。以2009—2012年为例，法国在法语地区图书出口的年均增长率只有1.4%，远远低于在世界范围内2.3%的平均增速。[⑤]在传统市场日趋饱和的形势下，对新兴市场

---

① 魏来．中国文化经济的理论渊源与现代分析［D］．长春：吉林大学，2012：26.

② MAE. La promotion internationale du livre français ［EB/OL］. Ministère des affaires étrangères.（2014－09－01）［le 20 mai 2015］. http：//www. diplomatie. gouv. fr.

③ OLIVIER ARISTIDE. Le commerce extérieur du livre en 2011 ［J］. Statistiques douanières，La Centrale de l'Edition，2011.

④ CNL. Chiffres clés－Exportation ［EB/OL］. Centre national du livre.（2013－05－21）［le 10 mai 2014］. http：//www. francelivre. org.

⑤ JOSIANE CASTELBOU. Exportations vers les pays francophones ［EB/OL］. La Centrale de l'Edition.（2013－04）［le 6 juin 2011］. http：//www. centrale－edition. fr.

的开拓成为法国图书出版业的当务之急。法国出版联合会（Centrale de l'Edition）主任阿里斯蒂德（Aristide）在2010年撰文指出，在世界经济不景气的窘境下，法国在稳定对传统区域（非洲的法语国家及马格里布地区）出口的同时，必须把经济发展强劲的国家作为努力开拓的市场，如中国、南美洲国家及土耳其等。①

由此可见，法国出版机构已经意识到，必须加大对发展中国家的图书推广力度，以开拓潜力无限的新兴市场。为此，法国政府、行业协会及出版社展开联合行动，实施了三个方面的策略。

5.1.1　全方位的资助

对外援助和资助，一直是法国外交策略的重要组成部分。作为发达国家的代表之一，法国非常注重对第三世界国家的援助，特别是对文化产业的援助。法国政府认为，文化援助一方面是大国义务的履行，是法国促进世界文化多样性的战略组成；另一方面能够提升法国的国际形象，从而增强法国文化的亲和力和感染力。法国对外国的文化援助，涉及图书、电影及视觉艺术等多个领域。其中，对图书领域的资助最为重视。资助范围涉及出版社、翻译及书店等关键环节，呈现出力度大和多层面的特征。

1. 对出版社的资助

出版社是图书编辑、制作及版权贸易的主体。近年来，许多发展中国家开始大力推进文化体制改革。加强与外国领先出版企业的交流，朝国际化方向发展，成为这些国家出版界的共识。

法国有着悠久的图书出版历史，在文化资源的利用及市场需求的把握上有着丰富的经验。为满足潜力国家出版界的自我提升需求，增进新兴市场对法国出版业的了解，法国首先把对外国出版企业的资助作为突破口。该类资助计划主要有三类，详见表5－1：

---

① OLIVIER ARISTIDE. Le commerce extérieur du livre en 2010—Perspectives pour 2011 et au-delà [EB/OL]. La Centrale de l'Edition.(2010) [le 8 juin 2011]. http://www.centrale-edition.fr.

表5－1 法国对外国出版社的资助项目

项目名称	资助对象	资助领域	资助者	资金用途	备注
图书资助出版计划	外国出版社	人文社会科学图书、当代文学、艺术图书、儿童读物以及工具书	法国驻外使馆地区翻译中心	出版图书的宣传	资助对象必须计划出版法语图书的外文译本，且已从法国出版社购买所申请图书的版权
版权资助计划	法国出版社	所有图书种类	法国文化协会	版权转让	资助者承担法国与外国出版社之间确定的版权转让的部分费用或全部费用
短期培训项目	外国出版社从业人员	对外国出版社从业人员在本国和法国的短期培训	法国国际出版总署	培训费用	受资助者可以赴法国出版社进行访问学习，最高期限不超过三个月

（资料来源：法国文化网．http：//www. faguowenhua. com）

由上表可见，资助范围涉及图书宣传、版权贸易及人员培训。“图书资助出版计划”及“版权资助计划”的实施，有效降低了出版社出版法国图书的成本；“短期培训项目”可以促进海外出版机构对法国出版模式的了解，从而增加法国出版企业在国际的知名度及认可度。

对出版社的资助计划自实施以来，取得了可喜的成效，法国对第三世界国家的图书出口量逐年稳步上升。以中国为例，从2010年到2012年两年间，法国对华的版权输出量由744个上升为1 107个[①]，增长率为48%。[②]

① XAVIER DARCOS. Qu'est－ce que l'action culturelle française à l'étranger？［EB/OL］. L'Académie des Sciences morales et politiques.（2011－03－07）［le 12 mars 2012］. http：//www. asmp. fr/travaux/ com munications/2011－03－07－darcos. html.

② 数据来源：http：//www. francelivre. org/.

2. 对翻译的资助

缺少翻译人才，一直是制约法国图书出口的瓶颈。法国国际出版局在2013年的调研报告中指出，翻译者的匮乏是阻碍法国版权贸易发展的主要障碍之一。因此，培养外文翻译人才成为扩大图书出口的关键所在。为此，法国在不遗余力地培养本土译者的同时，在海外实施了一系列翻译资助项目，以资助和扶持目标国的法语人才，详见表5－2：

表5－2 法国在海外实施的翻译资助项目

项目名称	资助对象	资助领域	资助者	资金用途	备注
“地区翻译中心”计划	外国的青年译者	文学与人文社会科学的法译培训	法国驻外使馆	对译者的培训费用	在目标国每年组织两期培训，侧重针对翻译的强化训练、方法论补充以及与法国作家的面对面交流研讨
“翻译资助”计划	持有法语图书转让权的法国出版社	各领域法国图书	法国国家图书中心	法语作品的翻译费用	资助申请通常由与外国出版社合作的法国出版社进行提交
“翻译家锻造”计划	外国的年轻译者（35岁以下）	外国译者对法语作品的翻译计划	法国国家图书中心	外国译者到法国的培训及居留费5 000欧元	培训在法国阿尔勒文学翻译国际学院进行，时间为两个半月。外国译者有机会与法国有经验的译者一同合作，以促进双方在出版与翻译领域的相互了解

（续上表）

项目名称	资助对象	资助领域	资助者	资金用途	备注
译者奖学金	外国译者	外国译者对法语作品的翻译计划	法国国家图书中心	在法国逗留的费用（每月1 800欧元）	帮助外国译者到法国作一至三个月的短期逗留，以实施他们翻译法语作品的计划，每年评选3次

（资料来源：法国文化网．hppt：//www. faguowenhua. com）

由上表可见，法国侧重对外国年轻译者的支持。在项目的实施过程中，鼓励外国译者与法国同行之间的合作，并创造机会让受资助者到法国进行培训和交流。

此外，为了惠及更多的外国译者，提升法文作品在海外译介的整体水平，法国驻外大使馆开展了两方面的行动：①加强外国译者与法国作家之间的交流。如邀请法国作家奥利维耶·罗兰、弗雷德里克·贝格伯德来华访问，并与中国翻译家进行对话。②组织对法国经典文学作品及社科成果的翻译研讨。如邀请普鲁斯特作品的研究者及翻译者共聚一堂，对其作品进行深入解读和讨论。此外，还组织“法国精神分析及翻译”研讨会，探讨法语精神分析类著作的外译难题。

3. 对海外书店及图书馆的资助

在网络时代，法国的出版商及读者对实体书店和图书馆仍“情有独钟”。在法国，独立书店和图书馆随处可见。他们普遍认为：图书馆和书店具有无可比拟的优势，在相当长的时间内仍是读者阅读及购买图书的最重要场所。为进一步扩大法国图书的世界影响力及扩充销售渠道，法国国家图书中心（CNL）和文化部实施了三个针对外国书店及图书馆的资助项目，详见表5－3：

表 5－3 对外国书店及图书馆的资助项目

项目名称	资助对象	资助领域	资助者	资金用途	备注
外国书店资助计划	外国的实体书店	帮助外国书店购买法语图书样书	法国国家图书中心	提供购书成本 50% 的资助	资助对象必须有半年以上的法语图书销售经验；向同一法国出版社订购的图书不能超过订购总数的 25%；每种图书最多订购三本样书
世界文化潮流计划	外国的图书管理员	提供不同形式的实习和培训	法国外交部和文化宣传部	实习及培训费用	资助个人在法国进行为期两个星期的访问和实习；资助相关单位进行专业培训和研讨
职业文化计划	外国的图书管理员	赴法进行专业实习和培训	法国文化宣传部	实习所需的全部费用	受资助者可到法国的图书馆进行为期三个月或九个月的实习

（资料来源：法国国家图书馆网站．hppt：//www. bnf. fr；法国公众信息图书馆网站．hppt：//www. bpi. fr）

“外国书店资助计划”重点资助有实力的海外实体书店发展法语图书的销售业务。“世界文化潮流计划”和“职业文化计划”是在图书馆的影响力及受众范围不断扩大的环境下诞生的。法国对外国图书管理员的培训以“提升管理水平”的名义进行，但会加入法国出版情况的介绍及新书推介等内容，以增进目标国图书馆对法语图书的关注和了解。

5.1.2 多样化的推广形式

随着对新兴市场的日益重视，法国在第三世界国家的图书推广力度不断增强。以中国为例，2013 年 1—12 月间，法国在华举行的图书推广活动达 66 场，活动类型包括巡回讲座、研讨会、朗诵会、座谈会、推介会及展览等，详见表 5－4：

表 5－4 法国 2013 年在中国的图书推广活动

活动类型	主题	场次	活动举例
专题讲座	18	30	法国对外文化教育局主席克萨维耶·达尔科斯讲座：法国文学的影响力
研讨会	4	4	法国古典人文和社会科学书籍的出版、翻译、推广研讨会
读者见面会	6	16	法国作家勒·克莱齐奥演讲暨读者见面会：我眼中的儿童阅读与成长
朗诵会	3	4	朗诵之夜——三位法国作家笔下和心间的亚洲
电影放映会	2	4	法国小说家大卫·芬基诺斯讲座暨《一吻定情》电影放映会
文化节	1	4	2013 年中法文化之春“春天里的作家们”系列活动
展览	1	1	“从手势到语言”展览的周边文学讲座
推介会	2	2	2013 法国秋季新书介绍会
评奖活动	1	1	2013 傅雷翻译出版奖颁奖典礼
总计	38	66	

（资料来源：法国文化网 . hppt：//www. faguowenhua. com）

由上表可见，法国在海外的图书推介活动中，注重把图书推广与文化活动相结合，以增强对受众的吸引力和影响力。推广活动以讲座和读者见面会为主，同时加入了电影、音乐、朗诵、展览等元素。通过图像、声音、表情和动作，使受众在丰富的感官体验中感受法国文学的魅力。正如法国记者邦科（Bancaud）对法国作家中国朗诵之夜的评价："对读者而言，作家不能仅仅用他的签名来代表，必须加上他们的脸庞和声音，读者正是通过这二者得以窥见作者的心灵。"[①]其次，活动的地点几乎包括所有文化场所，形成了广泛的影响。除了图书馆和出版社，博物馆、美术馆、书店、书展、学校、法语联盟和文化节等，都成为图书推广的阵地。此外，从推广活动的内容和形式分析，还可以发现以下四个特点：

（1）注重塑造法国文学和文化的光辉形象。

活动往往从建构文化形象切入，以增强法国文学对外国受众的吸引力。在推广过程中，注重"名人"及"名胜"的影响力，并将其作为法国文化形象的代言人。例如，法国"诺贝尔文学奖"得主克莱齐奥受邀到亚洲进行系列讲座，掀起了法国文学在该地区的热潮。此外，许多著名的法国文化学者在该国驻外文化机构的组织下也频频出访，如小说家及博物馆专家米兰进行的以"从罗浮宫到小说"为题的巡讲。讲座着重解密罗浮宫不同时期的藏品，阐述法国文化的光辉。

（2）注重法国作家与外国作者及受众间的互动。

文学作品是作家思想和情感的汇集。要使创作情感被理解与认知，与目标受众的互动是关键。互动的实质，是作品情感的传递与反馈。因此，理解情感及情感交流成为法国在海外图书推广活动的重要内容。为更好地把握海外文化发展脉搏，法国作家加大了出访的力度，与目标国作者及受众展开面对面的讨论和交流，并获得了全新的感受。例如，第一次到访中国的法国作家博格伯德表示："原有的成见被中国的现代气息及人民的热情一扫而光"，并形容"空气中有电流"。[②] 2013 年 4 月，法国小说家赛尔日 · 布朗利应邀与亚洲学者及读者一同探讨艺术是如何激发文学的灵感的，以及文学里的艺术又怎样对艺术产生反作用的。通过对创作理念的分享，加深了海外受众对法国文学表现手法的理解，有效地传递作品的情感。此外，通过交流和讨论等活动，法国作家也增进了对世界文化现状的了解，并获得了宝贵的创作灵感和源泉。

---

① JOSEPH CHUN BANCAUD. Nuits de la lecture – L'Asie à travers les mots et le coeur de trois auteurs français［EB/OL］. Le petit journal.（2013－06－03）［10 juin 2014］. http：//www. lepetitjournal. com/pekin.

② *Ibid.*

（3）注重出版理念及经验的分享。

目前，法国出版界存在一个共识：世界不同地区的文化在蓬勃发展，多元文化的共存和互动已成为人类文明发展的主旋律。在新形势下，必须打破传统的单边推广模式，注重与目标国文化的融合，促进推广模式的双向性及互动性。“出版理念及经验的分享”，成为法国出版业国际推广策略的改革方向之一。在众多活动中，“分享”成为活动的主题。例如，2013年10月，法国社会科学高等研究院出版社及法国美文出版社进行了一系列海外推广活动，与目标国的出版企业举行多场圆桌会议，与会企业均为不同国家出版界的领导者，他们充分分享了各自的出版经验，有效促进了相互间的了解和合作。

（4）在推介法国文学的同时，注重对法语世界文学的推广.

我们所说的“法语世界”，主要指世界上42个使用法语的国家和地区，以及其他地区说法语的群体。由于法语世界历史及文化环境的差异，造就了多元的法语世界文化，这使得这些地区的文学也呈现出多样化的特征，保持世界文化的多样性是法国的基本文化外交策略之一。法国出版社除了出版本土作家的书籍，还注重出版其他法语国家作者的作品。

为增进海外读者对法语世界文学的了解，2013年3月，在法国驻外大使馆的组织下，布阿莱姆·桑萨尔（阿尔及利亚）和马肯兹·奥塞尔（海地）一同开展了亚洲之行，以展示法国以外的法语文学的丰富性。他们是世界法语文学当代与未来的代表性作家，和法国出版社有密切的合作关系，且荣获多个文学大奖。2013年4月，法国波尔多第三大学的乔布教授应邀到多所世界著名大学进行演讲，为外国青年读者介绍法语区文学的发展状况及代表作家。对法语世界文学的推广，能够丰富法语文学的内涵，使受众领略不同的法语世界文化，增加对读者的吸引力。

法国佩多内（Pédone）出版社总经理佩多内（Pédone）认为：“法国的文化行动是活跃（dynamique）而有效率的（efficace）。这也使我对开发新兴市场更感兴趣。”①通过举办一系列的文化活动，良好的法语文化环境在许多第三世界国家得以逐步形成，为法国的图书出口创造了有利的外部条件。

① CHRISTINE KARAVIAS. Portraits et entretiens de professionnels [EB/OL]. BIEF.（2013－09）[le 5 sept. 2014]. http://www. bief. org/ Publication.

5.1.3 积极开拓教育图书及少儿图书市场

近几年来，法国出版商开始注重对中国等发展中国家教育及少儿图书市场的开拓。2012 年，在北京国际书展展出的法国图书中，少年儿童读物超过了半数；2013 年，法国有三十多家出版社的 400 种少儿图书和画册参加了 2013 上海国际童书展，展位面积达到 3 500 平方米。①同年，到现场参加北京国际书展的法国书商有 20 家，其中 13 家为少儿图书出版社，三分之二的版权转让在少儿图书领域实现。②

法国对少儿图书市场的积极态度，源于对其体量及盈利空间的调查分析。为开拓国际少儿图书市场，在充分调研后，结合自身的优势，法国把漫画及教育画册作为突破口。

1. 加大对漫画图书的推广力度

在少儿读物中，儿童绘本及插画是法国的优势领域，在世界上享有很高的声誉。《高卢英雄历险记》（*Le Tour de Gaule d'Astérix*）被翻译成 111 种语言，成为全球销量最大的世界级经典漫画，足以证明法国对该类图书的强大出版实力。法国 Pédone 出版社总经理 Pédone 认为，外国出版社对法国儿童漫画的需求是旺盛的。③《不一样的小鸡卡梅拉》（*P'ettts Poules*）自 2006 年进入中国以来，销量已突破 600 万册，使中国成为“法国小鸡”最受欢迎的地区，就是很好的证明。

虽然法国漫画已崭露头角，但面临与日本等动漫大国的强势竞争。日本作品长期占据亚洲市场，其漫画文化在国际上已形成广泛的影响力。法国出版社意识到，为更好地与日本漫画竞争，必须突出本国的特色，形成差异化竞争。法国第一大连环画出版集团——媒体参与出版集团（Média - Participations）的版权负责人卡斯蒂娜（Castille）在接受法国《图书周刊》

---

① CHRISTINE KARAVIAS. Comptes rendus, 1e Foire internationale du livre de jeunesse de Shanghaï, la consécration d'un secteur [EB/OL]. La Lettre de BIEF. (2014 - 01) [9 janvier 2015]. http://www. bief. org.

② FANNY TAIER. La Chine, premier client de l'édition française [EB/OL]. CNL. (2013 - 09) [le 10 septembre 2014]. http://www. francelivre. org.

③ CHRISTINE KARAVIAS. Portraits et entretiens de professionnels [EB/OL]. BIEF. (2013 - 09 - 23) [le 5 septembre 2014]. http://www. bief. org/ Publication.

（*Livres Hebdo*）的采访时强调：“十年前，法国漫画在世界不被重视。如今，孩子们通过互联网开始了解欧洲的漫画，并显示出对图像小说（Roman graphique）风格的接受。这种风格和法国的创作理念相近，且有别于日本的漫画。他们的意愿足够对出版社的选择构成影响。”①

为此，在推广过程中，对本国漫画文化的推广成为法国书商的首要任务。为了更好地与外国受众分享创作风格及理念，法国作家充分利用儿童节及童书展览等机会，与读者进行面对面的交流。例如，2013 年 6—10 月，法国多位插画家出访亚洲，与当地少儿及家长见面，分享其进行绘本故事创作的心得，并与年轻读者一起绘制书中的人物形象及创作漫画人物；2013 年中国上海国际童书展期间，法国 2008 年“诺贝尔文学奖”获得者勒·克莱齐奥先生专门发表演讲，诠释了幽默、可爱及富有冒险精神的法国漫画人物风格。

如今，在少儿文学之后，漫画图书的版权输出已成为法国图书出口的重要组成部分，且保持迅速增长的势头。

2. 把儿童教育及艺术画册作为新的突破口

法国 3 家儿童出版社（Rue du Monde，MeMo 及 Courtes & Longues）的海外版权负责人勒格拉（Legras）认为，发展中国家缺少高质量的学前教育类书籍，法国的儿童教育及艺术画册在这些国家的市场上将大有作为。②2012 年，法国多家出版社携最新的儿童画册参加国际书展，其中最受欢迎的有如下几种，详见表 5 - 5：

---

① FANNY TAILLANDILER. La Chine, premier client de l'édition française [EB/OL]. CNL. (2013 - 09 - 23) [le 10 septembre 2014]. http://www.francelivre.org.

② CHRISTINE KARAVIAS. Comptes rendus, 19e Foire internationale du livre de Pékin [EB/OL]. La Lettre de BIEF. (2014 - 01) [le 20 septembre 2013]. http://www.bief.org.

表 5－5　2012 年国际书展最受关注的 5 种法国儿童图书

书名	出版社	图书类别	图书特点
《阿基米德》丛书（*Archimède*）	Cole des Loisirs	科普读物	融合了画册及纪实的风格，内容包括植物、动物及生活常识等，分为 3～5 岁，5～7 岁，7～10 岁和 9～12 岁 4 个年龄段
《不要混淆了》（*Faut Pas Confondre*）	Seuil	词汇辨析	围绕反义词展开，使儿童能够发现一些抽象的意思相反的概念，并避免混淆这些概念。如白天和夜晚、大和小等。图书配有插图，以帮助理解
《爸爸的手臂》（*Les Bras de Papa*）	La Martinière	科普读物	以大量插图，介绍父爱的形式
《妈妈的肚子》（*Le Ventre de Maman*）	La Martinière	科普读物	以大量插图，讲解生命的诞生过程
《游戏》（*Jeux*）	Actes Sud Junior	艺术画册	让孩子们去发现和领悟时尚元素，如当代艺术、城市美化和流行服饰等

（资料来源：http：//www. bief. org）

从上表可见，法国的儿童教育类画册受到外国市场的高度关注。究其原因，有以下几方面：①针对不同年龄段的儿童进行细分，科学性及针对性增强。②善于利用生动的图画解释抽象的事物，降低了阅读的难度，增加了阅读的趣味性。③注重激发儿童对身边事物的感知和领悟，提升他们对生活环境的观察力和理解力。④提升图书制作的精美度及互动性。法国奥祖（Auzou）出版社国际部负责人阿迪（Hardy）认为："以往，外国出版社关注娱乐性及教育性兼备的图书。如今，他们的需求转向制作精美且互动性强的图书，因为只有这样才能增加竞争力。"[①]为此，法国出版社推

① FANNY TAILLANDIER. La Chine，premier client de l'édition française [EB/OL]. CNL.（2013－09－23）[le 10 septembre 2014]. http：//www. francelivre. org.

出了活页图书及“透视”[①] 图书，以满足海外市场的需求。

此外，法国出版公司还注意到图书价格的本土化问题。Hardy 认为，一些优秀的儿童图书，由于价格的问题不能进入发展中国家市场。为此，法国出版社所做的工作，不能仅仅停留在翻译层面，必须针对目标市场做出编辑上的调整，以降低图书的价格。为此，法国的许多出版社已着手建立与国外同行的长效沟通机制，从而及时对图书进行适应性调整。

法国对海外少儿图书市场的积极培育，还有着更深层次的动机。法国 Pédone 出版社总经理 Pédone 在接受 BIEF 的采访时曾表示：“我对法国同行积极参展的热情感到震惊，尤其是儿童图书的出版社。我们用十几年的时间培育现在的外国孩子热爱法国的文化及思想。”[②]由此可见，法国书商对儿童书籍的大力推广，除了为获得经济利益，还意在引导国外儿童热爱法国文化，使他们成为未来法语文学的潜在消费者。

法国图书的推广策略已经初见成效，越来越多不同领域的外国出版社开始关注法国图书。因此，在世界图书市场竞争日趋激烈的形势下，法国 2009—2012 年的图书出口额仍能够保持年均 2.3% 的增速，由 2009 年的 6.65 亿欧元，增长至 2012 年的 7.13 亿欧元。[③]在中国，2012 年法国对华版权输出量首次破千，达到 1 103 个，而 2006 年只有 261 个，在 6 年内增长了 4 倍。[④]参加 2012 年北京国际书展的法国出版社共签订了 3 300 个合约，这一数字比 2011 年增长 11%。[⑤]可见，法国对外文化传播行动对图书出口的促进作用是明显的。通过实施多元化的扶持政策及举办一系列成功的文化推广活动，法国的教育及少儿图书出版业国际竞争力得以不断增强。

---

① 以法国 Seuil 出版社出版的《不要混淆了》（*Faut Pas Confondre*）一书为例。该书是帮助儿童辨析反义词的读物。例如：“慢”用蜗牛来表示，蜗牛的壳被剪了一个窟窿，从窟窿可以看见下一页的车轮，这样可以发现“慢”的反义词是“快”。

② CHRISTINE KARAVIAS. Portraits et entretiens de professionnels [EB/OL]. BIEF. (2013-09) [le 5 sept. 2014]. http://www.bief.org/ Publication.

③ CENTRALE EDITION FRANÇAISE. Statistiques export [EB/OL]. (2013-04) [2014-02]. http://www.centrale-edition.fr/ html/ statistique 2012. php.

④ FANNY TAILLANDIER. La Chine, premier client de l'édition française [EB/OL]. CNL. (2013-09-23) [le 23 septembre 2014]. http://www.francelivre.org.

⑤ CHRISTINE KARAVIAS. Statistiques BIEF/SNE-Comptes rendus, 19e Foire internationale du livre de Pékin [EB/OL]. Bureau international de l'Edition française. (2012-09) [le 20 septembre 2013]. http://www.bief.org.

5.2 教育推广：对服务贸易的提升

教育业不但具有传播文化的功能，还能够产生经济效益，已成为全球最具发展潜力的行业之一。在英国、澳大利亚及美国等发达国家，教育被认为是推动文化及经济发展的强大动力，并成为文化产业的重要组成部分，在国家经济发展战略中具有举足轻重的地位。

法式教育在法国文化的推陈出新、国民经济的创新发展方面扮演了无可替代的角色。教育对经济发展的促进作用在法国历来备受重视，大力推动本国教育的改革发展是法国长期以来的基本国策。如今，法国已经成为世界教育强国。高质量的教学、开阔的国际视野、著名的研究中心及巨额的教育投入，是法国教育的王牌。依托良好的教育机制，法国已经培养出56个诺贝尔奖得主和11个菲尔兹奖获得者，法国政府每年对教育科研的投入达190亿欧元①。

进入21世纪，为促进本国经济的持续发展，法国把国际教育推广作为对外文化传播行动的重要一环。教育推广的实质是对教育服务贸易的促进，属于服务贸易的范畴。关贸总协定对服务贸易的定义是："在一成员境内向任何其他成员的服务消费者提供服务，一成员的服务提供者在任何其他成员境内以商业存在提供服务。"由此可以推出教育服务贸易的两个维度：一是外国学生在海外的对教育服务的选择和消费；二是外国学生在本国的对外国教育服务的选择和消费。前者体现了学生的跨国流动，属于留学经济范畴；后者则属于教育的海外输出，体现了在目标国的文化及经济拓展。

相对于传统的商品贸易及加工贸易，以教育服务贸易为代表的服务贸易已成为当今国际贸易领域的新增长点。教育服务不但可以创造经济上的收益，还能够为实施主体带来长期的附加利益，如推动教学、科研、旅游及外交的持续快速发展。作为对外文化传播行动的主要形式之一，法国教育国际推广的实质是促进其教育服务贸易的发展。

---

① 佚名. 法国扩大内需190亿欧元用于高校［J］. 世界教育信息，2009（2）.

5.2.1 设立专业的教育服务机构

随着世界各国对“留学经济”的日益重视，对海外留学生的争夺成为当今对外文化传播的新任务。法国历来重视留学生群体对本国经济发展的促进作用，并把吸引海外学生作为文化推广的重要内容。如今，法国不但是法语世界国家青年的首选留学地区，而且成为欧洲（占法国外国学生的25%）及亚太（占法国外国学生的16%）国家学生的主要留学目的地之一。据2012年的统计数据，法国的外国留学生数量达到28.5万人，法国大学外国学生的平均比例为12.3%。[①] 目前，法国已经成为排在美国、澳大利亚和英国之后，德国之前的世界第四留学生接收国。

近十年来，法国开始重视在新兴经济体的教育推广，特别是在中国的推广，并取得了卓越的成效。2004年至2014年间，中国在法留学生人数增长了10倍。目前，在法国各大院校注册学习的中国学生已达3万人，中国学生成为法国第二大外国学生群体。为持续增强法国教育对中国学生的吸引力，法国政府每年对中国留学生的服务性支出达到1亿欧元。[②]

法国进行教育推广的目标，是打造具有国际竞争力和影响力的教育品牌。要实现这个目标，提供良好的教育服务是关键。为促进对外国学生的教育推广，特别是高等教育的推广，法国在海外设立专门的留学服务及推广机构——法国高等教育署（Campus France），为有意赴法国高校学习交流的外国公民提供全方位的专业支持。该机构于2010年成立，是法国教育推广的官方机构，并被誉为“提升法国高等教育吸引力的工具”（Outil au service de l'attractivité de l'enseignement supérieur français）[③]。法国高等教育署的三大任务是：①推广法国的高等教育，为有意到法国留学的外国公民提供咨询、引导和接见服务，并陪同他们完成留学签证申请。②促进法国

① MINISTERE DES AFFAIRES ETRANGERES ET DU DEVELOPPEMENT INTERNATIONAL. Coopération éducative – Pour une France plus attractive [EB/OL]. MAE. (2012 – 06 – 05) [le 6 juin 2013]. http://www.diplomatie.gouv.fr/fr/politique-etrangere-de-la-france/cooperation-educative/.

② 法国驻华使馆．法国同中国的关系——高等教育和语言合作［EB/OL］．法国驻华大使馆．(2015 – 01 – 12)［le 11 juin 2016］．http://www.ambafrance-cn.org/.

③ MINISTERE DES AFFAIRES ETRANGERES ET DU DEVELOPPEMENT INTERNATIONAL, *op. cit.*, 2012 – 06 – 05.

和外国学生及学者之间的文化互访以及奖学金的管理。③组织法国高校的海外推广，与学生进行面对面交流。

“Campus France”直译为“法国校园”，其官方口号是“Le monde est un campus”（整个世界是一个校园）。可见，法国提升本国的教育吸引力，是建立在提倡教育的国际化、把本国教育体系融入世界教育体系的基础上的。在服务海外留学生的过程中，法国高等教育署注重服务内容的全面性及服务模式的专业性。为增进外国学生对法国高等教育的了解，法国高等教育署还定期举行“法国欢迎您”系列讲座，提供赴法国学习、生活、交通、饮食等信息，帮助制定留学规划，邀请在法外国学生进行经验分享，建立互助联系。目前，法国高等教育署已在世界118个国家（地区）建立分支机构，建立了覆盖全球的留学咨询及推广网络。

5.2.2 对法语教育质量的保障

法语教育指以教授法语语言和文化为主要内容的教育形式，是法国对外教育推广和文化出口的重要组成部分。法语教育在法国文化对外传播中发挥主导性作用，因为海外受众对法国文化的认识与了解，往往是从学习法语开始的。分布在法国国内外的法语培训机构构成法语教育的主体，这些机构包括公立或者私立的全日制学校，以及非全日制的社会办学等。教育主体对学生的吸引力，决定了法语的传播力。

为保持对学习者的长期吸引力，保持教育品牌认可度的长久不衰，良好的教育质量是关键。因此，对法语培训机构教育质量的保障，成为法国语言及教育推广的重要环节。在推广过程中，法国注重对教育品牌的塑造及美誉度的提升。而良好的品牌及美誉度建构，是以良好的教学质量为基础的。

1. ADCUEFE 的管理和监督：提升对外法语教学的质量

在法国本土，对外法语教学中心是法语教育的主要机构。对外法语教学中心主要由法国公立大学开办。随着留法学生及外国移民的不断增多，该中心已经逐渐成为公立大学的常设机构。目前，在法国的89所公立大学中，设有对外法语培训中心的有40所，占45%。法国大学的对外法语教学中心构成了法国本土对外法语教学的中坚力量。为提升教育质量，法国政府、行业委员会和大学实行了一系列改革措施，涉及质量管理机构、质量实施标准和质量评估体制等方面，在一定程度上促进了大学对外法语教育水平的发展和提高，在法国本土塑造了良好的法语教育品牌形象。

法国大学对外法语教学中心已有近一个世纪的发展历史。早在1930年，法国索邦大学就开始设立专门针对外国学生的法语课程，并以学校的名义为他们颁发三个级别的法语文凭。这三种文凭符合国家相关条例的规定，属于校颁文凭，或称为“符合国家规定的大学文凭”。随后，别的大学也纷纷效仿，陆续开展此类培训。但由于各个学校各自为政，各自设立自己的法语培训中心，颁发本校的文凭，没有统一的培养模式和标准，而且学校自己组织的考试水平参差不齐，许多外国学生难以判断和选择合适的课程和学校，这使法国大学对外法语教学的质量备受质疑。

为了改变这种局面，在20世纪70年代，一个由各大学的法语培训中心主任组成的非正式组织成立。经过讨论，这个组织对原有的三种法语文凭的授予标准进行了规范，受到了业界的一致认可。随后，在1980年至1990年的十年间，“法国大学对外法语教学中心主任委员会”（ADCUEFE）成立，并推行了一揽子的改革计划，进一步规范了大学对外法语文凭的颁发条件，对法语教学和考试内容制定了更加细致的标准，从而建立起具有大学特色的对外法语教学体系。2001年，《欧洲语言学习共同参考框架》（*Cadre Européen Commun de Référence pour les Langues*，简称CECR）的制定，为法国对外法语教学提供了科学的参考，也促成了第二次重要的改革。改革后的对外法语文凭由原来的3个变为4个，每个文凭考查相应等级所要求达到的语言、语用和文化知识水平。2007年，为了进一步规范和提高法语培训机构的办学质量，法国政府颁布了《对外法语教学质量评估标准》，建立起了具体而有效的评估机制。

随着英国、加拿大和澳大利亚等国对“留学经济”的日益重视，不断加大吸引海外留学生的力度，法国的高等院校正处于一个竞争日趋激烈的大环境中。不断进行高等教育改革，特别是法语教育改革，以增强对外国学生的吸引力，是法国政府和高校的一个长期战略。

为提升对外法语教学的质量，提升法语教育的品牌形象，法国相关机构以“质量先行”为宗旨，实施了三个策略：

（1）通过专业委员会（ADCUEFE）进行管理和监督。ADCUEFE是独立的非营利性的组织机构。到目前为止，已经有29个大学的对外法语培训中心加入了该组织。它与法国外交部国际合作发展司、法国高等教育和科研部、法国文化交流部及法语国家国际组织保持着紧密的合作关系。同时，它也是全球法语教师联盟、法国国际教育研究中心、法国教育服务中心、欧洲国际关系及合作委员会等组织的成员。ADCUEFE 的作用主要有四个：① 促进大学法语中心间的合作；② 提高大学法语中心的教学水平；③ 提升对外法语教学的科研水平；④ 为下属法语中心进行宣传推广。ADCUEFE 成立，符合对外法语教育发展的趋势，促进了大学法语培训中心之间的合作，并能对其进行有效的监督和指导。事实证明，它实行的措施是卓有成效的，不但使法国本土大学的对外法语教学跃上了一个台阶，而且还影响和促进了一百多所外国大学，特别是美国大学的法语教学发展。[①]

（2）通过《欧洲语言学习共同参考框架》（CECR）进行规范。CECR 是欧盟成员国 41 个著名语言学家十年来共同努力的结果，被视为对应用语言学和语言教学法的重大贡献。CECR 对于语言的运用作了全新和详细的描写和分级。它根据语言运用者的不同水平，将语言能力分为 A1、A2、B1、B2、C1、C2 六级，全方位地帮助语言学习者界定不同层次的语言能力。相对传统的“初级、中级、高级”分级方法，新的 CECR 更显具体、精确、现实，更能遵循循序渐进的原则。[②]根据 CECR 的要求，ADCUEFE 对法国大学对外法语教学的文凭等级和考试内容进行了改革，改革后法语教学的标准化增强，为法国教育的国际推广提供了制度保障。

（3）通过严格的质量评价体系进行保障。为了规范对外法语培训市场，增强对外法语培训机构的国际竞争力，法国高等教育和科研部高等教育司、法国外交部下属国际合作发展司、法国文化和传播部下属法语与法国语言委员会开展联合行动，委托法国国际教育中心起草了《对外法语教学质量评估标准》（*Qualité Français Langue Étrangère*），并于 2007 年 12 月 28 日颁布实施。法国境内的所有对外法语培训机构，以自愿为原则，可以向政府提出申请，接受评估。通过评估的机构被授予“法语教学质量认证”标签。截至 2009 年，已有 15 所大学的对外法语培训中心通过了评估，8 个中心正在接受评估。

该标准实质上是一部评估实施细则。它对评估组成员的组成和分工、评估的标准、评估的步骤，评估合格单位的宣传和“对外法语教学质量认

① JEAN－PIERRE CUQ，ISABELLE GRUCA. Cours de didactique du français langue étrangère et seconde［M］. Grenoble：Press universitaires de Grenoble，2005：49－51.

② 钱培鑫，玛丽—露易兹·帕利赞. 欧洲语言学习统一标准：法语练习册 A2 级［M］. 上海：上海译文出版社，2008：1－2.

证”标签的发放都作了清晰详细的规定。特别是“评估的标准”一项，共13页218条，对“外国学生的接待”“教学地点和教学设备”“教师素质”“课程设置和教学手段”及“教学管理”五个方面所要达到的要求和需提交的证明文件提出了严格的规定，是一部具体的实效性强的评估方案。

由上述三个策略可见，法国大学对外法语教学质量保障策略有以下三个特点：

（1）注重提高教学质量和文凭质量。ADCUEFE下设专门的教学委员会。教学委员会每年定期组织法语教师聚会和法语教学研讨会。如第二届教学研讨会于2005年在法国里尔第三大学召开，主题为“对外法语教学的教与学：特点和要求”。研讨会的发言和论文都被整理成册，供业界查询参考。ADCUEFE的专家会定期到下属法语中心检查，帮助进行教学设备的更新和教学手段的改革。他们还定期到国外的法国文化机构，如法国领事馆文化行动与合作处、法语文化中心、法语联盟及外国大学的法语系进行考察，及时了解国外法语教育的状况，从而更好地指导国内对外法语教学的开展。

ADCUEFE非常注重文凭的互认性和有效性。它要求加入该组织的高校法语培训中心之间，各个等级的法语语言文凭必须互相承认，这使得外国学生在取得文凭后可以很容易地到另外一所学校继续学习，从而赋予他们更多的选择权，增强了他们学习的灵活性和积极性。

（2）注重发挥高校教学资源的优势，与专业教育进行紧密衔接。新的课程设置，除了注重听、说、读、写四种基本外语能力的培养外，在DAEF（法语深入学习文凭）和DSEF（法语高级学习文凭）阶段加入了大量的专业课，如历史、语言学、经济学和社会学等。这些课程，很多直接由大学专业院系的老师承担，学生甚至可以和这些院系的学生一起上课。为了让学生尽快适应日后的专业学习，大学对外法语课程还设有许多实操性练习，如在DSEF文凭课程中加入了复述概括文章、撰写议论文、对事物发表评论、做简短的演讲等内容。所有这些课程和练习，使学生具备了基础的专业词汇和知识，有助于增强他们的理解能力，提高他们的表达能力，为其日后的大学专业学习打下坚实的基础。与课程设置一样，考试内容遵循从“基础法语”向“专门法语”过渡这一原则，每个等级的“听”“说”“读”“写”和“文化”五方面考查的内容、时间、形式和所占比例都有详细要求，严格的考试标准保障了教学的特色和质量的稳定。学生取得DEF（法语学习文凭）文凭后，一般可以免试直接进入大学一年级学习；对于取得 DAEF 和 DSEF 的学生，一般可以进入相关学科二年级学习。[①]这体现了大学对外法语文凭和大学专业教育的融合性，最大限度地增加了文凭的含金量。

（3）注重对外宣传。ADCUEFE 积极组织其成员参加各种相关的教育展和研讨会，通过媒体对下属培训中心进行广泛的宣传，以吸引海外学生的注意，使他们能够深入了解这些培训中心的课程设置和所处地区的社会文化、经济状况等。这使一些规模不大、经费有限的培训中心也能在国际性场合受到关注。

对于评估合格、获得“对外法语教学质量认可”标签的培训机构，它们的名单和网站链接将公布在法国教育部、法国外交部、法国教育合作署及法国国际教育中心的官方出版刊物和网站上。法国国际教育中心还会通过邮寄的方式把这些大学法语中心的宣传资料发往法国本土及国外的涉外机构，如法国旅游局、法国使领馆、法国文化中心、法语学校和法语联盟等，以对它们进行最广泛的宣传。

2. 卓越法国教育奖：“外交及语言的王牌”

为打造海外法语教育的品牌，法国设立了“卓越法国教育奖”（Label FrancEducation），颁发给优秀的教学培训机构，以鼓励海外法语教育的多样性的发展及质量的提升，获得该称号的学校的教学质量将受到社会认可。该奖项由法国外交部、教育部及海外教育署联合评审，审核标准包括以下三个方面：①三分之一的教学课程必须用法语讲授。②每个年级必须由法国教育部派遣的一名老师根据当地情况设计教学方案。学生必须通过相应的法语测试，学校必须提供良好的法语环境，如使用法语授课，图书馆提供丰富的法语资源，以及提供与法国学生进行配对交流的机会等。③教师必须取得法语教学的资质，学校必须制订针对教师的继续培训计划。

由上述三点可见，评审标准是非常严格的。正如外交部法语及语言多样化司（Diversité linguistique et du français）副司长贝尔东（Berthon）先生所言：“标准太苛刻了，即使是意大利、西班牙和德国的许多优秀的法国

① CLA DE L'UNIVERSITE DE FRANCHE COMTE. Formations semestrielles langue, culture et société [EB/OL]. Besançon: UFC, (2009) [le 11 mars 2011], http://www.formation-cla.univ-fcomte.fr/ndex.

教育合作项目，也达不到该标准。”[①]该奖项每三年评审一次，获奖学校可以在建筑物上或者对外交流中使用获奖标志。该奖项是对教学质量的肯定，可以提高学校的认可度及知名度，有助于学校形象的提升。与此同时，获奖学校可得到法国政府的支持和帮助，如：针对创新项目的资助基金，为招聘法语教师提供便利，在这些机构教授法语的外国教师可以在法国文化中心接受培训等。此外，在巴黎每年将举行一次获奖学校负责人会议，以提供经验交流及分享的机会。

“卓越法国教育奖”，可看作法国文化外交的“新工具”（nouvel outil），是“法语海外发展计划”（Plan de développement du français à l'étranger）的关键一环，被誉为法国“外交及语言的王牌”（Atout linguistique et diplomatique）。[②]该策略的实施，促进了法语影响力的提升，与法国的法语海外发展蓝图相一致。从第一批获得该荣誉的8所学校可见，地理位置是重要因素。作为最大赢家的土耳其，有4所学校获得该称号；其次是美国，有两所在纽约的学校获得；另外两所分别位于芬兰的赫尔辛基和新西兰的奥克兰。四个获奖的国家分属亚洲、美洲、欧洲及大洋洲。这些获奖学校，不论是小学还是中学，不论是公立还是私立，通常位于外国首都，或者位于区域中心城市。由此可见，奖项的评审，非常注重学校所处地域的辐射和带动作用。该奖项的发展目标是：在2012—2013年评选出大约五十所学校，在2013—2014年评选出大约一百所学校，欧洲及G20集团为优先发展区域。随着获奖学校的增多，法语教学品牌的影响范围将呈几何级扩展。

“卓越法国教育奖”的实质，“是为了建立一个卓越学校俱乐部，建立一个优秀的法国海外学校网络”。[③]目前，在全世界的53个国家大约有一百七十万[④]青少年接受法语教育。这个称号的使命是鉴定最优秀的学校，并

---

① SYLVIE THOMAS. Le Label FrancEducation, un atout linguistique et diplomatique [EB/OL]. Ambassade de France à Pékin. (2012-05-21) [le 13 septembre 2013]. http://www.ambafrance-cn.org/Le-Label-FrancEducation-un-atout-linguistique-et-diplomatique.html.

② *Ibid.*

③ *Ibid.*

④ AEFE. Réseau scolaire unique au Monde - Excellence Partage Rayonement [EB/OL]. Agence pour l'enseignement français à l'étranger. (2012-12) [le 16 avril 2014]. http://www.aefe.fr/reseau-scolaire-mondial/excellence-partage-rayonnement.

扶持这些学校成为法语对外传播的中坚力量。获奖学校在高效传播法语的同时，也在有效地传递着法国的普世价值观：包容、人道、机会均等、对知识的追求和对批判精神的鼓励。秉承法国国际文化网络的活力、吸引力和开放性理念，这些学校提供高质量的培训，培养的学生也将会致力于传播法语及法国文化。该称号不仅有助于优秀学校的宣传推广，进一步提升它们的教学质量，还可以为其他学校树立榜样，以促进法语教学在更多学校的开展。可见，该奖项能够起到“以点带面”的作用，在提升教育质量和教师质量、优化法语教育形象的同时，有助于区域性的法语文化和思想的传播。

“卓越法国教育奖”是在世界多语潮流不断发展的背景下设立的，有助于打破英语的垄断地位，从而拓展法国的文化经济。正如法国外交部法语及语言多样化司副司长 Berthon 所言：“在世界多极化的今天，我们的语言完全有它的位置。”①此外，在高速发展的第三世界国家，新的中产阶级正在产生，他们对文化的态度是开放的，是文化及语言多样性的拥护者。例如，印度有 120 万中产家庭子女在学习法语，且这个数字以每年 15% 的速度增长。作为国际法语教育的最高奖项，“卓越法国教育奖”的设立，将成为世界语言多极化格局中法语教育发展的旗帜和里程碑。

5.2.3 培养“文化及经济的大使”

法国外交部部长 Fabius 在 2013 年曾经指出：“长久以来，法国注重对外国学生的培养，注重对外国学者及研究人才的吸引，因为他们可能成为推广法国文化及经济的大使，我们应该发扬这个传统。”②可见，法国对人作为文化传播主体的重视，并把文化推广与经济促进紧密相连。在中国，法比尤斯的观点得到了历史的认证：周恩来、邓小平等留法革命先驱，为中法关系的发展及经贸交往做出了积极贡献。一直以来，法国把外国的精英阶层作为文化传播的重要目标人群。进入 21 世纪，法国主要从以下两方

---

① AEFE. Réseau scolaire unique au Monde – Excellence Partage Rayonement [EB/OL]. Agence pour l'enseignement français ὰ l'étranger. (2012 – 12) [le 16 avril 2014]. http：//www. aefe. fr/ reseau – scolaire – mondial/excellence – partage – rayonnement.

② LAURENT FABIUS. Politique culturelle extérieure – Tribune du ministre des affaires étrangères [N]. Le Figaro, 15 juillet, 2013.

面对这一策略进行强化：

首先，是提升奖学金的数量及质量，以吸引外国高层次人才赴法研修。每年，法国为外国学生及科研人员提供超过两万个奖学金名额。针对的人群包括联合培养博士、法官和检察官、大学及科研机构的研究员、政府高级官员及人文社科领域的优秀硕士研究生等。奖学金的资助范围涵盖学习、科研、实习和差旅资助，奖励层次涵盖学士、硕士、博士和博士后，目的是尽可能广泛地吸引海外的社会管理者及学术精英。

其次，是对留法学生的凝聚。“留法学友俱乐部”（Club France）的成立，可视为法国政府为增进与留法归国学生的友谊及交流，为他们搭建在国外的社交网络及与法国交流平台的重大举措。该俱乐部成立时间不长，但发展迅速。以中国为例，2008 年 3 月，俱乐部首先在武汉成立，仅仅 7 个月后，北京的俱乐部成立，并吸引了数千名曾经留学法国的中国学友加入。自 2009 年起，俱乐部组织迅速进入到其他大城市：上海、武汉、成都和广州。2011 年，留法学友俱乐部在沈阳成立。截至 2014 年初，俱乐部成员已经超过 3 000 名。[①]随着覆盖地域不断扩大，会员人数不断增长，俱乐部内部的组织管理开始细化。在中国，航空航天分会、可持续发展分会、司法分会和金融分会陆续成立，以满足会员的个性化及专业化需求。上述举措可以使俱乐部更好地发挥交流平台的作用，并成为其向纵深发展的标志。

留法学友俱乐部是法国国际教育署的分支机构，受法国外交部的资助。根据俱乐部的官方网站介绍，其主要功能，除了“加强留法学友之间的联系，增进友谊”，还有“通过为会员组织与法兰西文化思想体育相关的活动，维系会员和留学国度（法国）之间的友好情谊”[②]。可见，留法学友俱乐部已成为法国对外文化传播系统的一份子。它以文化为纽带，联系着法国与曾经赴法留学的莘莘学子。俱乐部是法国与外国文化交流的延伸，它巩固和保持了留法学友回国后对法国文化的情谊。这种持续性的情谊和依恋，能起带动和辐射作用，潜移默化地影响他们周围的人群。这种情谊也是对法国国家文化品牌的认可，通过发挥情感的影响作用，为法国企业发掘更多的海外潜在消费者。

---

① 数据来源：Club France 中国官方网站 www. clubfrancechine. org.

② CLUB FRANCE. Présentation – Missions de Club France ［EB/OL］. Club France.（2014）［ le 9 août 2015］. http：//www. clubfrancechine. org.

在俱乐部的合作伙伴中，不乏法国驻外企业的身影。这些企业除了大型跨国企业集团，还有数量众多的在海外拓展业务的法国中小企业。俱乐部在开展文化活动的过程中，也注重与经济活动相结合，为企业与留法学子之间搭建互动平台。俱乐部定期发布招聘信息，提供最新资讯，定期与法国在外国的工商会组织职业论坛及讲座，并设立“留法学友创业奖”，以推动双边经贸交流的发展。

5.3 现代形象的建构：对文化品牌的创新

建构并传播良好的国家文化形象，是法国对外文化传播行动的核心内容。对国家文化形象的塑造和优化，目的是增强国家文化及商品在海外的吸引力，以提升国家的软实力。具体而言，好的国家文化形象可以对内增强民族的凝聚力与文化自信，对外增强本国文化在世界的认同度。进入21世纪，信息全球化成为主流趋势，文化竞争也成为军事及经济竞争之后的新常态。对本国国际文化形象的建构与传播日益受到世界各国的重视，一向以文化大国自居的法国也不例外。

作为西方文明的重要组成部分，法兰西文明有着悠久的历史及辉煌的成就，被世界广泛认可和推崇，文化也成为法国国家形象的代表和标志。在他国受众心中打造具有魅力的国家形象，并一直延续下去，成为法国国家形象战略的核心内容。为赋予国家形象更多现代性元素，表现法国文化的创新性成了重要手段。

彰显国家创新性文化的实质，是对该国文化品牌的推陈出新。“文化品牌”指文化产业范围内知名文化产品的内涵和形象的综合体，是一种文化产品区别于另一种文化产品的核心标志，是文化产品独特个性的代表。[①] 由此可以认为，“国家文化品牌”指一个国家具有影响力的文化产品的综合国际形象，是该国民族文化特征的展现。良好国家文化品牌形象的塑造，有利于增加消费者对该国产品的认知度、美誉度及忠诚度，从而为这个国家的企业带来经济及社会效益。

法国对本国文化品牌的创新，是建立在对传统文化的保护、继承和发扬基础上的。在增进对文化遗产及价值体系独特性的传承和维护的同时，

① 谭志会. 基于消费心理的文化品牌形象塑造研究［D］. 长沙：中南大学，2009：11.

法国文化机构与时俱进，不断发掘新的元素，以扩大及丰富其形象内涵，并从对传统文化形象的提升、对现代人文形象的发掘、对科技法国形象的展示以及对品牌属性的变革四个方面进行创新。

5.3.1 对“浪漫法国”形象的弘扬

在世人眼中，“浪漫”是法国的代名词。法国“浪漫”形象的形成，是该国的思想、语言、文学及艺术等领域传统形象集合化反映的结果。在思想方面，民主和自由是当代法国思想的精髓，构成了法国浪漫主义的基础和前提。在该思想的影响下，个性化的创作及艺术表达的自由成为可能，使法国成为世界艺术家向往的乐土。法国学者普罗夏松曾说过：“大家可以不去伦敦，不去维也纳、柏林，不去圣彼得堡，也可以不去罗马，但无论是谁，不管他什么出身，也不管他有什么国籍，他却不能不去巴黎。”[①]巴黎作为印象主义及超现实主义的发源地，是世界文艺的中心，而艺术的气息为浪漫形象的形成增加了砝码。在语言方面，法语被认为是世界上最优美的语言，其小桥流水般的音调使法语被冠以“爱情之语”的美名。在文学方面，以雨果为代表的法国作家，为促进浪漫主义文学在世界的发展作出了杰出的贡献。在他们的作品中，无不饱含法国作家特有的浪漫情怀。在艺术方面，法国在音乐及美术方面有着很高的成就，法兰西香颂以其抒情的风格和轻柔的旋律，一度成为法式浪漫的代言人。

此外，浪漫形象的形成，还与法国的时尚、旅游、美食及法国人的生活态度息息相关。在时尚方面，巴黎时装有着“第八视觉艺术”的美誉，而法国的香水、皮具及化妆品等，则是高端、优雅及浪漫生活品位的标志。在旅游方面，有着众多博物馆和文化遗产的巴黎，被称为“浪漫之都”。此外，卢瓦尔河畔的古朴城堡、普罗旺斯的薰衣草海洋及蔚蓝海岸的惬意时光，都成为世界各国游客心中的憧憬，使法国成为世界第一大入境旅游国。在美食方面，法式大餐除了讲究菜式的色香味及营养搭配，还注重对舒适就餐环境的营造。此外，法国葡糖酒是高雅文化的象征，鉴酒及品酒的礼仪体现了法兰西民族的优雅与浪漫情怀。在生活态度上，精致生活是法国人的共同理念，法国的聚会文化和咖啡文化是该国民众崇尚生

---

① 普罗夏松．巴黎1900——历史文化散论［M］．王殿忠，译．南宁：广西大学出版社，2005：3.

活享受的具体表现。

由上述可见，“浪漫法国”是法兰西民族的经典文化形象，有着丰富的内涵。这种“浪漫情怀”不仅是视觉冲击下的浪漫，还包括听觉、味觉及情感中的浪漫。经过长时间的发展和强化，该形象已经渗透在法国所有的优势领域当中，如文学、艺术及时尚产业等。为维护和弘扬“浪漫法国”的经典形象，不断为法国传统文化形象增添新的内涵，法国对外文化传播者主要开展了以下三个方面的行动：

（1）增强对法式生活艺术类图书的推广力度。

为塑造新时期的法国浪漫文化形象，法国文化机构增强了对法式生活艺术图书的推广力度。该类图书包括时装、奢侈品及品味生活类图书。法国阿歇特出版社（Hachette）的版权负责人菲雷（Furet）认为，法式生活类图书最受欢迎的主题是葡萄酒及雪茄，因为它们在世界其他国家是地位的象征。葡萄酒业在第三世界国家发展迅猛，这些国家的中高层人士都有意学习这方面的知识。[①] 2013 年北京书展的法国展台上，特别开辟“法式生活艺术与美食图书”专区，展出九十多本美食类法语原版图书或翻译作品，其中包括菜谱、美食艺术史、餐厅建筑、各类美酒、餐桌艺术以及与之有关的文学与诗歌图书等。

（2）促进时尚品牌文化的提升。

法国有着众多的高端时尚品牌，在长期的历史沉淀中，形成了有着深厚底蕴的品牌文化。提升企业文化的吸引力，并把其作为提升法国国家形象的新元素，一直是法国文化行动者在建构国家形象中的重要策略。在法国驻外文化使领馆的协助下，一批法国时尚界的领军企业纷纷举办了世界性的企业文化巡回展览。例如，“文化香奈儿”展览在中国、韩国等多个国家的不同城市举行。展览注重选取大城市的艺术馆作为展示场所，以突出其艺术性而非商业性。展览通过大量的图片及实物，呈现了品牌发展的历史、创始人香奈儿的传奇人生、不同时期创作的作品以及创作的灵感来源等，以突出其“突破传统”和“化繁为简”的“自由”“前卫”和“浪漫”的风格。“香奈儿精神”正是 20 世纪初法国新文化运动的缩影，是法兰西当代文化的生动诠释。该展览突破了企业的范畴，上升为对法国国家

---

① CHRISTINE KARAVIAS. Comptes rendus，19e Foire internationale du livre de Pékin [EB/OL]. La lettre de BIEF.（2012 - 09）[le 20 septembre 2013]. http://www.bief.org.

和民族文化的展示。

（3）引入及推介新形式的法国艺术。

芭蕾、歌剧及杂技等，是法国传统的优势艺术形式。法国的大歌剧及抒情歌剧曾经风靡世界，并成为浪漫主义时期的经典展演方式。进入21世纪，法国文化行动者不断赋予本国舞台艺术新的内涵，推出了新马戏、现代芭蕾及舞蹈等创新艺术形态，推动法兰西艺术风格由“古典浪漫主义”向“现代浪漫主义”过渡。法国在海外举办的文化年活动中，“新颖”和“创新”是被提及频率最高的词汇，新式的节目往往成为推广的重心和活动中的亮点。

为推动节目的创新，法国注重鼓励本国艺术家与其他国家艺术家间的合作，在跨文化互动中激发创作的灵感。有许多在法国比较流行的艺术形式，对海外受众而言还是陌生的，如法国的现代舞蹈、新式的音乐及街头艺术等。为促进本国新艺术在异国的接受，让他国观众更好地感受、理解和学习这些艺术形态，法国组织者往往把演出和讲座、艺术家见面等活动相结合，为受众提供学习及与法国艺术家交流的机会。

对创新艺术形式的展现，有利于推动法国演艺事业的对外推广，发掘和培养喜爱法国文艺表演的海外受众群体，从而为法国文化产业在海外的发展注入新的活力。

5.3.2 对“现代人文”形象的发掘

早在20世纪中叶，法兰西第五共和国第一任总统戴高乐就提出：“在世人眼中，法国文化应该是现代性及创新性的。”[①]但在随后的几十年，法国在海外文化推广行动中，仍以对本国的历史文化遗产的传播为主，没有充分展示其现代性的一面。法国文化传播界对过去的辉煌过于沉溺，使外界对法国文化的刻板印象不断强化，削弱了其文化形象的生命力，引起了国内有识之士的担忧。1995年，文化及科学技术关系局主任莱维特（Le-

① GIBERT PILLEUIL. La politique culturelle extérieure（1958 – 1969）– De Gaulle et la culture［M］. Paris：Plon，1992：143.

vitte）提出：“我们必须意识到，法国在世界的形象，有老化的趋势。”① Levitte 的警示得到了国家领导人及文化传播界的认可。2011 年，在法国文化传播行动进入改革的关键时期，法国文化中心主席达尔柯斯指出：“现在，法国文化的形象及行动方式必须是现代化的。”②为对国家文化形象进行推陈出新的改造，构建“现代法国”的形象，法国对外文化传播机构开展了多方面的行动，实施从“经典人文”到“现代人文”过渡的策略，是其中的代表。

法国在文学领域有着深厚底蕴及辉煌成就。文学、哲学、心理学、法语世界文化及思想等人文社科类图书，是法国图书贸易的传统优势领域。参加完 2013 年北京国际书展后，法国杜诺出版社（Dunod）版权贸易经理勒克莱尔（Leclercq）的体会是：中国出版界对法国人文社科类图书的态度是积极的、有需求的和好奇的。③

为巩固法国文学品牌在世界的优势地位，在法国图书国际出版署（BIEF）的鼓励与支持下，法国各大国际出版集团均把文学作品作为主要的翻译和输出对象。如阿尔班·米歇尔出版社（Albin Michel）每年出版的社科类图书，一半都会在出版的 18 至 24 个月内翻译成外语，并在国外出版。为保持法国文学在世界图书市场的优势地位，继续扩大法国思想对世界的影响，法国的出版企业在弘扬本国经典文学作品的同时，注重对现代文学作品的发掘。

首先，是对“经典人文”作品的继承和发扬。这类作品主要由两类作家撰写：①已故的大师级人物，如人类学家施特劳斯（Strauss）、哲学家福柯（Foucault）及社会学家布迪厄（Bourdieu）等。②当代著名作家，如考古学家韦纳（Veyne）、哲学家哈道特（Hadot）等。一直以来，法国出版界把对本国经典哲学思想的传播放在出口战略的最重要位置，并把该类书籍打造成法国图书的“形象代言人”。鲍德里亚（Baudrillard）、巴迪欧（Badiou）、博格森（Bergson）及德里达（Derrida）等法国知名哲学家的论著，都已在世界范围内产生了广泛的影响。如今，为了发掘本国“经典”

① XAVIER DARCOS. Qu'est - ce que l'action culturelle française à l'étranger? [EB/OL]. L'Académie des Sciences morales et politiques. (2011 - 03 - 07) [le 12 mars 2012]. http://www.asmp.fr/travaux/com munications/2011 - 03 - 07 - darcos.html.

② *Ibid.*

③ CHRISTINE KARAVIAS. Portraits et entretiens de professionnels [EB/OL]. BIEF. (2013 - 09) [le 5 sept. 2014]. http://www.bief.org/ Publication.

人文作品的潜力，法国出版社开始重视对20世纪关注度不高的本国实力派作家的作品进行推广。推广的作品主要集中在文学、人文科学及儿童读物等领域，如《为何要研究哲学?》（*Pourquoi Philosopher ?* ）一书，由已故的法国哲学家利奥塔（Lyotard）所著。在他逝世14年后，该书由法国大学出版社（PUF）出版，并已经成功转让了十多个版权。

其次，是对“现代人文”作品的挖掘和推广。在继承前人思想成就的同时，法国出版界没有忘记对新一代作家的挖掘和扶持，实现从“经典人文”到“现代人文”的过渡，为人文社科类图书的推陈出新注入活力。例如，在法国2013年秋季向中国推介的30本图书中，93%都是21世纪作家的作品。近五年来，法国出版界出现了四类新生代作家，其作品对国外受众有着较强的吸引力：①具有国际视野的研究外国文化的作家，如从法国角度研究美国和中国的专家学者。②富有创新精神及独特视角的学者。如法国80后文学家加西亚（Garcia）的作品视角独特，涉及艾滋病及同性恋运动等社会敏感话题，并侧重在写实的基础上进行思辨分析。其著作由法国大学出版社及加利马尔出版社（Gallimard）出版，在世界范围内产生了强烈的反响。③有着别具一格的创作形式的作品。如怪才作家贝格伯德（Beigbeder）和布朗利（Bramly）的非现实性作品、美国“垮掉的一代”在法国的代言人迪昂（Djian）的小说及从事地域写作的作家克朗加尔（Kerangal）。④一些在法国国内并不知名，在国外却产生了一定的反响的作家，如精神分析学家勒让德尔（Legendre）、哲学家拉吕埃勒（Laruelle）以及经济学家布瓦耶（Boyer）的作品，在美国、日本、墨西哥和荷兰等国的受关注程度远超法国本土。通过近几年的宣传和推广，以上四类作家及作品，已经成为法国图书出口的新增长点，很好地保持了法国思想在世界文坛的生命力。

为增强人文形象在世界的推广，法国出版企业纷纷增强了对翻译工作的支持力度。以往，法国出版界普遍认为“法语是进入法国思想的唯一途径”。近年来，他们越来越意识到应该重视法语书籍的外译工作，因为它是把本国图书推向世界的重要环节。法国驻纽约图书推广处主任屈塞（Cusset）认为，应该对法语书籍的外译工作有信心，翻译是一种语境的重置（recontextualisation），因为世界思想的交流是从译界开始的。[①]出版界的

① JEAN BIRBAUM. Naviguer d'une langue à l'autre [J]. Le Monde des livres, le 16 novembre 2012.

观点也得到法国政界的支持。正如法国文化中心主席 Darcos 所言："文化行动，首先是法语，尤其是法国作家作品的翻译。"①对于如何提升翻译质量，法国语言学家阿热日（Hagège）认为，要避免"翻译语言即翻译思想"的陈旧观念，应该"在不同的语言中进行思考"，"学会在不同的语境中遨游"。②

为促进图书外译的发展，翻译经费的供给和翻译语言的选择成为法国出版界关注的重点。出版业从上游开始就呈现高成本的特征，加上翻译费用后，其高昂的成本往往令一些出版商难以承受。很多规模较小的出版社由于经费不足，制约了小语种翻译及出版业务的发展。为了鼓励本国出版商开展外译工作，从 2005 年开始，法国政府联合法国国际翻译学院（CITL）实施了"翻译支持项目"（Plan Traduire），该项目重点支持英语、阿拉伯语、汉语、西班牙语及俄语的翻译者，以加速本国的现代人文书籍在东亚、中东及东欧新兴经济体的传播。

一直以来，人文领域的成就是法国文化的杰出代表，"文学和艺术的法国"是法国在世人心目中的传统形象。为巩固该形象在他国受众心目中的地位，赋予其现代性的内涵，法国做出了不懈的努力，对外图书推广行动，可谓是其中的代表。在法国政府的对外文化传播战略框架下，以法国出版集团为代表的文化企业将不断加强对新生代文化创作者及作品的支持力度，以不断巩固和提升法国在世界人文领域的领先地位。

5.3.3 对"科技法国"形象的展示

进入 21 世纪，科技发明和文化创新成为衡量一国经济发展潜力的重要指标。要保持文化的吸引力，必须与时俱进，构建国家的科技文化形象。

但长期以来，世人对法国文化形成的刻板印象，使法国现代化的一面被忽视了。正如法国著名外交家莱维特（Levitte）所述："无论是纽约还是东京，对法国的认识依然停留在印象派画家、德彪西和拉威尔的音乐、加

---

① XAVIER DARCOS. Politique culturelle extérieure de la France [EB/OL]. Sénat. (2011 - 02 - 09) [le 9 février 2012]. http://www. Ambafrance - es. org/ Politique - culturelle - exterieure - de.

② CLAUDE HAGEGE. Au-delà des territoires de la pensée, de la langue, de la nationalité [EB/OL]. BIEF. (2012 - 12) [le 13 décembre 2013]. http:// www. bief. org/ Publication - 3325 - Article.

缪或萨特的文学和哲学上……这是不公平的，我们也有高精尖的技术，如高速列车、空客飞机和阿丽亚娜火箭。”① 一直以来，世人对法国人文领域成就的过分看重，使其在科技领域的成果被忽视了。为展示本国科技品牌的实力和创新能力，使海外受众对法国的认识，从“文化的法国”转变到“科技的法国”上来，法国政府及其对外视听媒体做出了不懈的努力。

首先，法国政府实施了三个方面的新政，以树立法国在世界的科技形象：①借助在海外进行的法国文化节庆活动，在世界范围内开展以“科技法兰西”为主题的宣传行动。活动包括“法国科技展示周”和“团队合作创新奖评选”两部分，以展现和推广法国在不同领域的科技创新，并鼓励法国科研工作者及研究机构在海外的合作发明与创造。②增强与他国在法国优势领域的科技合作，如能源、交通、医疗卫生、食品工程、现代农业、信息技术及城市可持续发展方面等，以携手解决及应对国家发展过程中的问题与挑战。目前，科技合作在法国外交策略中的地位已提升至前所未有的高度。③塑造“世界级科研大国”的形象，不断增加理工类奖学金的数量及资助力度，为别国优秀科研人员到法国进行访学研究提供便利。

此外，法国对外视听传播媒体纷纷加大了科技类节目的制作及播放力度。在F24的章程中，提到“应该通过对法国科技成就的介绍，向世界传播反映法国的新时代特征”。这一策略的提出，是法国国际传媒对本国传统文化形象的发展和延伸，体现了其塑造法国新时代形象的传播理念。法国在航天、核能、军工和石化等领域处于世界领先地位，为了全方位塑造“科技法国”的形象，F24 和 TV5 等视听媒体开辟了一系列反映法国最新科技发展的专栏，如《科技 24 小时》（*Tech 24*）及《新技术》（*Nouvelles Techologies*）等节目，及时介绍法国在不同领域的最新科技动态和技术成果。

法国迫切向世界展示其领先的高科技成就，有着深层次的原因。法国是世界第五大、欧洲第二大出口国。但近十年来，法国的对外贸易形势却不容乐观。贸易逆差的持续攀升和出口企业数量的不断减少，使其外贸业在激烈的国际竞争中处于越来越不利的地位。出口的放缓，是20 世纪末以来法国经济萎靡不振的主因之一。目前，扩大出口已经成为保持经济稳定的基本任务。为了挽救每况愈下的出口贸易，获取大项目合同和帮助中小企业拓展海外市场成为法国政府在新时期的重要经济任务。大项目的获

① 彭姝祎．试论法国的文化外交［J］．欧洲研究，2009（4）．

得，必须取得别国政府和大企业的认可；中小企业要把产品销往国外，必须取得海外消费者的信任。国家整体的科研能力和创新能力，是影响海外顾客对该国产品认可度的重要因素。德国产品之所以被世界消费者广泛认可，是因为该国已成为“科技强国”的代名词，其卓越的研发能力保障了产品质量的稳定。在新形势下，对外贸易的发展和招商引资的需求要求法国把崭新的一面呈现在世人眼前。为此，对法国科技形象的塑造，成为法国对外文化传播行动维护国家经济利益的重要内容，并将不断被大力推进。

5.3.4 对“国际化”品牌属性的打造

“品牌属性”可认为是反映该品牌特征的一系列要素的集合，是产品个性的表现及象征。品牌属性是品牌形象的重要构成部分，对消费者的品牌认知及消费行为产生决定性的影响。在文化产品生产模式日新月异的今天，对本国文化品牌属性进行革新，打造以“思想分享”和“生产合作”为特征的国际化的品牌属性形象，成为法国对外文化传播的又一要务。

目前，法国传播界存在一个共识：法国思想的国际影响力正在逐步下降，与此同时，世界其他地区的思想在蓬勃发展。多元文化的共存和互动已成为人类文明发展的主旋律。在新形势下，促进人文科学研究及创作机制的国际化，注重从“思想占有”到“思想分享”，成为法国对外传播行动的改革方向之一。

思想分享的实质，就是思想的交流。思想交流是开拓视野，获取创作灵感的有效方式。为此，法国的文化机构在以下三方面进行推进：①法国国际出版局定期邀请外国作家到本国介绍其作品。②法国文化协会（France Culture）开展“司汤达项目”（Stendhal），每年支持60名本土作家到国外进行考察和创作。③法国文化中心设立“阿朗贝尔基金”（Fonds d'Alembert），以促进不同思想的交融。该基金每年资助法国驻外文化组织和当地的科研机构（大学）联合开展50场以上的学术研讨会，讨论的主题围绕当地的热点展开，法国学者在其中阐述自己的观点，并与当地专业人士进行思想互动。2012年研讨的内容包括民主进程、国家治理、城市可持续发展及环境与健康等。该基金在支持开展学术活动的同时，还注重向国外大学的师生推荐法国人文社科领域的最新成果。

在“思想分享”理念的指引下，法国出版社纷纷进行了出版模式的国际化改革。出版全球化是当代出版业的发展方向之一。通过组织本国与他国作家的合作，能有效减少跨文化传播中的障碍，促进不同文化的融合及新思想产生的。《世界上的工作和人种——认知的现状》（*Travail et Genre dans le Monde – L'Etat des Savoirs*）一书，可看作法国出版业国际化进程向纵深发展的标志。该书由主编马吕阿尼（Maruani）邀请 17 个国家的 54 位学者共同完成，于 2013 年 9 月由发现出版社出版。此外，支持有异域背景的法国作家创作，也成为发展的方向之一。法国在中国推广的文学图书中，多部作品来自旅居中国的法国作家之手，例如，文森特·海因的游记《南洋杉》和维尔吉妮·布依克斯的以中国为题材的作品《卖花者》等。他们用法国的思维诉说中国的历史和现状，其独特的观察角度往往能够给予中国受众耳目一新的感觉。法国出版界对上述编辑模式的评论是：这种模式打破了形式、后殖民主义和社会身份建构思想对编辑模式的束缚，是对传统的“只能由法国创造法国思想”形态的颠覆。①

在促进思想交流及国际文化生产合作的同时，法国文化传播机构注重对本国多元思想的保护和分享。法国图书中心专门设立基金，资助那些虽然经济效益不佳，但具有文学及思想价值的书籍。正如阿尔班·米歇尔出版社人文科学部主任蒙萨克雷（Monsacré）所言：“没有比保持获取多元思想通道的顺畅更重要的事情。”② 此外，为应对国际化的挑战，以巴黎索邦大学出版社（PUPS）为代表的法国一线出版社，已经开始计划扶持跨国甚至是跨洲作家，并逐步扩大外语翻译的种类。

5.4　不同地域的战略部署：从三个维度的推进

从地域看，法国文化传播行动对经济利益的维护，主要从三个维度进行推进：“维护在非洲的利益”“加强在欧洲及北美的文化竞争力”以及“提升法国媒体的全球传播力”。非洲属于“南部”法语世界国家，是法国的前殖民地。为维护对该地区的经济控制，法国把文化控制作为重要的实

---

① CATHERINE FEL. L'international en question – Quels enjeux pour les sciences humaines et sociales françaises? [EB/OL]. BIEF. (2012 – 12) [2015 – 06 – 01]. http://www.bief.org.

② HELENE MONSACRE. Une réelle attractivité des sciences humaines et sociales françaises à l'étrange [EB/OL]. BIEF. (2012 – 12) [le 22 déc. 2013]. http://www.bief.org/Publication – 3325 – Article.

现手段。欧洲及北美属于“北部”法语世界国家，多元文化是上述两个区域的特征。法国积极参与欧美国家的文化竞争，并把文化传播作为在这两个地区进行经济竞争的辅助手段。此外，法国还注重加强对外传媒的全球传播力，以促进其在第三世界国家的经济拓展行动。

5.4.1　在非洲的文化控制与经济控制

非洲一直是法国海外经济利益的重心所在。法国是一个矿产资源相对紧缺的国家，大部分石油、天然气和有色金属依靠进口，有着丰富自然资源的非洲成为法国主要的能源和原材料供应地。据统计，法国100%的铀和钴、72%的锰、80%的铝矾土和52%的铬都从非洲进口。[①]此外，非洲还是法国的传统市场，是法国大型企业海外拓展的主要区域之一。充足的资源是进行生产活动的必要条件，对市场的占有则是实现经济利益的根本途径。由此可见，非洲在法国的经济发展中占有举足轻重的地位。

巩固和增强对非洲的控制力是法国外交政策的重点。18—19世纪，非洲大部分地区沦为法国的殖民地。在近一个世纪的殖民统治时期，法国殖民者对非洲的自然资源和廉价劳动力进行疯狂掠夺，为本国的经济发展积累了原始资本。进入20世纪，随着人类社会的进步和非洲独立运动的蓬勃发展，赤裸裸的武力殖民已成为历史，“独立”与“民主”观念在非洲社会深入人心。为了保持对非洲这块“根据地”的控制，法国不得不重新定义与非洲的关系，以改善其在非洲的“掠夺者”的负面形象。法国政府敏锐地觉察到：非洲国家在经济复苏和快速发展的过程中，急需大量的资本和技术支持。为此，“对非援助”及“经济合作”成为新时期法国在非洲的重要外交策略。为配合以上行动的开展，法国在该地区进行了三个方面的文化行动。

首先，是加强法语在非洲的传播。作为法语世界的重要组成部分，法语是非洲许多国家的官方语言。强化法语在非洲的地位，有利于促进法国在非洲经济活动的开展。正如法国外交部长 Laurent Fabius 所言：“法语国家建构着法语文化圈，同时也建构着经济文化圈。分享同一种语言能促进

① 李安山．浅析法国对非洲援助的历史与现状［J］．西亚非洲，2009（11）．

贸易的发展。”①为此，法国学校纷纷加强与非洲当地教育机构的合作，以合作办学的方式推广法语。此外，法国的媒体也推出“空中课堂”，大力发展以视听媒体为载体的法语教学。

其次，是加强对非洲的文化援助。推行“PAP 计划”，可看作法国在非文化援助行动的代表。该计划自 1990 年开始，由法国政府联合出版界相关机构组织实施。该计划的目的是帮助非洲出版商通过购买的方式获得法国图书的版权，并为这些图书在非洲的出版提供支持。为辅助该计划的实施，法国图书中心为法国出版社提供配套的翻译支持项目。对于相对落后的非洲国家，PAP 注重从版权合作、价格优惠及专业培训三方面进行扶持。该项目主管甘柯东（Quinqueton）强调：“我们的理念是让当地的出版企业强大起来。我们鼓励法国出版商以合作的方式进入非洲及马格里布地区，鼓励进行版权的转让，而不是直接出口。因为出版是与地域及人群联系紧密的行业。”②为提高法国图书在非洲的销量，在外交部及文化部的资助下，法国的图书出版商及法国图书出口中心（Centre d’exportation du livre français）以半价甚至三分之一的价格在非洲销售图书。此外，法国外交部联合法国国际图书推广署（BIEF）及法语国家书业国际协会，定期对该地区的出版从业人员进行培训，以增进其对法国出版模式的了解。

最后，是强调法国在非洲不可或缺的作用。在对非的文化传播行动中，法国媒体注意展现本国的美好画面，表现法兰西民族和非洲人民间的深厚情谊，使他们认识到法国社会是先进、宽容和人道的。这表现在：许多法国文化传媒在节目编制过程中，注重对该地区受众灌输着一种潜在的意识：“法国是非洲的最忠诚伙伴”，“非洲离不开法国”。这是一种隐性的思想控制方式——通过提升非洲社会对法国的认同感，可以增加该地区对法国的崇拜和归属意识。

法国在非洲文化行动的实质，是“文化控制”下的“经济控制”。法国通过增强在非洲的文化传播力和控制力，促进与该地区的经贸联系，提升非洲市场对其文化和经济的依附度，从而稳固本国企业在非洲“法语经济圈”的优势地位。

---

① LAURENT FABIUS. Politique culturelle extérieure – Tribune du ministre des affaires étrangères ［N］. Le Figaro, 15 juillet, 2013.

② FLORENCE RAYNAL. Le MAEE fait voyager les livres à travers le monde ［J］. Label France, 26 février, 2008.

5.4.2 在欧美的文化竞争与经济竞争

从地域看，欧洲和北美是法语文化出口量最大的两个市场，是法国对外贸易版图中必须巩固的优势区域。以图书出口为例，2012 年法国对这两个地区的出口额占总出口额的 73.8%①，是其图书出口的“命脉”所在。上述两个地区国家的政治经济发展程度普遍较高，且有着庞大的法语人口，对法国文化产品有着巨大的需求。巩固和提升法国文化在欧洲和北美的影响力，成为促进法国对这两个地区的经济贸易，特别是文化出口贸易的重要保障。

在欧洲和北美，法国面临着多元文化的竞争，特别是英语文化的竞争。为此，增强法国文化的竞争力，成为法国在这两个地区开展文化行动的关键。为提升本国文化产品的竞争力，法国进行了以下三个方面的尝试：

（1）设立海外推广机构，为文化产品贸易提供便利。以图书为例，为稳定北美市场，促进法语图书英文版对该地区的输出，BIEF 在美国纽约专门设立法国出版商事务部（The French Publishers’ Agency），为本国图书的版权拥有者与美国出版商搭建联系和沟通的平台。该事务部的成立，促进了法语图书的英译及在美国市场的出版，使法语在美国成为仅次于西班牙语的第二大被翻译语言。

（2）注重文化互动及文化宣传活动的开展，因地制宜地进行文化推广。针对法语图书在美国翻译量少的状况，法国以“促进思想的交流”为名义，在这一区域开展一系列展览及推介活动，以提高法国作家及作品在该地区的知名度。对于中欧和东欧等处于经济和政治大变革时期的国家，法国注重支持有潜力的法国出版商到该地区开展文学研讨活动，在探讨社会变革与文学形态间关系的同时，增强与这些国家出版界的互动。

（3）增强在欧洲的舆论控制力和领导力。法国是欧盟的主要经济体之一。从拿破仑时期开始，欧洲一直是法国经济利益的重心，法国 63% 的对外贸易是与欧盟国家实现的。②为了促进在欧洲经贸和文化活动的顺利开展，法国的对外传播媒体把“增强在欧洲的舆论控制力和领导力”作为基本任务之一。为了增强对欧洲国家的舆论影响力，法国政府推出了两个重

---

① 根据法国出版中心公布的法国 2012 年图书出口数据统计得出。

② 李克勇，杨艳如．法国面面观［M］．北京：外文出版社，2004：16.

要举措：① 1989 年，《无国界电视》（Télévision sans Frontière）法案获得通过。该法案明确规定：“法国的广电媒体企业应该致力于向欧洲其他国家推广节目。” ② 1990 年 10 月，法德在柏林签署协议，合作成立了“欧洲文化频道”（ARTE），其使命是“传播国际性的文化节目，以促进欧洲各民族的相互了解”。无国界电视法案可看作法国政府在法制层面上对对外视听传播在欧洲发展规划的完善。而 ARTE 的建立，则是“伪政治联合”的结果，是密特朗防止德国超越法国在欧洲地位的举措。从表面上看，ARTE 的成立是为增强法德合作和欧洲团结，但实质上却传播着一种理念：法国与德国处于平等地位，法国仍是欧洲的轴心，法德两国共同主导着欧洲。

法国在欧洲及北美文化行动的实质，是一种“文化竞争”下的“经济竞争”。海外专业文化推广机构的设立，是法国促进文化产品出口的重要举措；结合目标国实际有针对性地开展文化传播行动，可以有效提升法国文化的认可度；与欧洲媒体进行的话语权竞争，能够扩大法国的文化影响力，是法国对外文化传播行动维护本国在该地区经济利益的隐性手段。

5.4.3 在全球的文化拓展及经济拓展

2007 年爆发的美国次贷危机，使欧洲经济受到重挫。欧盟各成员国经济增速逐渐放缓，消费市场迅速萎缩，使法国在欧洲的经贸业务陷入困境。寻求和开拓新的市场，培育新的贸易增长点成为法国政府和企业的当务之急。法国外贸国务秘书皮埃尔·勒卢什称曾坦言，法国出口过于依赖欧盟 27 国市场，而法国对“金砖四国”（中国、印度、巴西和俄罗斯）的出口比德国少 3 倍。德国对这些国家的出口贸易占总贸易额的 7.5%，而法国只有 2%。[①]为此，“走出欧洲”战略成为新时期法国对外经贸拓展的主线。随着广大第三世界国家的迅速崛起，法国把亚非拉地区锁定为最具潜力的市场，并加快了对这些区域的进军步伐。

法国对外文化传播行动的“全球扩张”战略，可看作帮助其企业进军新兴第三世界市场的协同战略。“全球扩张”策略的实质，是提升法国对外传播媒体在全球的传播力，以加速其文化的海外拓展，从而促进对外经

---

① 马与雄．法国贸易逆差达 514 亿创历史新高［N］．中华工商时报，2011－2－15（4）．

济贸易的发展。以往，法国的文化传播行动一直把欧洲和非洲的法语世界国家作为工作重心，并取得了在法语世界的话语权。但在亚洲、东欧和拉美，法国文化传媒的影响力和受众数量不容乐观。舆论引导力的下降和话语权的缺失，必然对其经济和外交策略的实施造成不利影响，这使法国政府意识到问题的严重性：文化传播的重点不能只局限在传统的优势区域，必须稳步向外扩张，走向世界。因此，法国对外文化传播行动的发展，实质是围绕"走出法语世界"进行的。作为文化传播行动的重要机构，法国对外视听传媒集团（AEF）的根本任务，就是："致力于传播推广法语、法国和法语世界文化，尤其是通过电台和电视台，通过它们关于法国和法语社会节目的传播，增强法国在世界的地位和影响力。"① AEF 主席普齐拉克（Pouzilhac）曾指出，"争夺与法国友好国家的受众之战和争夺法语世界国家的受众之战一样神圣"。②

在"走出去"战略的指导下，法国文化传播机构实施了一系列行动：

（1）F24 被定位为"有力的国际新闻媒体竞争者"。鉴于 CNN 和 BBC 等在北美及太平洋地区的强大影响力，F24 把亚洲和拉丁美洲定为优先发展区域。同时，继续增强阿拉伯语节目的制作能力，逐步增加阿语节目的播出的时间并不断优化节目的内容，以巩固和提高其在中东地区的收视率。该频道实现全天候对世界新闻的及时播报，表达法国对世界局势的看法。法国前文化部部长瓦布尔（Vabres）曾形容它是"法语世界的 CNN"。③有别于 TV5，F24 实行的多语言策略，针对的受众也不再局限于说法语的国家，而是扩大到世界范围。这个转变有别于以往的"固守的法语世界"的策略，是法国对外新闻传播的重新定位。

（2）对 RFI 而言，其广播语言的调整策略，是电台传播重心转移的重要体现。这是因为广播具有不可视性，广播语言是广播内容的唯一载体，它直接决定了受众的范围。殖民地电台时期，为了巩固对海外殖民地的控制，RFI 的广播语言主要是法语、英语和西班牙语。1937 年，着俄语、希腊语、

---

① DILA. La Politique audiovisuelle extérieure en 2010 - Vie publique [EB/OL]. Direction de l'information légale et administrative. (2010 - 07 - 07) [le 3 juin 2012]. http: // www. vie - publique. fr/.

② MARTINE ROBERT. Entretien avec Alain de Pouzilhac, président de l'audiovisuel extérieur [J]. L'Oeil, 03 (n° 622), 2010.

③ CYRIL BLET. Les chaînes d'information internationale en Europe: une réponse au défi de CNNI [J]. Nouveau Monde Editions, Le Temps des médias, 2 (n° 11), 2008.

罗马尼亚语、克罗地亚语和波兰语的开播，标志着电台开始重视对东欧的传播。1982 年，RFI 恢复对拉美的法语、西班牙语和葡萄牙语广播，重新开始向美洲扩张。1990 年，RFI 开设了越南语频道，拉开了进军亚洲的序幕。2005 年，RFI 重新制定了发展计划，重点发展英语、阿拉伯语、西班牙语和汉语广播业务①。2008 年，RFI 被 AEF 合并后，取消了部分收听率不佳的语种②，开拓汉语、俄语、波斯语和越南语的网上播出业务，并加强了法语、英语、葡萄牙语、西班牙语、豪萨语和斯瓦希利语频道的建设。③

（3）为开发新兴市场，一些大的法国出版商纷纷在国外设立自己的办事处，以推动其海外版权的销售。如巴黎索邦大学出版社（PUPS）在阿联酋首都阿布扎比设立了分支机构 Label Sorbonne，以促进企业在该地区业务的开展。在 Label Sorbonne 的协助下，PUPS 出版的《海湾地区国家地图册》（*L'Atlas des Pays du Golfe*）及《近东国家地图册》（*L'Atlas du Proche – Orient*）顺利地转让了阿拉伯语的版权。

（4）随着亚太、拉美及中东等新兴市场的崛起，法国出版界开始注重小语种的翻译工作。该举措打破了一直以来法国图书的译介工作主要围绕传统市场进行，翻译的语言主要为意大利语、西班牙语、葡萄牙语和英语等的传统。近几年来，在法国国家图书中心的帮助下，法语作品越来越多地被译成了小语种，如塞尔维亚—克罗地亚语。此外，法国各主要出版商纷纷针对新的目标市场，积极培育汉语、土耳其语、阿拉伯语及俄语等翻译人才。

法国在全球提升文化传播力的实质，是“文化拓展”下的“经济拓展”。由法国视听传播业和出版业的发展趋势可见，从 20 世纪末开始，随着东欧、中东、拉美和中国的崛起，第三世界国家已成为法国文化出口的“绿洲”。为配合经济拓展行动的开展，法国已经逐渐把包括中国在内的第三世界国家列为文化传播的重要对象。在巩固对“法语世界”统治地位的同时，法国的文化传播重心开始向更具经济发展潜力的东欧、亚洲和拉美转移。

---

① ANNE ROY. La radio cosmopolite perd ses langues [N]. L'Humanité, 18 novembre 2004.

② 这些语种是：德语、阿尔巴尼亚语、波兰语、克罗地亚语、土耳其语和老挝语。

③ DIDIER SI AMMOUR. RFI envisage l'arrêt de programmes en six langues [N]. CB News, 28 octobre, 2008.

6 结语：法国文化传播的经验及借鉴

文化是已知行为模式的一个综合系统，它代表着某个社会成员思维和行为的各种特征。[①]对法国而言，法兰西文化以其独特魅力，已经成为该国对外交往活动中吸引国际受众的最有效手段。对外文化传播行动一直是法国政府外交行动和维护本国利益策略的重要组成，并被认为是“应对世界风云变幻的一张王牌”[②]。文化“王牌”作用的彰显，缘于法国的成功文化传播模式：“政府的引导支持 + 文化机构的专业组织 + 对他国受众热情的激发 = 活动的成功”。具体而言，成功的要素由三个核心理念组成，并对我国的国际文化推广具有极强的借鉴意义。

6.1 法国文化传播的核心理念

2013 年，法国外长 Fabius 在题为《我们 21 世纪的文化外交抱负》（*Notre Ambition pour une Diplomatie Culturelle au XXIe Siècle*）的演说中，提出：“对发展策略而言，文化代表了民主变革及社会的进步。文化是法国历史遗产的价值及国家实力的体现，且是提高发明创作水平的动力。法国的文化政策是提升法国的魅力及影响力的基石。为此，应该对对外文化传播行动给予新的推动力。”[③]该讲话对法国海外文化推广行动的意义、地位、作用、机制及改革作了具体细致的描述，可视为法国新时期国际文化传播行动发展的纲领性文件。

---

① 陈国民，安然．跨文化传播学关键术语解读［M］．北京：中国社会科学出版社，2010：46.

② MAE. Diplomatie culturelle – La politique culturelle extérieure de la France［EB/OL］．Ministère des affaires étrangères．（2014 – 08 – 29）［le 23 novembre 2014］．http：//www. diplomatie. gouv. fr/fr/politique – etrangere – de – la – france/diplomatie – culturelle – 21822.

③ LAURENT FABIUS. Politique culturelle extérieure – Tribune du ministre des affaires étrangères［N］．Le Figaro，15 juillet，2013.

对遗产价值的实现及对国家影响力的提升，反映了对文化利益及政治利益的维护；坚持文化对民主变革及社会进步的推动，反映了文化民主的思想；强调发明创作对文化的推动力，反映了创新推动的理念。通过对该演讲的归纳，我们可以得出体现法国新时期对外文化传播行动核心的关键词：国家利益、文化民主及创新推动。

6.1.1 重视文化对国家利益的促进作用

不可否认，法国的对外文化传播行动，带有一定的政治性及经济性。《辞海》对“文化”一词的解释是：“作为意识形态的文化，是一定社会的政治和经济的反映，又作用于一定社会的政治和经济。”可见，文化与政治及经济存在天然的纽带关系。德国学者帕梅拉（Pamela）认为：“在法国，文化（culture）不仅是文明（civilisation）的同义词，同时也是一个政治概念，它涵盖了一个团体对所有物质和精神的表达。”①这个“政治概念”，指的是法国文化行动为国家政治利益服务的特性。该行动由外交部控制而非文化部，是其政治属性的突出表现。

与传统的外交手段相比，文化行动具有较强的隐秘性。这种隐秘性主要指进行方式的非官方性，不易被觉察。从表面上看，文化传播的实施方式是一国的文化企业及组织在他国的信息传播，是政府体制以外的不同国家媒介之间的相互影响。然而，政府往往是这些跨国媒介的幕后操手，这些媒介的传播内容常常被渗入该国的对外政策和主张，目的是在他国制造有利于本国的公众舆论，从而为外交策略的实施提供便利。文化传播行动的实质，是对国家利益的维护。对国家政治及文化利益的维护，是法国对外文化传播的根本任务；对国家经济利益的保障，成为法国对外文化传播在新形势下发展的驱动力。

为促进国家的政治、经济及文化外交发展，法国注重加强化文化行动在外交策略中的基石地位。1945 年以后，法国陷入“二战”后的衰退期，大国地位受到了极大的削弱。对外文化传播成为维持法国的国际影响力、增强法国国力的最有效手段。为此，法国政府加大了对文化传播网络的建

① PAMELA STICHT. Culture européenne ou Europe des cultures? Les enjeux actuels de la politique culturelle en Europe [EB/OL]. L'Harmattan.（juin 2000）[Le 4 août 2014]. http://www. oboulo. com.

设力度，不遗余力地向海外输出自己的语言、文化、思想及艺术作品。法国对外文化传播的目标是清晰的：构建现代法国的良好形象，并长期和持续维护法国在世界的文化强国地位。正如法国外交部部长法比尤斯所言："文化行动及传播网络的基本作用，是保持法国长期在五大洲的风采及持续的传播力。我国文化行动的任务是清晰的，我们要不断完善它，这也是对未来的投资。"①

为促进本国文化的对外推广，法国政府主要通过政策引导、促进传播媒介的建立、完善传播网络在海外的布局、优化传播手段以及人力和物力资助等方式进行。在行动的实施过程中，"政府的绝对控制"及"特殊的运行机制"是确保法国对外文化传播行动顺利实施的前提。前者指政府在行动中起主导作用，后者指行动系统的非市场化运作。法国的对外文化传播行动，有别于法国其他大众传播媒介的信息传播模式，有着特殊的运营机制。新闻及言论的自由化及媒体的私有化，是法国国内文化传媒的发展特征。但法国对外文化传播系统的发展，并没有遵循市场化机制进行运行，具有很强的独立性。在法国政府的引导下，具有鲜明特征的法兰西文化已渗透到法国海外传播媒介的各个部分，成为其"内在基因之一"②。

此外，为促进文化传播对国家利益的有效维护，法国对外文化传播政策还有很强的前瞻性和延续性。经过半个多世纪的对外推广，"文化法国"的形象已经在世界范围内深入人心。

6.1.2 坚持文化民主下的对话与互动

"文化例外"及"多元文化"理念，是法国在经济全球化、文化同质化及美国文化霸权主义不断强化的背景下提出的，是法国在世界格局多极化趋势下的选择。。上述理念在突出文化非商品性和差异性的同时，体现了对多元文化的尊重，使法国成为世界文化外交的先驱及捍卫文化多样性的典范。

强调文化的非商品性和多样性，也是文化民主化的体现。法国文化部长马尔罗（Malraux）曾说过："目前我们主要的政治问题，就是协调社会

---

① LAURENT FABIUS. Politique culturelle extérieure – Tribune du ministre des affaires étrangères [N]. Le Figaro, 15 juillet, 2013.

② MARTINE ROBERT. Entretien avec Alain de Pouzilhac, président de l'audiovisuel extérieur [J]. L'Oeil, 03 (n° 622), 2010.

的公平和自由；而当今最主要的文化问题，就是尽可能让最多的文化成果被最广泛的受众所接受。”①这种民主化的思潮，不仅体现在法国国内的文化传播行动中，也成为其海外文化推广战略的核心理念之一。为此，提倡“雅俗共赏”及“从精英走向大众”，摒弃单纯从经济利益的角度思考问题，把高雅文化与大众文化相结合，成为法国文化行动中适应并吸引不同层次受众的新举措。

对话和互动，体现了一种“和谐”的传播理念。国际文化传播强调国家性，且往往带有一定的利益性。为确保文化传播的效果，掩盖其政治及经济动机，维护并提升传播的“和谐性”是关键。“和谐”是当今外交领域平等互信新理念的代名词。在文化传播领域，“和谐”表现为使用他国人民所接受的方式进行文化传播，是文化民主的体现。正如法国学者卡米列里（Camilleri）所言：“跨文化传播是不同文化承载者之间沟通的和谐调整。”②这种方式是非暴力和非强制性的，且具有亲和力和吸引力。

从文化传播的内在规律看，适应他国的文化选择机制是国际文化传播成功的关键。刘建明在《国际文化传播的冲突与融合》一文中指出：“文化具有民族性和国际性。在国际文化的传播中，优秀文化被各民族所认同和接受，是通过文化选择机制实现的。多种优秀文化在传播中碰撞，使其精华结合在一起，不断推动各民族文化走向融合。”法国在其文化传播行动的开展过程中，注重加强与目的地文化机构和国际文化组织的合作，通过互动方式弘扬本国优秀传统文化，并在充分了解他国文化习俗的基础上，倡导与时俱进的普世价值观，很好地适应了他国的文化选择机制。

6.1.3 不断为文化传播赋予新的推力

新的推力，是指法国文化传播行动发展的动力。首先，动力来源于传播内容和载体的创新。对本国物质文化形象和精神文化形象的推陈出新，已经成为法国文化形象建构的改革方向。此外，借助政府的支持和不断革新的海外文化传播网络，对创新性节目的推介，也成为行动的重点。正如

---

① ANDRE MALRAUX. Discours prononcé le 28 mai 1959 à Athènes.

② PAMELA STICHT. Culture européenne ou Europe des cultures? Les enjeux actuels de la politique culturelle en Europe [EB/OL]. L'Harmattan. (juin 2000) [Le 4 août 2014]. http://www.oboulo.com.

法国外交部部长库什内（Kouchner）所言：“文化行动是一项文化弘扬政策的象征，应该注重内容和载体。我们还应该支持法国思想和法国创作，我们将同法国各驻外使馆和文化中心一道努力。”①

其次，动力来源于对新受众群体的发掘。欧洲和北美是法国文化输出的传统区域，亚太、拉美、北非及中东的发展中国家则是法国文化推广的潜力区域。在传统地区发展放缓的形势下，对新兴潜力地区的开拓成为法国文化行动在当前的迫切任务。

对新受众的挖掘，还体现在对不同媒介及机构的充分利用。提升法语在欧洲机构及国际组织中的使用地位，促进法语在世界经济交往中的作用，加速在数字媒体及网络传播法语，已成为法国文化推广的新突破口。

此外，动力还来源于专业化的推动。引入文化部的专业团队，参与到行动的策划及运行过程中，是近期法国国内被提及较多的议题，也成为行动改革的又一重点。在 2011 年 7 月 27 日颁布的法案中，除了明确外交部对行动的管理权，还计划加强文化部在行动中的作用。

6.2 法国对外文化传播对中国的借鉴

中华文明与法兰西文明一样，都有着悠久的历史与辉煌的成就。前者曾经是亚洲文化的翘楚，后者曾经在欧洲占据统治地位。法国文化传播力在“二战”后受到了削弱，中国文化的影响力在唐朝达到全盛后，也出现跌宕起伏、萎靡不振的态势。提升本国的文化软实力及维护文化大国地位，是目前两国政府及文化机构的工作重心之一。通过半个世纪以来的不懈努力，法国文化在国际的影响力得到有效提升，文化强国地位得以重振，这对中国具有很好的借鉴意义。

6.2.1 注重战略设计的系统性及层次性

法国的对外文化传播，具有良好的系统性。从“二战”后戴高乐提出“文化兴国”方略以来，该战略一直被延续。密特朗、希拉克和萨科齐等多位总统，均把语言及文化视为最有效的重振“大国”梦想的工具，并对

① 依阳．“我们已经推动了某些事情的进展”——法国外交部长贝尔纳·库什内访谈［J］．今日法国，2008－02－26.

海外文化行动策略进行不断修改及完善。而中国的文化“走出去”战略起步较晚，2004 年海外第一所“孔子学院”的建立，可视为中国文化国际推广战略的开端。如今，该行动已经走过了 10 多个年头，虽然取得了可喜成就，相关文件也陆续出台，但战略机制仍欠缺系统性。例如近几年来国家颁布的汉语推广规划，都是就汉语国际推广出现问题的解决措施，而非全局战略的系统阐述。①相关部门应该不断完善文化国际传播的顶层设计，制定清晰的宏观战略，以增强中国文化推广行动的协作性、一致性、整体性及有效性。

法国的文化传播还具有鲜明的层次性。首先，该行动是建立在对法语世界文化推广的基础上的。以 TV5 为代表的法国国际传媒网络已经覆盖欧洲、非洲、美洲及亚洲的大部分法语区，并取得了话语权。此外，对欧洲国家的文化推广，一直以来是法国文化传播的重心所在，法国在海外设立的文化中心一半位于欧洲。可见，法国以文化的相似及地域的相近作为传播的突破口。中国在海外有着庞大的侨民群体，在美国和欧洲的许多城市，都有唐人街；在亚洲的新加坡和马来西亚等地，汉语是普遍使用的语言。因此，中国也应该制定具有层次性的文化传播战略，由易及难，由近及远，把海外的汉语群体及周边邻国作为中华文化传播的切入口。

6.2.2 注重形象构建的创新性及现代性

建构“现代法国”新形象，成为新时期保持法国文化吸引力的关键。为改变长期以来受众心中形成的法国只是“人文法国”的刻板印象，赋予其新的内涵，法国把发掘其文化形象的“现代性”作为重要环节。与法国相比，中国在构建文化形象上仍有许多可改进的地方。对传统文化形象的创新和对现代性国家文化形象的塑造，可作为两个主要切入点。

（1）对传统文化形象的创新。目前，许多海外受众对中国文化的认识，还停留在封建时期女人的小脚、京剧及旗袍等古老文化上，这与中国长期以来过于注重对传统文化一成不变的海外传播有很大联系。如何与时俱进，挖掘传统文化的创新点，赋予古老文化新的活力，成为保持中华民族传统文化吸引力的关键。

因此，在内容选择上，应该尽量选取具有先进性的传统文化，避免糟

---

① 胡仁友．汉语国际推广战略研究［D］．长春：东北师范大学，2014：32.

粕文化的过分输出，即“取其精华，去其糟粕”。如《孙子兵法》等经典古籍及推拿针灸等功效显著的保健文化等，已在国外形成一定的影响，应该继续发扬光大。此外，以打造品牌文化为目的，也是内容选择的重要参考指标。法国的葡萄酒及美食文化，是该国的传统文化品牌，在世界享有盛誉；中国的茶文化及美食文化，也源远流长，极具竞争力。许多来华品尝过中国美食的外国游客，都对此赞赏有加，并有相见恨晚的感觉。可见，中国仍有许多传统文化精髓尚待发掘推广。只有在传播过程中不断丰富传统文化的内涵，不断推陈出新，才能构建中国民族文化品牌，打造中国文化在世界的靓丽名片。

在演绎方式上，应该加强与他国文化机构及文化行动者的合作，在文化交融中为传统艺术形式增添活力。法国在海外文化节的节目组成中，与外国演员合作演出的内容占相当比例。中国在海外的文化展演中，也应该加强与当地表演者的合作，在中国文化的演绎中适当加入他国元素，以更加符合目标受众的口味，并使其产生耳目一新的感觉。

（2）对现代性国家文化形象的塑造。法国把“现代人文”、“科技实力”及“友好伙伴”作为新时期法国文化形象的创新点。同样，中国也应该发现和展示本国现代文化的内涵。近年来，中国在文学、艺术及科技领域取得了不俗的成就，例如获得“诺贝尔文学奖”的莫言、被法国人视为“音乐大使”的钢琴家郎朗，以及在航空、高铁和核电领域的重大突破等。通过对上述知名人士及科技成就的宣传推广，可以展现中国文化形象崭新的一面，以宣传改革开放以来我国在文化和科技领域所取得的巨大成就。

法国把“科技合作”提到更重要的地位，并把其作为改善法国国家形象的重要手段，也十分值得中国借鉴。首先，在科学技术发展日新月异的今天，科技创新成为国际社会最关切的问题，也成为第三世界国家发展的迫切需求，与语言合作、人文合作及教育合作相比，科技合作对生产力的推动更为直接，更容易被他国所接受。其次，只有不断提升科技水平，才能保持经济的持续发展。科技合作可以有效利用外部资源，充分借助外国研究者的智慧，以提高科技创新的效率。因此，中国应该注重科技合作在文化合作中的作用，在稳步推进与发达国家科技交流的同时，增强针对欠发达国家的科技合作与援助，以树立新的国际形象。

随着国力的日益强盛，中国在国际文化事务中也应该有所担当，成为与法国一样的维护世界文化和谐传播的大使。在美英强势文化的侵袭下，许多民族文化的地位日益边缘化，甚至濒临消亡的境地。中国应该与法国联合，提倡文化的多元化和反对过度商业化，维护“自由、客观、公正、平衡”的传播理念，以构建文化和平使者的形象，提升本国文化的亲和力及认可度。

6.2.3 注重传播媒介的协作性及一致性

经过几个世纪的打造，法国形成了以外交部为主导的“一部三网”的组织架构，成为其在世界进行文化推广的有力武器。法国使领馆文化处、法语联盟、法国文化中心及法国对外视听传播网各司其职、互相合作，形成了强大的文化传播力。

反观中国，传播媒介各自为战的现象比较突出。如今，中国也建立了众多国有文化外宣机构，如孔子学院、央视国际、中国国际广播电台、新华通讯社（新华网）、《人民日报》（海外版）及外文出版社等。但上述机构分别隶属于国家汉办、国务院、国家广电总局及中国外文局等不同政府职能部门管理，其文化制作及传播团队的协作性及互补性没有得到很好的发挥。

其次，中国外交部并没有直属的对外文化传播媒介，这也制约了对外文化传播行动与国家外交战略实施间的一致性及整体性。目前，文化外交是中国外交战略的重要组成部分，外交部应该加强与对外文化传播机构之间的合作力度，以充分发挥文化在外交事务中不可比拟的作用。

此外，虽然以央视国际频道及中国国际广播电台为代表的传播媒体加速海外落地的步伐，但仍处于起步阶段，影响力有限。因此，建构具有效率性及号召力的海外传播网络，成为当务之急。为此，除了加大财政投入力度，增加文化网点的海外设立，提升海外汉语教育机构的质量，培养高素质的文化传播队伍，中国还应该积极地与他国文化组织及国际文化组织进行合作，借助海外已经成型的文化传播渠道，增强中华文化推广的实效性及影响力。

6.3 小结

在文化产业高度发达的法国，对外文化传播一直是法国政府外交行动和维护本国利益策略的重要组成部分。对本国国家利益的维护，是法国进行文化传播的基本出发点。

法国对外文化传播对国家利益的维护是成功的。首先，在文化工具的辅助和促进下，法国的文化大国地位得以逐渐恢复，文化外交策略在全球得以迅速开展，国际地位及国际声望得以明显提升，法国在世界政治格局中的作用及影响力得以有效增强。其次，法国重视法语作为文化传播媒介的优势，不遗余力地强化法语在提升国家文化软实力中的基础地位。如今，法语教育、法语媒体及法语节庆活动在五大洲稳步发展，世界性的法语文化圈得以逐步形成，法国文化及法语文化的融合性增强，并在全球多元文化格局中占据一席之地。最后，法国文化的海外推广有效促进了本国文化经济的发展。通过对图书等文化产品的推广及教育推广，法国的商品出口及服务贸易得到有效推动；通过对现代国家形象的建构，法国国家文化品牌的吸引力得以增强，品牌效应逐步显现；通过在传统市场及新兴市场的有针对性的文化传播，法国企业在非洲及欧美的经济竞争力得以增强，在第三世界新兴市场的经济拓展行动得以快速推进，法国周边良好的经贸环境得以形成。

进入 21 世纪，面对英语文化媒介的强势国际化扩张，为了巩固在法语社会的地位，扩大在世界舞台的影响力，法国以维护国家的政治、文化和经济利益为核心，在不断完善“一部三网”机制及建构现代新形象的同时，注重以法语传播为先导，以数字化、协作化、合作化及整体化为变革方向，以第三世界国家为重点开拓区域，积极参与国际文化竞争。中国与法国同为文化大国，目前，发展文化产业已成为中国的基本国策之一。法国对本国文化的国际推广策略值得中国借鉴。

参考文献

一、外文类（著作、期刊论文、学位论文、报纸、报告、演讲、新闻等）

[1] ABBAS MALEK. News media and foreign relations：A Multifaceted Perspective [M]. Westport：Greenwood Publishing Group，Inc，1996.

[2] AEFE. Réseau scolaire unique au monde – Excellence partage rayonement [EB/OL]. Agence pour l'enseignement français à l'étranger，(2012 –2) [le 16 avril 2014]，http：//www. aefe. fr/.

[3] ALEXANDRE WOLFF，JOSIANE GONTHIER. La langue française dans le monde 2010 [M]. Paris：Organisation internationale de la Francophonie，Editions Nathan，2010.

[4] ALLIANCE FRANÇAISE. Qui sommes-nous? [EB/OL]. Alliance française. (2014 –01) [le 27 septembre 2014]. http：//www. alliancefr. org/sommes – nous.

[5] AMBASSADE DE FRANCE EN CHINE. Entretien exclusif de Boualem Sansal – Qu'est – ce que vous aimez (ou détestez) le plus de la culture chinoise? [EB/OL]. Ambassade de France en Chine. (2013 – 03 – 13) [le 13 mars 2014]. http：//www. faguowenhua. com/.

[6] AMBASSADE DE LA REPUBLIQUE POPULAIRE DE CHINE EN REPUBLIQUE FRANÇAISE. Années croisées linguistiques Chine-France [EB/OL]. Amb – chine. (2013 –12 –19) [le 11 août 2014]. http：//www. education – ambchine. org/.

[7] ANDRÉ MALRAUX. Discours prononcé le 28 mai 1959 à Athènes.

[8] ANNE ROY. La radio cosmopolite perd ses langues [N]. L'Humanité，18 novembre，2004.

[9] ASSEMBLEE NATIONALE ET LE SENAT. Loi n° 2010 –873 du 27 juillet 2010 relative à l'action extérieure de l'Etat [EB/OL]. Assemblée nationale et le

Sénat. (2010 -07 -27) [le 5 avril 2014]. http: //www. legifrance. gouv. fr.

[10] AURÉLIE LUNEAU. Des anonymes dans la guerre des ondes [J]. Le Temps des médias, 1 (n°4), 2005.

[11] AYMERIC JANIER. Le français a toutes les ressources nécessaires pour se réinventer [J]. Le Monde, mars 2011.

[12] BERGUIN F. Le fonctionnaire expatrié – Une construction méconnue: L'action culturelle extérieure de la France et ses personnels [M]. L'Harmattan, 1999.

[13] BIEF. Etude généraliste – L'Edition en Chine [EB/OL]. Bureau International de l'Edition Française. (2013 – 08) [le 8 août 2014]. http: //www. bief. org.

[14] BONNET M. Politique extérieure audiovisuelle: au nom de la culture [J]. Décision Média, mai, 1990.

[15] CAMILLERI C., COHEN-EMERIQUE M. (dir). Chocs de cultures: concepts et enjeux pratiques de l'interculturel [M]. Paris: L'Harmattan, 1989.

[16] CAMPUS FRANCE. Des droits d'inscription à l'université modestes [EB/OL]. Campus France. [2014 – 08 – 09] (Le 2 mars 2015). http: //www. chine. campusfrance. org/fr/page/ beneficier-d% E2% 80% 99un-enseignement-accessible-financierement.

[17] CANAL ACADÉMIE. Une interview avec Saragosse [EB/OL]. Paris: Canal Académie. (2010 – 03 – 20) [le 20 mars 2012]. http: //www. canalacademie. com/ ida5591 – TV5 – Monde – la – plus – grande – classe – de. html.

[18] CATHERINE FEL. L'international en question – Quels enjeux pour les sciences humaines et sociales françaises? [EB/OL]. BIEF. (2012 – 12) [2015 – 06 – 01]. http: //www. bief. org.

[19] CENTRALE DE l'EDITION. Edition française – Statistiques export 2011 – 50 premiers marches d'exportation [EB/OL]. Statistiques douanières. (2011) [le 28 décembre 2012]. http: //www. centrale-edition. fr/html/statistique 2011. php.

[20] CENTRALE EDITION FRAÇAISE. Statistiques export [EB/OL]. (2013 – 04) [février 2014]. http: //www. centrale – edition. fr/html/statistique2012. php.

[21] CHARLES DE GAULLE. Discours pronocé à Paris [G]. DM, III, 1958.

[22] CHARLES-ETIENNE LAGASSE. Le plan d'action pour la défence du français dans les institutions européennes, dans langues et Union européenne [M]. Bruxelle (bxl): Bruylant, 2004.

[23] CHARLOTTE ARNAUD. L'agence Culturesfrance: vers la coordination déléguée du réseau culturel français à l'étranger [D]. Lyon: Université Lyon 2 Lumière, 2007.

[24] CHRISTINE KARAVIAS. Comptes rendus, 19e Foire internationale du livre de Pékin [EB/OL]. BIEF, (2012-09) [le 20 septembre 2013], http://www.bief.org.

[25] CHRISTINE KARAVIAS. Portraits et entretiens de professionnels [EB/OL]. BIEF. (2013-09) [le 5 sept. 2014]. http://www.bief.org/Publication.

[26] CHRISTINE KARAVIAS. Comptes rendus, 1e Foire internationale du livre de jeunesse de Shanghaï, la consécration d'un secteur [EB/OL]. La Lettre de BIEF. (2014-01) [9 Janvier 2015]. http://www.bief.org.

[27] CLA de l'Université de Franche Comté. Formations semestrielles langue, culture et société [EB/OL]. UFC. (2009) [le 11 mars 2011]. http://www.formation-cla.univ-fcomte.fr/ndex.

[28] CLAUDE HAGÈGE. Au-delà des territoires de la pensée, de la langue, de la nationalité [EB/OL]. BIEF. (2012-12) [le 13 décembre 2013]. http://www.bief.org/Publication-3325-Article.

[29] CLUB FRANCE. Présentation-Missions de Club France [EB/OL]. Club France. (2014) [le 9 août 2015]. http://www.clubfrancechine.org.

[30] CNL. Réseau des librairies francophones [EB/OL]. Centre national du livre. (2012-10-26) [le 21 octobre 2013]. http://www.francelivre.org/Ressources.

[31] CNL. Chiffres clés-Exportation [EB/OL]. Centre national du livre. (2013-05-21) [le 10 mai 2014]. http://www.francelivre.org.

[32] CNL. Diffusion non marchande-Diffusion Chine 2013 [EB/OL]. Paris: Centre national du livre. (2013) [le 12 janvier 2014]. www.francelivre.org.

[33] CNL. Le livre français dans le monde – Exportations [EB/OL]. Centre national du livre. (2013 – 11 – 29) [le 1e novembre 2014]. http: //www. francelivre. org.

[34] CSA. Rôle et mission du CSA-Que fait le CSA? [EB/OL]. Conseil Supérieur de l'Audio – visuel. (2011 – 03 – 02) [le 11 mars 2012]. http: //www. csa. fr.

[35] CYRIL BLET. Les chaînes d'information internationale en Europe: une réponse au défi de CNNI [J]. Nouveau Monde Editions, Le Temps des médias, 2 (n° 11), 2008.

[36] CYRIL BLET. Les médias, un instrument de diplomatie publique [J]. Revue internationale et stratégique, 2 – n°78, 2010.

[37] CYRIL LACARRIÈRE, MAÏA HRUSKA. Le protectionnisme culturel français, un tabou [EB/OL]. L'Opinion. (2013 – 06 – 27) [le jeudi 10 juin 2014]. http: //www. lopinion. fr/27 – juin – 2013/ protectionnisme – culturel – francais – tabou – 1491Publié.

[38] DANIEL BOUGNOUX. Introduction aux sciences de la communication – VIII Comment peut – on être mondial? [M]. Paris: La Découverte, 2001.

[39] DANIEL HAIZE. L'action culturelle et de coopération de la France ù l'étranger: un réseau, des homes [M]. Paris: L'Harmattan, 2012.

[40] DDM. La chaîne française d'information internationale France 24 [EB/OL]. La Direction générale des médias et des industries cultu-relles. (2006 – 12 – 27) [le 12 décembre 2012]. http: //www. ddm. gouv. fr.

[41] DDM. Audiovisuel [EB/OL]. La Direction générale des médias et des industries culturelles. (2011 – 01 – 11) [le 1er octobre 2012]. http: //www. ddm. gouv. fr.

[42] DGMIC. La réforme de l'audiovisuel extérieur [EB/OL]. La Direction générale des médias et des industries culturelles. (2010 – 03 – 01) [le 3 janvier 2012]. http: //www. dgmic. culture. gouv. fr/.

[43] DIDIER MATHUS . Sur le projet de loi de finances pour 2011 (n° 2824). Tome VIII, Médias [R]. Paris: SENAT, 2011.

[44] DIDIER Si AMMOUR. RFI envisage l'arrêt de programmes en six langues [N]. CB News, 28 octobre, 2008.

[45] DILA. La Politique audiovisuelle extérieure en 2010 [EB/OL]. Di-

rection de l'information légale et administrative，（2010 – 07 – 07）［le 3 juin 2012］，http：// www. vie – publique. fr/.

［46］DIRECTION DE LA COMMUNICATION ET DE LA PRESSE. La France et la promotion du français dans le monde ［EB/OL］. Ministère des affaires étrangères.（2012）［le 22 février 2013］. www. diplomatie. gouv. fr.

［47］DOMINIQUE WOLTON. La France et les Outres-mers – L'Enjeu multiculturel ［J］. Revue Hermès，n°32 – 33，CNRS Editions，2002.

［48］DOMINIQUE WOLTON. Francophonie et mondialisation ［J］. Revue Hermès，n°32 – 33，CNRS Editions，2004.

［49］DOMINIQUE WOLTON. Demain，la francophonie ［M］. Paris：Flammarion，2006.

［50］EARL H F，STAN A TAYLOR，ROBERT S WOOD. America the vincible：US foreign policy for the twenty – first century ［M］. Upper Saddle River：Prentice Hall College Div，1993.

［51］EUGENE VINCENT. L'influence française en Chine et les entreprises allemandes：Nécessité de créer en Chine une faculté française de médecine，Fch 325 ［B］. Archives françaises de la Compagnie de Jésus，1914.

［52］ROCHE F，PIGNIAU B. Premier rapport de la Direction générale consacré à l'année 1957 ［R］. Paris：Direction générale，1995.

［53］FACE FOUNDATION. Programme French Heritage Language ［EB/OL］. FACE. ［le 10 janvier 2014］. http：//www. facecouncil. org/ fhlp/index. html.

［54］FAIRCLOUGH，NORMAN. Media discourse ［M］. London：Edward Arnold，1995.

［55］FANNY TAILLANDIER. La Chine，premier client de l'édition française ［EB/OL］. CNL.（2013 – 09 – 23）［le 23 septembre 2014］. http：// www. francelivre. org.

［56］FLORENCE RAYNAL. Le MAEE fait voyager les livres à travers le monde ［J］. Label France，26 février，2008.

［57］FONDATION ALLIANCE FRANÇAISE. Rapport d'activités 2012 ［EB/OL］. Fondation Alliance française.（2012）［le 11 mai 2013］. http：//www. fondation – alliancefr. org.

［58］FONDATION ALLIANCE FRANÇAISE. Histoire d'une institution ［EB/OL］. Fondation Alliance française. ［le 29 septembre 2014］. http：//

www. fondation – alliancefr. org/cat = 538.

[59] FRANÇOIS CHAUBET. L'Alliance française ou la diplomatie de la langue (1883 – 1914) [J]. P. U. F. | Revue historique, /4 – n°632, 2004.

[60] FRANÇOIS CLAIRVAL. Dix ans de télévision [J]. Communication et langues, N41 – 42, 1er – 2ème trimestre, 1979.

[61] FRANÇOIS CUSSET. French theory [M]. Paris: Editions La Découverte, 2005.

[62] GAYRAUD. Budget des affaires étrangères pour 1900 [R], MAEF, 1990.

[63] GIBERT PILLEUIL. La politique culturelle extérieure (1958 – 1969) – De Gaulle et la culture [M]. Paris: Plon, 1992.

[64] GUY LOCHARD. TV5: Diversité culturelle, francophonie et mondialisation [J]. HERMES, 2004.

[65] HANI QOTB. Présentation du FOS [EB/OL]. Université de Montpellier III. (2013 – 01 – 08) [le 2 Janvier 2014]. http: //www. le – fos. com.

[66] HÉLÈNE FARNAUD-DEFROMONT. L'action du Quai d'Orsay pour la promotion de la langue française en Europe [M]. Paris: La Découverte, 2004.

[67] HÉLÈNE MONSACRÉ. Une réelle attractivité des sciences humaines et sociales françaises à l'étrange [EB/OL]. BIEF. (2012 – 12) [le 22 déc. 2013]. http: // www. bief. org/ Publication – 3325 – Article, 2012.

[68] HUNTINGTON, S. The erosion of American national interest [C]. Eugene R. Wittkopf and James M. McCormic, eds. The Domestic Sources of American Foreign Policy. Rowman and Littlefield Publishers Inc. , 1999.

[69] INSTITUT FRANÇAIS. L'Institut français, un nouvel acteur pour mettre en oeuvre la diplomatie culturelle de la France, faites notre connaissance [EB/OL]. Institut Français. (2014 – 09 – 24) [le 10 septembre 2015]. http: //www. institutfrancais. com/fr/faites – notre – connaissance – 0.

[70] JACQUES BERTHOU. Politique culturelle extérieure de la France: Audition de M. Xavier Darcos, président de l'Institut français [EB/OL]. Ambassade de France à Madrid. (2011 – 02 – 17) [le 2 juillet 2013]. http: // www. ambafrance – es. org/Politique – culturelle – exterieure – de.

[71] JEAN BIRBAUM. Naviguer d'une langue à l'autre [J]. Le Monde des livres, le 16 novembre, 2012.

[72] JEAN PICQ. L'Etat en France, servir une nation ouverte sur le monde – Rapport du Premier ministre [R]. Paris: La Documentation française, 1995.

[73] JEAN-MARC AYRAULT. C'est quoi, la francophonie? [EB/OL]. le Gouvernement français. (2014 – 03 – 19) [le 10 mars 2015]. http://www. gouvernement. fr/ gouvernement/ c – est – quoi – la – francophonie.

[74] JEAN-MARIE CHARON. Les médias en France [M]. Paris: Editions La Découverte, 2003.

[75] JEAN-PAUL CLUZEL. L'homme du jour [M]. Paris: L'Humanité, 2004.

[76] JEAN-PIERRE CUQ, ISABELLE GRUCA. Cours de didactique du français langue étrangère et seconde [M]. Grenoble: Press universitaires de Grenoble, 2005.

[77] JEAN-PIERRE DE LAUNOIT. L'Alliance française: un facteur de rayonnement de la culture française [J]. Revue internationale et stratégique, 3 – N° 63, 2006.

[78] JÉROME MOISAN. La question linguistique au Canada [M]. Paris: La Découverte, 2004.

[79] JOHN P. LOVELL. The United States as ally and adversary in East Asia: Reflections on culture and foreign policy [C]. Jongsuk Chay, ed. Culture and International Relations, Praeger/ Greenwood, 1990.

[80] JOSEPH CHUN BANCAUD. Nuits de la lecture – L'Asie à travers les mots et le coeur de trois auteurs français [EB/OL]. Le petit journal. (2013 – 06 – 03) [10 juin 2014]. http://www. lepetitjournal. com/ pekin.

[81] JOSEPH KERGUERIS. No. 102 Tome Ⅲ Médias [R]. Paris: SENAT, 2009.

[82] JOSEPH S. NYE, WILLIAM OWENS. America's information edge [M]. New York: Foreign Affairs, March/April, 1996.

[83] JOSIANE CASTELBOU. Exportations vers les pays francophones [EB/OL]. La Centrale de l'Edition. (2013 – 04) [le 6 juin 2014]. www. centrale – edition. fr.

[84] LAURENCE DES CARS. Le Louvre-Abou Dabi, une Réponse française à La Mondialisation? [J]. Les cahiers Irice, 1 – n°3, 2009.

[85] LAURENCE FRANCESCHINNI. La désignation d'un médiateur à RFI

ne parait pas pouvoir être retenue [EB/OL]. Bnnnews. (2009 - 11 - 17) [le 10 octobre 2010]. http://bnnnews. it/inter204. asp.

[86] LAURENT FABIUS. Politique culturelle extérieure - Tribune du ministre des affaires étrangères [N]. Le Figaro, 15 juillet, 2013.

[87] LDS. Présence culturelle française en Chine de l'est [EB/OL]. Ambassade de France à Pékin. (2011 - 03 - 09) [le 6 mars 2012]. http://www. ambafrance-cn. org/LE-COIN-DE-L-EXPERT-presence-culturelle-francaise-en-Chine-de-l-est. html.

[88] LILIAN PICHOT. Les politiques de communication par le sport au service de la dynamique organisationnelle des entreprises [J]. Communication & Organisation, 2007.

[89] LOUVRE. Louvre Abou Dabi - Le Louvre dans le monde [EB/OL]. Louvre. (2013 - 04 - 02) [le 28 octobre 2014]. http://www. louvre. fr/louvre - abu - dhabi.

[90] LOWENTHAL R. Political legitimacy and cultural change in West and East [J]. Social Research, V. 46, NO. 3, 1979.

[91] M. C. KESSLER. La politique étrangère de la France - Acteurs et processus [N]. Presses de Science Po, 1999.

[92] MAE. Arrêté du 8 mars 2006 modifiant l'arrêté du 10 décembre 1998 relatif à l'organisation de l'administration centrale du Ministère des affaires étrangères [M]. Paris: Ministère des affaires étrangères, 2006.

[93] MAE. Les actions pour la promotion du français en Amérique du Nord [EB/OL]. Ministère des affaires étrangères. (2012 - 09 - 01) [le 6 septembre 2013]. http://www. diplomatie. gouv. fr/fr.

[94] MAE. La francophonie [EB/OL]. Ministère des affaires étrangères. (2013 - 04 - 02) [le 6 avril 2014]. http://www. diplomatie. gouv. fr/fr/politique - etrangere - de - la - france/promotion - de - la - franco phonie - et - de/ la - francophonie - 20244/.

[95] MAE. La France à la loupe, la politique culturelle de la France [EB/OL]. Ministère des affaires étrangères. (2013) [le 9 septembre 2014]. http://www. ambafrance - at. org/ IMG/pdf/culture. pdf.

[96] MAE. Ministère des affaires étrangères en chiffres, le réseau de coopération et d'action culturelle pour promouvoir la culture française [R]. Pa-

ris: Ministère des affaires étrangères, données au 1er juillet, 2013.

[97] MAE. Diplomatie culturelle – La politique culturelle extérieure de la France [EB/OL]. Ministère des affaires étrangères. (2014 – 08 – 29) [le 23 novembre 2014]. http: //www. diplomatie. gouv. fr/fr/ politique – etrangere – de – la – france/diplomatie – culturelle – 21822.

[98] MAE. La promotion internationale du livre français [EB/OL]. Ministère des affaires étrangères. (2014 – 09 – 01) [le 20 mai 2015]. http: //www. diplomatie. gouv. fr.

[99] MALEK A. News media and foreign relations: A multifaceted perspective [M]. Westport: Greenwood Publishing Group, Inc., 1996.

[100] MARC FUMAROLI. L'Etat culturel, essai sur une religion moderne [M]. Paris : Le livre de poche, 1999.

[101] MARC FUMAROLI. Quand l'Europe parlait français [M]. Paris: Editions de Fallois, 2003.

[102] MARLÈNE LOICQ. Médias et interculturalité: l'Education aux médias dans une perspective comparative internationale (Australie, Québec, France) [D]. Québec: Université laval, 2011.

[103] MARTINE ROBERT. Entretien avec Alain de Pouzilhac, président de l'audiovisuel extérieur [J]. L'Oeil, 03 (n° 622), 2010.

[104] MAUVIEL M. Qu'appelle – t – on études interculturelles en sciences humaines et en sciences de l'éducation? [J]. CLANET C. (ed), L'interculturel en éducation, en sciences humaines, tome 1, Toulouse: Editions Université Le Mirail, 1985.

[105] MINISTERE DE LA CULTURE ET DE LA COMMUNICATION. Diversité culturelle et exception culturelle [J]. Dossier lettre d'information, bimensuel n° 56: 10 novembre, 1999.

[106] MINISTERE DE LA CULTURE ET DE LA COMMUNICATION. Création d'un musée universel à Abou Dabi [J]. Fiche n° 13 Relations bilatérales entre la France et les Emirats arabes unis, dossier de presse, le 6 mars, 2007.

[107] MINISTERE DE LA CULTURE ET DE LA COMMUNICATION. Culture communication – Exception culturelle: la France n'est pas seule! [EB/OL]. Ministère de la culture et de la communication. (2013 – 05 – 17)

[le 06 mai 2014]. http: //www. culturecommunication. gouv. fr/ Actualites/ En – continu/ Exception – culturelle – la – France – n – est – pas – seule.

[108] MINISTERE DES AFFAIRES ETRANGERES DE LA FRANCE. Editoriaux de Laurent Fabius et Aurélie Filippetti pour le lancement du Cinquantenaire des relations franco – chinoises [EB/OL]. Ambassade de France à Pékin. (2014 – 07 – 11) [le 16 septembre 2014]. http: // www. ambafrance – cn. org.

[109] MINISTERE DES AFFAIRES ETRANGERES ET DU DEVELOPPMENT INTERATIONAL. Coopération éducative, pour une France plus attractive [EB/ OL]. MAE. (2012 –06 –05) [le 6 juin 2013]. http: //www. diplomatie. gouv. fr/ fr/ politique – etrangere – de – la – france/ cooperation – educative/.

[110] MINISTERE DES AFFAIRES ETRANGERES ET DU DEVELOPPMENT INTERATIONAL. Promotion de la francophonie et de la langue française [EB/OL]. MAE. (2014 –11 –30) [le 10 novembre 2015]. http: // www. diplomatie. gouv. fr/fr/politique-etrangere-de-la-france/promotion-de-la-francophonie-et-de/.

[111] MINISTERE DES AFFAIRES ETRANGERES. Les actions de promotion du français en Amérique latine et dans les Caraïbes [EB/OL]. MAE. (2012 –09 –01) [le 3 septembre 2013]. http: //www. diplomatie. gouv. fr /fr/.

[112] MINISTERE DES AFFAIRES ETRANGERES. Le projet culturel extérieur de la france [R]. Paris: La Documentation française, 1984.

[113] MINISTERE DES AFFAIRES ETRANGERES. 10 bonnes raisons d'apprendre le français [EB/OL]. MAE. (2012 – 09 – 01) [le 5 septembre 2013]. http: //www. diplomatie. gouv. fr/fr.

[114] MINISTERE DES AFFAIRES ETRANGERES. Les actions pour la promotion du français en Afrique [EB/OL]. MAE. (2012 – 09 – 01) [6 janvier 2013]. http: //www. diplomatie. gouv. fr/.

[115] MINISTERE DES AFFAIRES ETRANGERES. Les actions pour la promotion du français en Asie [EB/OL]. MAE. (2012 –09 –01) [le 8 septembre 2013]. http: //www. diplomatie. gouv. fr/fr/.

[116] MINISTERE DES AFFAIRES ETRANGERES. Les actions pour la promotion du français en Europe – Multilinguisme [EB/OL]. MAE. (2012 – 09 –01) [9 septembre 2013]. http: //www. diplomatie. gouv. fr/fr.

[117] MINISTERE DES AFFAIRES ETRANGERES. Outils innovants pour

apprendre et enseigner le français [EB/OL]. MAE. (2013 - 12 - 13) [le 10 décembre 2014]. http://www. diplomatie. gouv. fr/fr.

[118] MONIQUE CERISIER - BEN GUIGA. N° 451 Sénat deuxième session extraordinaire de 2006 - 2007 [R]. Paris: Sénat, le 19 septembre, 2007.

[119] NICOLALS HUBÉ, IVAN CHUPIN, NICOLAS KACIAF. Histoire politique et économique des médias en France [M]. Paris: Editions La Découverte, 2009.

[120] OLIVIER ARISTIDE. Le commerce extérieur du livre en 2010 - Perspectives pour 2011 et au-delà [EB/OL]. La Centrale de l'Edition. (2010) [le 8 juin 2011]. http://www. centrale - edition. fr.

[121] OZAN SERDOROGLU. TV5: Quand le Nord et le Sud se rencontrent en français - 《On n'habite pas un pays, on habite une langue》 [J]. HERMES, 2001.

[122] PAMELA STICHT. Culture européenne ou Europe des cultures? Les enjeux actuels de la politique culturelle en Europe [EB/OL]. L'Harmattan. (juin 2000) [Le 4 août 2014]. http://www. oboulo. com.

[123] PASCAL BONIFACE. 50 idées reéues sur l'état du monde [M]. Paris: Armand Colin, 2007.

[124] PATRICK IMHAUS. Ecrits de l'image [M]. Paris: HERMES, automne, 1997.

[125] ROBERT PROT. Précis d'histoire de la radio et de la télévision [M]. Paris: L'Harmattan, 2007.

[126] SALON A. Rapport à la Chambre des députés sur le budget de 1920 - L'action culturelle de la France dans le monde, analyse critique [D]. Paris: Université Paris 1 Panthéon - Sorbonne, 3 vol, 1981.

[127] SAMUEL P. HUNTINGTON. The erosion of American national interest [C]. Eugene R. Wittkopf and James M. McCormic, eds. The Domestic Sources of American Foreign Policy. Lanham: Rowman and Littlefield Publishers Inc, 1999.

[128] SENAT. No. 102, Session ordinaire de 2009 - 2010 [R]. Paris: Sénat, 2010.

[129] SERGE THÉOPHILE BALIMA. Afrique et télévisions francophones [J]. HERMÈS, Numéro 40, 2004.

[130] SOPHIE BACHMANN. Les réformes de l'audiovisuel depuis 1974: "L'éternel retour" [J]. Qua-derni. N. 10, Printemps, 1990.

[131] SOPHIE KIENLEN. L'action culturelle extérieure française et francophone et les défis de la mondialisation – De la remise en cause à l'adaptation (1980 – 2006) [J]. Le Temps des médias, 2 – n°11, 2008.

[132] STÉPHANE BALLONG. Quelle place pour l'Afrique dans la nouvelle stratégie de TV5 Monde-Interview de Marie-Christine Saragosse, directrice générale de la chaîne [EB/OL]. AFRIK. (2010 – 03 – 20) [le vendredi 23 janvier 2011]. http://www.afrik.com/article16139.html.

[133] SYLVIE THIÉBLEMONT – DOLLET (dir.). Minorités interculturelles et médias [J]. Presse Universitaire de Nancy, 2009.

[134] SYLVIE THOMAS. Le Label FrancEducation, un atout linguistique et diplomatique [EB/OL]. Ambassade de France à Pékin. (2012 – 05 – 21) [le 13 septembre 2013]. http://www.ambafrance – cn.org/.

[135] THIERRY LANCIEN. L'Action audiovisuelle extérieure de la France [J]. HERMES 40, 2004.

[136] TV5. La Présentation [EB/OL]. TV5Monde. (2010) [le 5 juin 2011]. http://www.tv5.org.

[137] XAVIER DARCOS. Politique culturelle extérieure de la France [EB/OL]. Sénat. (2011 – 02 – 09) [le 6 février 2012]. http://www.ambafrance – es.org.

[138] XAVIER DARCOS. Qu'est – ce que l'action culturelle française à l'étranger? [EB/OL]. L'Académie des Sciences morales et politiques. (2011 – 03 – 07) [le 12 mars 2012]. http://www.asmp.fr/.

二、中文著作类

[139] 北京理工大学校史编委会. 北京中法大学校史资料 [M]. 北京: 北京理工大学出版社, 1995.

[140] 蔡尚伟等. 广播电视新闻学 [M]. 上海: 复旦大学出版社, 2006.

[141] 陈国明, 安然. 跨文化传播学关键术语解读 [M]. 北京: 中国社会科学出版社, 2010.

［142］陈三井．勒工俭学运动［M］．台北：正中书局，1981.

［143］复旦大学校史编写组．复旦大学志·第一卷［M］．上海：复旦大学出版社，1985.

［144］关世杰．国际传播学［M］．北京：北京大学出版社，2004.

［145］管文虎．国家形象论［M］．成都：成都科技大学出版社，2000.

［146］洪兵．国家利益论［M］．北京：军事科学出版社，1999.

［147］黄舍娇．春华秋实四十年——中法建交回忆录［M］．北京：世界知识出版社，2004.

［148］李克勇，杨艳如．法国面面观［M］．北京：外文出版社，2004.

［149］梁漱溟．东西方文化及其哲学［M］．北京：商务印书馆，1935.

［150］刘晓红．西方传播政治经济学研究［M］．上海：上海人民出版社，2007.

［151］罗冯棠，孟华．法国文化史［M］．北京：北京大学出版社，1997.

［152］钱培鑫，玛丽－露易兹·帕利赞．欧洲语言学习统一标准法语练习册（A2级）［M］．上海：上海译文出版社，2008

［153］钱其琛，黄金祺．世界外交大辞典：下［M］．北京：世界知识出版社，2005.

［154］石长顺．电视新闻编辑与制作［M］．中南大学出版社，2006.

［155］魏源．海国图志：42卷［M］．长沙：岳麓书社，2011.

［156］张若允．外国新闻事业史教程［M］．北京：高等教育出版社，2003.

［157］张玉国．国家利益与文化政策［M］．广州：广东人民出版社，2005.

［158］钟叔河．伦敦与巴黎日记［M］．长沙：岳麓出版社，1984.

［159］张芝联．从高卢到戴高乐［M］．北京：生活·读书·新知三联书店，1988.

［160］莫里斯·迪韦尔热．政治社会学——政治学要素［M］．杨祖功，王大东，译．北京：华夏出版社，1987.

［161］普罗夏松．巴黎1900——历史文化散论［M］．王殿忠，译．南宁：广西大学出版社，2005.

［162］史式徽．江南传教史：第一卷［M］．天主教上海教区史料译写

组，译．上海：上海译文出版社，1983.

［163］夏尔·戴高乐．希望回忆录第一卷·复兴［M］．上海：上海人民出版社，1973.

［164］亚历山大·温特．国际政治的社会理论［M］．秦亚青，译．上海：上海人民出版社，2000.

［165］汉斯·摩根索．国家间政治——寻求权利与和平的斗争［M］．徐昕，赫望，李保平，译．北京：中国人民公安大学出版社，1990.

［166］威廉·奥尔森，戴维·麦克莱伦，弗雷德·桑德曼．国际关系的理论与实践［M］．王沿，等译．北京：中国社会科学出版社，1987.

［167］约瑟夫·奈．美国霸权的困惑：为什么美国不能独断专行［M］．郑志国等，译．北京：世界知识出版社，2002.

［168］约瑟夫·奈．软力量：世界政坛成功之道［M］．钱程，译．北京：东方出版社，2005.

［169］星野昭吉．全球政治学：全球化进程中的变动、冲突、治理与和平［M］．刘小林，张胜军，译．北京：新华出版社，2000.

三、中文期刊论文、学位论文、报纸、报告、新闻等

［170］白文亭，应妮．著名影星苏菲·玛索助阵法国文化年闭幕活动［EB/OL］．北京：中国新闻社，(2005－09－07)［2011－08－02］，http：//www.chinanews.com.

［171］曹迪．国家文化利益视角下的中国语言教育政策研究［D］．北京：首都师范大学，2011.

［172］曹晓飞．政治利益论［D］．上海：复旦大学，2009.

［173］曹怡平．法国人自己的CNN——法国24小时频道［J］．新电视，2007（Z1）．

［174］陈独秀．法兰西与近代文明［J］．青年杂志，1915（1）．

［175］陈丽娟．论安德烈·马尔罗时期的文化政策1959—1969［D］．上海：上海外国语大学，2011.

［176］法国高等教育署．到法国攻读博士学位的充分理由［EB/OL］．法国：法国高等教育署，(2013)［2014－06－03］，www.chine.campusfrance.org.

［177］法国外交部．洛朗·法比尤斯与奥雷莉·菲莉佩蒂为启动法中建交五十周年庆祝活动撰写社论［EB/OL］．法国：外交部，(2014－07－

11）［2015 -01 -03］，http：//www. ambafrance - cn. org/.

［178］法国驻华使馆．法国同中国的关系——高等教育和语言合作［EB/OL］．北京：法国驻华大使馆，（2015 - 01 - 12）［le 11 juin 2016］，http：//www. ambafrance - cn. org/.

［179］范红．报刊新闻语篇及其宏观、微观结构［J］．清华大学学报（哲学社会科学版），2002（6）．

［180］路易·格里莱．路易·格里莱少校报告摘要——关于扩大对华影响，宣传法兰西文化的行动计划［R］．法国：法国外交部档案，1918.

［181］顾良艳．文化全球化背景下我国文化安全问题研究［D］．南京：南京师范大学，2012.

［182］胡仁友．汉语国际推广战略研究［D］．长春：东北师范大学，2014.

［183］胡伟．论冷战后国际冲突：对“文明范式”的批评［J］．复旦学报（ 社会科学版），1995（3）．

［184］姜憬莉．现代中法文化交流简介［EB/OL］．北京：新华网，（2003 - 10 - 06）［2014 - 08 - 31］，http：//www. china. com. cn/ chinese/ zhuanti/ zf/670421. html.

［185］蒋晓丽，张放．中国文化国际传播影响力提升的 AOM 分析——以大众传播渠道为例［J］．新闻与传播研究，2009（5）．

［186］教育部国际合作与交流司．中华人民共和国教育部与法兰西共和国国民教育部合作协议（2002—2006 年）［EB/OL］．（2003 - 11 - 13）［2012 -09 -02］，http：//www. edu. cn/20031113/3094306. shtml.

［187］教育部国际合作与交流司．中国与法国教育合作与交流概况［EB/OL］．（2010 -05）［2012 -09 -06］，http：//www. moe. edu. cn/publicfiles/business/htmlfiles/moe/moe_ 853/201005/87477. html.

［188］雷琦．中法文化交流之春活动在北京启动［N］．中国青年报，2007 -04 -13.

［189］雷蔚真．新媒体与公共外交：运用好民间的声音［N］．北京：中国青年报，2014 -04 -09（2）．

［190］李安山．浅析法国对非洲援助的历史与现状［J］．西亚非洲，2009（11）．

［191］李琳．语言的国际推广与国家的文化安全研究［J］．湖南科技大学学报（社会科学版），2013（3）．

［192］李绪元．法国国际广播电台吸引观众的招数［J］．视听界，2003（5）．

［193］李宇波．关于国家利益的文化思考［J］．通化师范学院学报，2011（9）．

［194］李宇明．探索语言传播规律［J］．云南师范大学学报，2007（4）．

［195］刘建军．论先进文化的衡量标准［J］．社会主义研究，2002（6）．

［196］刘少华，高祖吉．基于文化传播视角的中国国际形象析论［J］．中国出版，2011.

［197］刘望春．法国誓将“文化例外”进行到底［N］．中国文化报，2013－06－20.

［198］逯维娜．我军形象跨文化传播的困境与选择［J］．西安政治学院学报，2011（1）．

［199］马与雄．法国贸易逆差达514亿创历史新高［N］．中华工商时报，2011－02－15（4）．

［200］乔西．中国在墨西哥《劳动报》上的形象呈现［J］．新闻传播，2011（4）．

［201］宁红．马尔罗：东西文化交流大潮中的探险者［D］．成都：四川大学，2005.

［202］彭姝祎．法国对外文化政策的欧洲化与认同问题［J］．欧洲研究，2008（2）．

［203］彭姝祎．试论法国的文化外交［J］．欧洲研究，2009（4）．

［204］彭姝祎．法国对外文化活动及其启示［J］．对外传播，2010（8）．

［205］人民网．中法关系二十个历史瞬间［EB/OL］．北京：人民网国际频道，（2014－01－24）［2014－09－20］，http：//money.163.com/14/0124/18/ 9JCFF1ID00 254TI5.html.

［206］沈骑，夏天．论语言战略与国家利益的维护与拓展［J］．新疆师范大学学报（哲学社会科学版），2014（4）．

［207］上海市档案馆．私立震旦大学一览：Q244．卷17［B］．上海：上海市档案馆，1935.

［208］石楠．全球化挑战下的法国文化外交［D］．北京：外交学院，2011.

［209］石义彬，吴世文．大众传媒在文化身份再现和建构中的角色探

究［J］．武汉大学学报（人文科学版），2011（1）．

［210］孙建平，谢奇锋．“传媒外交”初探［J］．现代传播，2002（6）．

［211］孙景生．文化外交在中法关系中的地位［D］．北京：外交学院，2006.

［212］孙晓萌．挑战与策略：非洲本土报刊视阈下的中国国家形象传播［J］．现代传播，2014（2）．

［213］腾讯网．中法关于加强全面战略伙伴关系联合声明［EB/OL］．（2010－11－05）［2011－03－06］，http：//news. qq. com/ a/ 20101105/ 002945. html.

［214］田珊珊．法国的文化政策：一个基于民族文化视角的研究［J］．法国研究，2010（2）．

［215］王欢．浅析冷战后美国对华文化渗透行为［J］．湘潭师范学院学报（社会科学版），2008（5）．

［216］王吉英．法国文化政策模式研究——以法国密特朗时期的文化政策为例［J］．苏州科技学院学报，2014（1）．

［217］王吉英．论法国雅克·朗时期的国家文化政策［D］．上海：上海外国语大学，2011.

［218］王涛，王海林．国际文化传播与“和谐”外交［J］．中北大学学报（社会科学版），2006（6）．

［219］王梓伊．我国对外国际文化传播如何借鉴韩国经验——从韩剧的跨文化传播现象说起［J］．辽宁经济职业技术学院学报，2007（1）．

［220］吴斌．盛况空前 2014 中法文化之春观众近 120 万人次［N］．欧洲时报，2014－07－08.

［221］肖文娟．我国国际文化传播如何借鉴韩国经验［J］．青年记者，2006（8）．

［222］新华网．中华人民共和国和法兰西共和国联合声明——开创紧密持久的中法全面战略伙伴关系新时代［EB/OL］．（2014－03－27）［2015－01－02］，http：//news. xinhuanet. com/world/2014－03/27/c_119962696. html.

［223］徐波．当代英国海外英语推广的政策研究［D］．重庆：西南大学，2009.

［224］杨国强．胡锦涛主席与希拉克总统会谈——四方面推进关系发

展［EB/OL］. 北京：新华网，(2004－10－09)［2005－11－9］，http：//news. xinhuanet. com/newscenter/ 2004－10/09/ content_ 206 9873 . html.

［225］杨蕾．试论网络媒介环境下的中韩文化交流［J］. 吉林省教育学院学报，2008（1）.

［226］依阳．“我们已经推动了某些事情的进展”——法国外交部长贝尔纳·库什内访谈［J］. 今日法国，2008.

［227］佚名．法国扩大内需 190 亿欧元用于高校［J］. 世界教育信息，2009（2）.

［228］张斌．美国文化传播的优势及其影响［J］. 创新，2011（4）.

［229］张帆．法国外交：从戴高乐到德斯坦［J］. 世界知识，1980（19）.

［230］张骥，刘艳房．论全球化时代国家形象战略与国家利益的实现［J］. 国际观察，2009（1）.

［231］张士伟．近代中法高等教育交流史研究［D］. 河北：河北大学，2010.

［232］中华人民共和国外交部．中国同法国的关系［EB/OL］. 中国：外交部，(2007－08－31)［2014－03－11］，http：//www. fmprc. gov. cn.

［233］周谭豪．习近平访法开启中法关系“三维时代”［EB/OL］. 北京：海外网，(2014－03－27)［2015－03－06］，http：//news. 163. com/.

［234］周荣耀．戴高乐主义论［J］. 世界历史，2003（6）.

［235］朱振明，陈卫星．法国全球频道对外传播策略分析［J］. 电视研究，2010（9）.

后　记

在本书出版之际，想起这七年来一直给予我帮助及鼓励的人们，感恩之情无以言表。

首先，要感谢我的恩师王瀚东教授。他一直给予我悉心的指导及无微不至的关怀，使我能够不断在科研的道路上取得进步。忘不了他一遍又一遍地给我修改文章的提纲，忘不了他在外出之际专门取道广州与我商讨论文写作，忘不了他与师母张卓教授为帮助我理清研究的思路与我一直讨论到深夜，忘不了他在我遇到困难时的鼓励……他不仅使我感受到了学者的儒雅博学，教给我专业的知识及科研的方法，更使我认识到作为一个科研工作者应具备的严谨的科研态度以及在学术道路上孜孜不倦的追求精神。

其次，感谢秦志希教授、夏倩芳教授、冉华教授及周翔教授，他们对本书的大纲及思路提出了宝贵的意见；感谢吕尚彬教授、张卓教授、刘丽群教授、谢湖伟教授、张三夕教授、刘军平教授及唐海江教授对本书的悉心指正。此外，还要感谢石义彬教授及罗以澄教授一直以来对本研究的启发和建议。

然后，感谢法国格勒诺布尔第三大学（Grenoble 3）的伊夫·尼古拉（Yves Nicolas）教授、法国驻广州总领馆文化科技处的克里斯托夫·邦泰（Christophe Bonté）先生。虽然我们的国籍不同，甚至相隔万里，但他们仍把我视为好友，时时关心我的研究进展，并为我提供了大量珍贵的一手法语资料及书籍。

另外，还要感谢我的博士同学黄净、陈波、李孝祥、胡瑛、刘倩、王逊、周建亮、刘敏、蔡鹏举和蔡静，我的同事李莉薇博士和於芳博士，以及我的学生邓艳丽，在我一筹莫展的时候，他们给予我写作思路上的建议和力所能及的帮助。

此外，感谢本人所在单位——华南师范大学外国语言文化学院、感谢广东省哲学社会科学后期资助项目及暨南大学出版社对本书出版的支持和资助。

最后，要感谢我的父亲、母亲及兄长。一直以来，他们给予我无微不至的照顾及莫大的精神支持，使我能有战胜困难的条件和勇气，在科研的道路上一路前行。感谢所有关心及帮助过我的人们！

雷 霏

2017 年 4 月 10 日

于广州华南师范大学